HOW TO SURVIVE

ALS STIEFMUTTER

UTE KISSLING

HOW TO SURVIVE ALS STIEFMUTTER

Vom glücklichen Leben mit Beutekindern und Bonusfamilie

SCHWARZKOPF & SCHWARZKOPF

INHALT

EINLEITUNG

LIEBE LESERIN,

ich schätze, es hat einen guten Grund, dass Sie in diesem Buch blättern. Hat Ihr Stiefkind die berühmt-berüchtigten Sätze losgelassen: »Du bist nicht meine Mutter. Du hast mir gar nichts zu sagen!« – und Sie sind voll drauf eingestiegen, haben die Nerven verloren, sogar geschrien? Gut so! Dann sind Sie auf dem richtigen Weg, eine echte Stiefmutter zu werden.

Nur jetzt sind Sie verzweifelt? Am liebsten möchten Sie jedes Wort wieder zurücknehmen und dem Beutekind sagen, dass Sie es mehr lieben als Ihre Freiheit und den Mond und die Sterne? Und dabei werden Sie das triumphierende Grinsen im Gesicht der Rotzgöre gekonnt ignorieren? Prima! Für das Kind, nicht für Sie.

Oder wissen Sie nicht mehr, wie es nach diesem fürchterlichen Streit weitergehen soll – mit Ihnen, den Kindern, dem Mann, der ganzen verdammten Bagage? Sie fragen sich, ob das alles überhaupt Sinn macht? Warum Sie sich jemals auf so etwas wie eine Bonusfamilie einlassen konnten? Glauben Sie mir: Ich kenne das alles nur zu gut. Ich habe stundenlange Spaziergänge und nächtelange Aussprachen hinter mir. Ich habe etliche Psycho-Ratgeber gelesen und Mediationsstellen aufgesucht. Ich habe im Internet Selbsthilfe-Foren verschlissen und neue Freundinnen im selben Leiden gefunden: Ich überlebe seit mehr als zehn Jahren als Stiefmutter. Das war nicht immer leicht und oft nicht lustig. Darum rate ich Ihnen: Entwickeln Sie sofort Strategien. Sonst knicken Sie schneller ein, als Ihr Stiefkind »Das ist nur die Freundin meines Vaters« sagen kann.

Als Bonusmutter haben Sie die Arschkarte gezogen – ohne Einschränkungen. Sogar freiwillig, wenn ich das anmerken darf. Keiner hat Sie Ihnen untergejubelt. Oder? Also stellen Sie sich Ihrer neuen

Aufgabe wie eine erwachsene Frau. Vergessen Sie das ganze gefühlige Blabla – »Die Kinder müssen in der neuen Familie ankommen«, »Vor allem für die Kinder sind die Veränderungen schwierig«, »Die Kinder brauchen Platz und Raum, um zurechtzukommen« – ist Ihnen aufgefallen, dass an keiner Stelle von Ihnen die Rede ist? Wo sind Ihr Platz und Ihr Raum? Ach, Sie haben kein eigenes Zimmer mehr? Sie teilen sich den kleinsten Raum der Wohnung mit Ihrem Mann? Sie schlängeln sich jeden Abend zwischen Kleiderschrank und Schreibtisch zu Ihrem Bett, damit alle Kinder ein eigenes Reich haben?

Klar, Sie können sich komplett aufgeben. Ziehen Sie sich die rosa Küchenschürze um und kochen Sie den lieben Kleinen Fischstäbchen, Pommes mit Ketchup, und als Nachtisch empfehle ich Schokoladenpudding mit viel Sahne. Oder setzen Sie lieber auf die gesunde Ernährung, weil die leibliche Mutter das so vernachlässigt? Auch gut! Dann hauen Sie das Tofu-Schnitzel in die Pfanne und den veganen Kartoffelbrei in den Topf. Das wird wieder ein verdammt fröhliches Mittagessen.

Mir stellt sich nur noch die Frage, wer Sie eigentlich sind. Sind Sie mit dem Begriff Stiefmutter glücklich? Ist das nicht die böse Hexe aus Grimms Märchen mit der großen krummen Nase, auf der eine fette Warze sprießt? Wollen Sie lieber, dass man Sie als Vize-Mom, Bonusmutter oder die Neue – neudeutsch: die Next - bezeichnet? Es ist alles so waaaahnsinnig kompliziert, nicht wahr? Haben Sie das Gefühl, von einem Fettnäpfchen ins nächste zu stapfen? Ich versichere Ihnen, genau das tun Sie gerade. Dabei helfen Ihnen auch nicht die Uggs-Bärentreter, gegen die Sie Ihre High Heels eingetauscht haben, damit die Kinder Sie cooler finden. Denn eins steht fest: In der Rolle, in die sie mir nichts, dir nichts geschlüpft sind, stecken Sie rund um die Uhr in einem Fettnapf – raus kommen Sie da erst wieder, wenn Sie aufhören, in Rollenbildern, Definitionen und Erwartungshaltungen zu versinken wie in einem riesengroßen Butterfass.

Glauben Sie mir, so werden Sie nicht glücklich. Sie sind die Stiefmutter, und Sie bleiben die Stiefmutter – egal, wie Sie sich nennen. Basta. Strampeln Sie sich endlich aus Ihrem vor Selbstmitleid triefenden Fettnapf hinaus. Schauen Sie in den Spiegel und erkennen Sie, dass Ihre Nase gar nicht so krumm ist und Sie, oh Wunder, sogar warzenfrei sind. Also pudern Sie Ihr hübsches Näschen und nehmen Sie Ihre neue Herausforderung hocherhobenen Hauptes an. Tun Sie mit engelsgleicher Miene, was jeder von Ihnen erwartet: Werden Sie die neue böse Stiefmutter. Aber so richtig böse. Dann hat jeder was davon in Ihrer neuen Familie, vor allem Sie selbst.

1. KAPITEL

WIE SIE DIE STIEFKINDER ÜBERLEBEN ...

... DIE LIEB UND KLEIN SIND

Wie Sie das Gejammer »Ich will zu meiner Mama« gekonnt überhören

Aha, das fängt ja gut an: Ella ist klein, lieb und gerade jämmerlich zu Boden gesunken. Und sie will zu ihrer Mama, wie sie unmissverständlich deutlich macht: Die Lippen sind geschürzt, die Tränen rinnen dem Kinde die Wangen hinab. Die Stimme haucht mit eindeutig weinerlich-entschlossenem Unterton: »Ich. Will. Zu. Meiner. Mama.«

Es ist zum Erbarmen, nicht wahr? Jetzt nehmen Sie das arme Hascherl endlich in den Arm und bringen es nach Hause, dorthin, wo es hingehört. Das ist doch nicht zum Aushalten. Was kann die kleine Ella denn dafür, dass ihre Eltern nicht mehr zusammenleben? Warum soll sie bei Ihnen ausharren, wenn sie eine liebende Mutter hat. Die vermutlich gerade mit ihrem Gspusi im Bett herumturnt, während Sie sich um die traurige Brut bemühen müssen.

Genau, jetzt sind Sie auf dem richtigen gedanklichen Weg. Während die Mutter kinderfrei hat, sollen Sie für gute Laune sorgen, damit es allen (exklusive Ihnen selbst!) gut geht. Hier machen Sie bitte einen bewussten Cut – das hat Ihnen Ihr Therapeut vielleicht noch nicht beigebracht, aber dafür lesen Sie nun diesen Ratgeber: Stopp! Sie wären nicht Stiefmutter, wenn Sie nicht wüssten, wie Sie diese erbärmliche Show des angenommenen Nachwuchses in null Komma nix beenden können. Und zwar so, dass alle Welt glaubt, dass es nie eine bessere Stiefmutti hätte geben können (einschließlich Ihnen).

Welche Möglichkeiten haben Sie denn nun? Variante eins: Sie können auf Ella zustürzen, sie an den Armen fassen und sie eindringlich befragen: »Warum möchtest du denn zu deiner Mama?

Geht es dir bei mir nicht gut? Wie kann ich dir helfen?« Und so weiter und so fort. Ich garantiere Ihnen: Jedes Kind dieser Welt weiß sofort, dass es Sie fortan und für alle Ewigkeit in der Hand hat. Einmal traurig geguckt und »Mama« gesagt, schon springt die blöde Stiefmutter hoch und tief, damit sich das erbärmliche Gejammer bloß nicht wiederholt. Variante zwei: Sie stürzen auf Ella zu, packen sie an den Armen und überschütten sie mit Vorwürfen: »Warum möchtest du denn zu deiner Mama? Ich habe alles für dich getan: deine Kleider gewaschen und gebügelt, dir dein Lieblingsessen gekocht, dich drei Stunden lang Fernsehen glotzen lassen, obwohl deine Mama nur eine Viertelstunde erlaubt hat. Und jetzt fällst du mir so in den Rücken – findest du das etwa fair?« Ja, das findet Ihr Stiefkind fair. Und wird weiter plärren wie ein Schaf vor der leeren Futterkrippe.

Nein, es bleibt Ihnen nur eine Chance – und sie ist weniger hartherzig, als sie im ersten Moment klingt. Überhören Sie gekonnt das Geheule Ihres Stiefkindes. Bleiben Sie ganz bei sich. Atmen Sie tief durch und sagen Sie sich: Es geht vorbei. Jeder schwächelt mal. Denken Sie an Ihre eigene Mutter. Okay, müssen Sie nicht. Dann denken Sie an ein kühles Glas Prosecco, das Sie sich heute Abend genehmigen werden. Lassen Sie den Moment vorüberziehen wie eine Welle, die im Sand verläuft.

Aha, Ella beobachtet Sie aus den Augenwinkeln und jammert noch ein wenig, aber deutlich leiser? Sehr gut, dann sind Sie definitiv auf dem richtigen Weg. Bleiben Sie hart, hören Sie nicht hin – konzentrieren Sie sich auf die Vorstellung, wie es sich anhört, wenn der Prosecco im Glas perlt. Schön, oder? Das machen Sie richtig gut! Nur so am Rande: Mitgefühl ist eine prima Sache, muss aber zum richtigen Zeitpunkt eingesetzt werden. Wie Sie im nächsten Kapitel erfahren werden, hat Ihr Stiefkind davon auch nicht allzu viel für Sie übrig.

Wie Sie der Aussage »Mein Papa liebt aber meine Mama – und nur die!« Paroli bieten

Ja, das tut weh. Und es schürt die Ur-Angst jeder Stiefmutter – genau deshalb bohrt das kluge Stiefkind am liebsten in dieser ewig schwärenden Wunde. Hat es recht? Liebt Papa, also Ihr Partner, die Mutter seines Kindes Ronni noch? Oder liebt er Sie, seine neue Partnerin, wirklich? Der Stachel des Zweifels brennt schön in der Wunde, nicht wahr? Schließlich hat er mit der anderen Frau ein Kind bekommen und nicht mit Ihnen, richtig? Und schaut er seinen Ronni (der übrigens der Mutter wie aus dem Gesicht geschnitten ist) nicht immer mit diesen liebenden glückseligen doofen Hundeaugen an? All diesen Fragen, die in schlaflosen Nächten durch Ihren müden Kopf huschen wie Rattenkinder in der Dämmerung, begegnet Ronni mit der Aussage »Mein Papa liebt nur meine Mama«. Na, vielen Dank auch!

Anders als im vorherigen Kapitel dürfen Sie Ihre Ohren an dieser Stelle nicht auf Durchzug stellen. Denn hier untergräbt das Stiefkind nicht nur Ihre Moral, sondern auch Ihre Stellung im fragilen Stieffamilien-System. Hören Sie genau hin, wenn Ronni meint, er kann Ihnen auf diese Weise eins auswischen. Achten Sie auf den Kontext, in dem diese Worte fallen. Meist steckt sehr viel mehr hinter diesem einen Satz, als man auf den ersten Blick erkennt.

Jetzt gilt es abzuwägen: Glaubt Ronni etwa, was er sagt? Dann lassen Sie ihm seinen Glauben, schließlich wissen Sie es besser. Oder will das Kind Sie provozieren? Hatten Sie gerade einen Streit um Nichtigkeiten wie die Handtücher, die Ronny nach dem Duschen im Bad immer auf den Boden wirft, statt sie ordentlich über den Badewannenrand zu hängen – so wie es sich Ihrer Meinung nach gehört? Dann bewaffnen Sie sich mit einem breiten Lächeln und nicken, während Sie antworten: »Kann sein. Aber jeden Abend, wenn wir zusammen im Bett liegen, hat er das ganz schnell vergessen.«

Okay, zugegeben, diese Replik sollten Sie je nach Alter des Kindes anpassen. Es reicht auch schon, wissend zu nicken und zu sagen: »Aber ja doch.« Und nichts weiter! Souveränität ist das Zauberwort. Lassen Sie sich bloß nicht aus der Ruhe bringen. Außer Sie spüren, da ist was dran – dann müssen Sie handeln. Ertragen Sie es nicht mehr, dass Ihr Liebster ständig von den Motorradausflügen mit Ronnis Mutter schwärmt – damals, als die Welt noch heil und der Himmel immer himmelblau war? Oder von den tollen Reisen nach Mexiko, auf den Machu Picchu in Peru oder dorthin, wo der Pfeffer wächst? Denken Sie darüber nach, ob Sie Ronnis Vater eine Reise ins Nirgendwo buchen sollten – wenn die Gründe hinreichend sind, bin ich ganz bei Ihnen. Eine richtig gute Stiefmutter können Sie nämlich nur werden, wenn Ihr neues Herzblatt an Ihrer Seite steht. Wenn sich der Stachel der Ur-Angst allerdings so tief in Ihr Herz bohrt, dass es - schneller als Sie Ronni in sein Zimmer verbannen können – aufhört, für Ihren Liebsten zu schlagen, ist das ein Fiasko sondergleichen!

PS: Sie spielen mit dem Gedanken, Ihren Herzallerliebsten mit Ronnis Aussage zu konfrontieren? Vergessen Sie es! Oder erwarten Sie eine ehrliche Antwort? Was soll der Mann schon sagen? Und fragen Sie niemals, ob er Sie mehr liebt als seine Ex. So tief sinken wir Stiefmütterfrauen nicht. Niemals! Ziehen Sie sich den Stachel selber aus Ihrem Herzen und vertrauen Sie darauf, dass die Wunde heilt. Von Ängsten lassen wir uns nicht beherrschen – schließlich sind wir diejenigen, die mit dem Stachel in der Hand für unser Glück kämpfen.

Wie Sie »Du bist schön – kaufst du mir was?« in bare Münze verwandeln

Auch wenn es manchmal nicht so ankommt: Ich mag Kinder im Allgemeinen und Stiefkinder im Besonderen (jedenfalls meine eigenen). Sie haben es echt nicht leicht im Leben mit all den Erwachsenen, die um sie herumscharwenzeln und sich redlich um ihr Wohl bemühen. Darum kann ich gut verstehen, dass Stiefkinder mit allen Mitteln arbeiten, um ihre Ziele zu erreichen. Wer will ihnen das verdenken! Dabei sind sie stets und immer berechnend: Sie drücken auf die Tränendrüse, wenn es hilft. Sie sind fies, wenn ihnen danach ist. Sie schmeicheln Ihnen, wenn sie glauben, dass sie dadurch Vorteile haben.

Vor allem kleine Kinder führen etwas im Schilde, wenn sie im Supermarkt am Süßigkeitenregal vertrauensvoll ihre klebrige kleine Hand in die Ihre legen und dann lauthals verkünden, dass Sie eine schöne Stiefmutti sind. So wie Luise es gerade bei Ihnen getan hat. Da freuen sich auch die Leute in der Schlange hinter Ihnen und verstärken das nette Kompliment mit freundlichem Kopfnicken und beseeltem Lächeln. Einen Moment lang sind Sie versucht, stolz zu sein? Dem Gefühl nachzugeben, Sie hätten es endlich geschafft? Luise liebt Sie und findet Sie toll? Entschuldigen Sie: Das glauben Sie wohl selbst nicht!

Denken Sie an das vorhergehende Kapitel. Stiefkinder sind loyal, aber sicher nicht ihrer Stiefmutter gegenüber. Nein, wenn ein Kind Ihnen Komplimente macht, ist etwas im Busch. Seien Sie vorsichtig und behalten Sie Ihre Geldbörse schön bei sich. Denn meist kommt die Forderung kurz darauf: »Kaufst du mir was?« Freundlich verpackt als Frage heißt das übersetzt: Kauf mir was, sonst bist du Mode!

Jetzt ist es Zeit zu zeigen, was Sie von Luise gelernt haben. Das sollten Ihre Vorüberlegungen sein: Erstens: Sie sind kein Goldeselchen, das ein Stiefkind nach Belieben und so billig melken kann. Zweitens: Sie blechen schon genug (in Form von Nerven und Zeit). Drittens: Denken Sie noch mal über eins und zwei nach und beschließen Sie, den Spieß endlich umzudrehen. Was Luise kann, können Sie besser, oder? Also ab in die Hocke, auf Augenhöhe. Reden Sie nur so laut, dass außer Ihnen und dem Kind niemand hört, was Sie zu sagen haben: »Hör zu, du kleine Kröte, du glaubst wohl, du kannst mich zuschleimen, um mir dann meine Kohle aus dem Kreuz zu leiern. Da hast du dich aber verdammt noch mal geschnitten, nicht mit mir!«

Los, kommen Sie wieder hoch – ich muss mit Ihnen reden. Nein, das sagen Sie natürlich nicht – Contenance ist das Zauberwort. Das haben wir doch inzwischen gelernt. Und ein ganz klein wenig Raffinesse, dann läuft die Chose. Also noch mal, ab in die Hocke: »Hör zu, meine liebe Luise, so hübsch wie du bin ich natürlich nicht. Wie sollte das auch gehen? Weder habe ich deine Goldlöckchen noch das wunderbare Grübchen oder die schönen runden blauen Kugeläuglein. (Registrieren Sie an diesem Punkt genau, wie das Stiefkind sich verhält. Hat es den Atem angehalten, weil es Ihrer Lobhudelei hingerissen lauscht? Perfekt! Dann weiter.) »Am liebsten würde ich dir alle Chips dieser Welt plus Schokolade, Eis, Kaugummi und sogar die verfluchten Gummitiere kaufen. Aber ach: Ich habe gar kein Geld. Ich habe alles ausgegeben. Für das supertolle Geburtstagsgeschenk, das du nächste Woche bekommst, stell dir vor! Nein, ich verrate dir nicht, was es ist. Aber du kannst sicher sein, Luise, so etwas hast du noch niemals nicht geschenkt bekommen. Das ist toller als dein Barbieschloss und Ken zusammen. Ehrlich! Das ist der Grund, warum ich seit Tagen nichts mehr gegessen habe. Kein Geld, wie gesagt. Aber für dich gebe ich alles, was ich habe. Das würdest du auch so machen. Oder?«

Jetzt zeigt sich das wahre Wesen Ihres Stiefkindes. Entweder Luise ist knallhart und kauft sich vom eigenen Taschengeld jede

Menge Süßigkeiten, von denen Sie nicht ein Zipfelchen Kaugummi abbekommen – dann haben Sie schwere Jahre vor sich, glauben Sie mir. Oder Luise angelt aus ihrer Hosentasche den Fisch-Geldbeutel mit den bunten Schuppen und den Perlen-Glupschaugen und überreicht Ihnen denselbigen mit der Bitte, dass Sie sich etwas aussuchen.

Nicht zögern jetzt! Greifen Sie zu, auch wenn es komisch ist, von einem Dreikäsehoch Geld anzunehmen. Geben Sie alles aus und kaufen Sie sich glücklich. So schnell werden Sie nicht wieder etwas von Ihrer Luise bekommen – das garantiere ich Ihnen. Spätestens wenn sie sieht, was Sie ihr zum Geburtstag gekauft haben – dieses total pädagogische Bilderbuch über Züge, Bagger und Autos (wie konnte der Buchhändler Ihnen das eigentlich aufschwatzen? Sind Sie noch ganz gescheit?), wird es mit Luises Großzügigkeit ein jähes Ende haben. Nur gut, dass Sie sich mit ihrem Geld einen ordentlichen Süßigkeiten-Vorrat angelegt haben.

Wie Sie »Ich hasse dich« überleben

Ja, es geht immer noch schlimmer! Aber wenn Ihr Stiefkind Sie hasst und das auch noch offen kundtut, ist das wirklich nicht so furchtbar. Vielmehr sollten Sie davon ausgehen, dass Sie einen guten Job als Stiefmutter machen. Wer seiner Stiefmutter mit verzerrtem Gesicht ein »Ich hasse dich« ins Gesicht schleudert, dem kann es so schlecht bei Ihnen nicht gehen. Denn das Kind traut sich was. Sie sollten in sich gehen. Sind Sie wirklich streng genug? Haben Sie sich genug Autorität in Ihrer neuen Familie verschafft? Jedenfalls fangen Sie jetzt bloß nicht an zu weinen. Nichts ist gruseliger als eine tief getroffene Stiefmutter, die Rotz und Wasser heult, weil die Beutebrut sie nicht ins Herz geschlossen hat. Na und? Nehmen Sie es als Auszeichnung. Immerhin nimmt Ihr Beutekind sie mehr wahr als die Wohnzimmereinrichtung und die Dusche im Bad. Es spricht mit Ihnen!

Spulen wir ein paar Minuten zurück. Überlegen Sie kurz: Was war der Auslöser für diesen Ausbruch? Gab es Streit ums Mittagessen, Schulnoten oder schlimmer: um den Medienkonsum? Wenn es um die fehlenden Fischstäbchen und das gesunde Gemüse auf dem Teller des Kindes ging, würde ich sagen: Ich verstehe die Verzweiflung des Nachwuchses. Seien Sie nicht so verdammt pädagogisch. Gönnen Sie ihm eine schöne ungesunde Ernährung, wenn es schon mit Ihnen an einem Tisch sitzen muss.

Oder haben Sie sich etwa in die schulischen Leistungen eingemischt? Etwa mit Ihren eigenen Erfolgen geprahlt, besonders in Mathe und Sport? Dann wundern Sie sich bitte nicht, wenn man Sie hasst. Würde ich auch – und ich bin nicht Ihr Stiefkind.

Ein absolut kapitaler Fehler ist, wenn Sie sich mit dem Kinde auf eine Debatte um das ständige Daddeln mit Handy und Co einlassen. Unterschätzen Sie das Suchtmoment nicht. Ich habe diesen Fehler bereits mehrfach gemacht, und es endete nie gut. Will heißen: Das Verhältnis zwischen mir und dem Beutekind blieb dauerhaft zerrüttet. Also echt, das haben Sie nicht wirklich getan, oder? Ich habe Sie gewarnt. Geben Sie sofort das Handy zurück und entschuldigen Sie sich. Sparen Sie sich die Gardinenpredigt und gehen Sie zur Strafe mit raus auf die Pokemon-Jagd. Kommen Sie erst wieder, wenn der Akku aller Handys leer ist. Und danach servieren Sie dem gebeutelten Kind Fischstäbchen mit Pommes und hinterher das geliebte Erdbeereis mit Cola, nein, nicht light und schon gar nicht zero. Cola. Punkt. Sie werden sehen, das wirkt Wunder. So stellen Sie eine stabile Vertrauensbasis her. Seien Sie einmal schlauer als ich und hören auf meine Tipps.

Sie zweifeln? Sie wollen lieber eine Diskussion führen? Den wirklichen Ursachen für die verletzende Äußerung auf den Grund gehen? Bitte, versuchen wir es gemeinsam: Nehmen wir an, Ihr Stiefkind heißt Lauris und ist zehn Jahre alt.

Lauris: Ich hasse dich. *(schiebt die Unterlippe vor und guckt grimmig)*

Sie: Das tut mir weh, wenn du so was sagst. Ich hab auch Gefühle. Warum machst du das?

Lauris: Ich hasse dich.

Sie: Erklär mir das bitte. *(leicht erhöhte Stimmlage)*

Lauris: *Schweigt. Schielt nach seinem Handy, das auf dem Tisch neben dem Gemüseteller liegt.*

Sie: Das find ich echt nicht gut, dass du mir nicht antwortest. So gehe ich auch nicht mit dir um. Wir müssen uns hier gegenseitig respektieren. Sag mir, warum du mich hasst. Wir können für alles eine Lösung finden.

Lauris: Ich hasse dich.

Sie: Das macht mich wütend, Lauris. So kann das mit uns nicht weitergehen … *(unterdrückte Wut schlägt durch)*

Lauris: Ich hasse dich. *(dreht sich rum und rennt in sein Zimmer)*

Herzlichen Glückwunsch, das hat wirklich prima geklappt. Oder was meinen Sie? Resultat: Sie können den Gemüseteller allein leer essen und anschließend einen weiteren Termin bei Ihrem Coach vereinbaren. 215 Euro plus Mehrwertsteuer für 80 Minuten auf der Couch, richtig? Hätten Sie nur auf mich gehört. Machen Sie es sich leicht im Leben, es ist so schon schwer genug.

Anders sieht es natürlich aus, wenn Lauris Sie tatsächlich hasst. Kommt vor! Ist wahrscheinlich nicht Ihre Schuld, aber kommt vor. Er hat sich seine Stiefmutter schließlich nicht ausgesucht. Vielleicht hasst er Ihr Parfum, Ihre Stimme, Ihren Gang. Er hasst es, wenn er Sie mit Ihrem Vater sieht oder wenn er im Badezimmer auf Ihre

Zahnbürste trifft. Vielleicht liegt es an Ihrem Nagellack oder daran, dass Sie viel besser aussehen als die Ursprungsmutter. Es gibt so viele Gründe, jemanden zu hassen, wenn man das will.

Wenn Sie mich fragen, bleiben Ihnen da nur wenige Spielräume. Ihre Nase bleibt, wie sie ist, genauso wie Ihre Stimme oder Ihr Gang. Gönnen Sie Lauris seinen Hass und bereiten Sie Ihren Rückzug vor – das ist gesünder für alle Beteiligten, vor allem für Sie selbst – und Sie wollen doch überleben. Ich meine nicht, dass Sie sofort ausziehen sollen.

Ziehen Sie sich zunächst mental zurück. Wenn Lauris Sie abgrundtief hasst, ist das seine Sache. Ihre Sache ist es, damit umzugehen. Das schaffen Sie nicht, wenn Sie Lauris unbedingt mögen wollen. Das ist gar nicht nötig. Es reicht, wenn Sie sich gegenseitig respektieren. Von Liebe hat keiner etwas gesagt. Wenn Sie es dauerhaft nicht aushalten, von Ihrem Stiefkind nicht geliebt und vergöttert zu werden, können Sie immer noch Ihre Siebensachen packen. Aber wenn Sie mir ein wenig vertrauen, dann rate ich Ihnen zu Geduld und Gelassenheit. Lauris kommt nämlich demnächst in die Pubertät, und dann hat er keine Zeit mehr, sich mit Ihnen zu befassen.

Wie Sie »Ich rede nicht mit dir – niemals!« für einen Monolog nutzen

Ein schweigendes Kind ist ein kluges Kind, denn es setzt eine fiese non-verbale Kommunikation ein, die oft nicht mal ein Erwachsener beherrscht. Es ist konsequent und willensstark, grenzt sich von Ihnen ab und bestraft sie. Vorausgesetzt, Sie lassen das zu und geben sich nicht einem selbstquälerischen Gedankenkarussell hin: Nehmen wir Felix. Es ist nicht Ihre Schuld, wenn er nicht spricht – er hat schließlich einen Mund, nicht wahr?

Übrigens: Im Mittelalter wurde Menschen als Strafe für Verleumdung, Meineid oder Schmähung der Obrigkeit die Zunge herausgeschnitten, um sie zum Schweigen zu bringen. Okay, das war jetzt hart, aber das liegt daran, dass für mich selbst ein schweigendes Kind immer die Höchststrafe ist, die es über mich verhängen kann. Da darf man schon mal auf martialische Ideen kommen. (Keine Sorge, dieser Ratgeber wird absolut gewaltfrei bleiben.) Wenn es Ihnen ähnlich geht, lassen Sie sich bloß nichts anmerken – denn sobald Felix gemerkt hat, dass er ein probates Mittel gefunden hat, Ihnen gehörig auf den Senkel zu gehen, haben Sie den Schxxx, Entschuldigung: das Schweigen im Haushalt. Sie können jetzt den Fernseher einschalten oder das Radio, um eine angenehme Geräuschkulisse zu schaffen. Sie können aber das Schweigen auch nutzen, um einen grandiosen Monolog zu halten, den das stumme Kind so schnell nicht mehr vergessen wird. Ich schwöre Ihnen: So schnell wird Felix danach seinen Mund nicht mehr verschließen.

Fangen Sie beim Urschleim an! Es geht gar nicht so sehr darum, was Sie sagen, sondern dass Sie reden und reden und reden. Nichts ist zermürbender als eine Stiefmutter, die einen nicht enden wollenden Monolog über die allgemeine Wetterlage, Merkel und Co sowie Bio-Gemüse und Felix' mangelnde Begeisterung dafür hält. Sie denken, das sei eine willkürliche Themenauswahl? Weit gefehlt: Schlagen Sie dem Bonusjungen vor, das schöne Wetter am Wochenende zu einer sehr, sehr, sehr weiten Wanderung zu nutzen – er sagt nichts. Super, gehen Sie von seiner Zustimmung aus. Halten Sie anschließend einen längeren Vortrag über die politische Weltlage. Es ist schließlich wichtig, dass die Jugend an diese Thematik herangeführt wird. Rauben Sie Felix endlich den letzten Nerv mit einer lang anhaltenden Rede über die Vorteile der veganen Ernährung und kündigen Sie an, dies in Zukunft auch unter Ausschluss jeglicher Süßigkeiten konsequent durchziehen zu wollen – ist das Beste für die ganze Familie und vor allem auch für ihn, jaja.

Wenn sich bis dahin noch kein verbaler Widerstand geregt hat, ist Ihr Stiefkind entweder taub, oder es ist auf irgendeinem unbekannten Wege seiner Zunge verlustig gegangen. Vielleicht sollten Sie nun einen Gang zum Kinderarzt in Erwägung ziehen. Ich kann Ihnen da im Moment nicht weiterhelfen und halte ausnahmsweise die Klappe. Ach – Felix hat gerade erleichtert aufgeseufzt? Nehmen Sie das als Kompliment! Ihre rhetorischen Fähigkeiten sind ausgeprägt, das wird Ihnen auf Ihrem langen und beschwerlichen Weg als Stiefmutter helfen.

Wie Sie »Wohlerzogenheit schlägt Stiefmutter« lächelnd überstehen

Kennen Sie diese widerlich perfekt erzogenen Gören, die schon mit einem Jahr mit Messer und Gabel essen und sich die Lippen gekonnt an einer Serviette abtupfen, ehe sie sich für das Essen bedanken? Wirklich, es gibt solche Kinder, und sie sagen wirklich immer an der richtigen Stelle: »D-A-N-K-E!« Das ist das Allerschlimmste, was einem als Stiefmutter passieren kann. Das ist entweder reine Provokation. Oder am Tisch sitzen Kinderroboter. Anders ist ein solches Verhalten nicht zu erklären. Ich meine, diese Kröten führen einem auf die Art bei jeder Mahlzeit die eigenen Unzulänglichkeiten und versehentlichen Unhöflichkeiten vor. Da vergeht einem echt der Appetit. An dieser Stelle sollten Sie eingreifen – denn von allein wird dieser Käs nicht gegessen. Das ist kein Zustand, am wenigsten für Sie.

Nehmen wir als Beispiel Marie: Sie ist sechs Jahre alt und sitzt aufrecht beim Essen am Tisch, beide Handgelenke liegen in korrekter Ausführung rechts und links neben dem Teller. Speisen führt sie mit der Gabel zum Mund, ohne auch nur ein ganz klein wenig den Hals zu beugen. Und: Dabei fällt nicht einmal die kleinste Gabel herunter. Merken Sie was? Genau: Wo bleibt denn da der kindliche Spaß beim Essen? Wo ist der herrlich verschmierte Ketchup-Mund, wo die Soße auf dem Kleidchen? Nirgendwo! Marie würde beim Essen niemals auch nur den geringsten Fehler machen. Sie sagen: »Ist doch toll. Da habe ich weniger Arbeit.«

Im Gegenteil: So ein Kind macht Ihnen auf lange Sicht die meiste Arbeit. Denn Marie ist spaßbefreit. Sie wird ihrer Stiefmutter niemals einen Fehler verzeihen. Wer so isst, ist ein Korinthenkacker vor der Stiefmutter. Marie wird Sie bei jeder Gelegenheit spüren lassen, dass Sie nicht perfekt sind, so wie sie selbst. Das Schlimme daran ist, dass Marie recht hat. Sie sind von Perfektion so weit entfernt wie ich von dem hawaiianischen Festmahl Luau mit Poi, bei dem man das Besteck weglegt und mit den Fingern zulangt.

Das ist mein Tipp:

Nehmen Sie dem wohlerzogenen Kind das Besteck weg. Geht nicht? Doch, das geht. Wer Hunger hat, der stopft sich die Nudeln auch mit der Hand in den Mund (schon gesehen, bei meiner weniger wohlerzogenen, aber dafür sehr liebenswerten Interims-Stieftochter – es machte so eine Freude, ihr beim Essen zuzuschauen). Das ist gemein, finden Sie? Stimmt. Machen Sie ein Kinderspiel daraus. Hat man nicht schon Reformator Martin Luther die Worte »Warum rülpset und furzet Ihr nicht? Hat es Euch nicht geschmecket?« in den Mund gelegt?

Und jetzt geht es los. Sie erklären, dass es früher ungeheuer unhöflich war, stumm das Essen in sich hineinzuschaufeln. Geräusche waren nicht nur erlaubt, sondern ausdrücklich erwünscht, um der Köchin oder der Gastgeberin zu zeigen: Das Essen schmeckt. Wenn Ihr Stiefkind Sie mit ungläubigen Augen anschaut, zeigen Sie ihm, wie's geht – schmatzen und rülpsen Sie, was die Spaghetti hergeben. Sogar die spaßbefreite Marie legt korrekt ihr Besteck weg und macht mit. Und Sie können sich endlich beim Essen lächelnd zurücklehnen und von Luau und hawaiianischen Stränden träumen.

Wie Sie dafür sorgen, dass Ihnen die lieben Kleinen trotzdem aus der Hand fressen - wortwörtlich

Malte ist fünf Jahre alt und krabbelt sabbernd und auf allen vieren durch den Raum. Dafür bekommt er sein Leckerli aus der Hand von Frauchen. Artig bedankt er sich mit einem Schmatzer auf die Wange. Denn Malte ist kein Hund, sondern ein Stiefsohn. Ihr Stiefsohn! Ist es das, wovon Sie träumen? Ein Bonusjunge, der Ihnen aus der Hand frisst? Können Sie haben, wenn es Ihnen gefällt. Ich persönlich finde die Vorstellung, hm, na ja, gruselig. Aber bitte schön, es ist Ihre Entscheidung. Wenn Sie wollen, dass Malte sich wie ein Hündchen verhält: Übung macht den Meister, den Rest besorgen die Süßigkeiten.

Und in wenigen Jahren sitzen Sie mit Malte beim Zahnarzt, um Karies und Baktus den Kampf anzusagen. Soll inzwischen schon Zwölfjährige mit dem ganzen Mund voller Kronen geben. Das sollte nicht Ihre Sorge sein, wenn Sie einen Bonusjungenhund haben wollen, wird er die schmerzhaften Behandlungen durchstehen, ohne einmal »Wau« zu sagen. Dank Ihrer konsequenten stiefmütterlichen Erziehung. Gratulation! Sie bekommen Zweifel, ob es das ist, was Sie wirklich wollen?

Gehen wir erst einmal von der übergeordneten Bedeutung aus – was bedeutet es, seiner Stiefmutti aus der Hand zu fressen? Die lieben Kleinen sitzen jeden Morgen frisch gewaschen, ordentlich gekämmt und gekleidet am Frühstückstisch. Sie schmatzen nicht, sie kauen lautlos auf ihrem Nutellabrötchen und trinken ein Glas Kakao dazu. Ohne auch nur den geringsten Schmutz zu hinterlassen, räumen sie das dreckige Geschirr anschließend in den Spüler und verabschieden sich mit einem freundlichen »Danke und tschüss« an der Wohnungstür, die hinter ihnen leise ins Schloss fällt. Ach, und den Müll haben die Kinderlein ohne Murren und Knurren sogar ganz von allein mitgenommen? Prima, so soll es sein.

Oder? Haben Sie beim Lesen auch so ein mulmiges Gefühl bekommen? Hier stimmt was nicht! Entweder Sie flunkern mich gerade an, oder Sie haben etwas mit den Kindern gemacht, was bestimmt nicht gut für sie war. (Drogen, Beruhigungsmittel, Geld? – geben Sie es zu, wir sind unter uns, und trotz meines reichen Erfahrungsschatzes: Auch ich kann und will noch dazulernen!)

Das ist seit Jahren mein Alltag: Zugegeben, meist überlasse ich meinem Mann das (Morgen-)Grauen. Stehe ich doch auf, sitzen drei Kinder am Tisch. Eins hat den Kopf auf die Tischplatte gelegt und versucht dringend, noch ein paar Minuten Schlaf zu bekommen. Das Zweite stiert sein Nutellabrot an und isst nicht. Das Dritte schlägt aus der Art, ist putzmunter und fordert Rechenaufgaben ein. Nach 20 Minuten ist die Veranstaltung zu Ende. Urplötzlich springen alle auf, als sei ein Meteoriteneinschlag binnen Sekunden direkt am Küchentisch zu erwarten. Geschrei setzt ein: »Wo ist mein Hausschlüssel?«, »Ich finde meine Jacke nicht!«, »Mist, mein Turnbeutel ist weg.« Ich hetze vor und zurück, durch die Kinderzimmer, in den Flur, immer auf der Suche nach etwas. Am Ende klettern die Kinder erfolgreich über die Mülltüte, die ich am Ausgang strategisch günstig positioniert hatte, und donnern die Wohnungstür hinter sich zu. Dreimal wohlgemerkt. Zusammen können sie keinesfalls gehen. Zurück bleibe ich mit dem Küchenchaos und dem Müll – und der Vision vom krabbelnden Malte.

Jetzt Sie: Wovon träumen Sie? Malte oder Leben? Schokoflecken an der frisch gestrichenen Wand oder Mathestreber mit bis oben hin zugeknöpftem Hemd? Okay, Sie haben gewonnen. Dann sag ich Ihnen jetzt, wie Sie aus Malte ein Hündchen machen: Lassen Sie keine Gelegenheit aus, ihn für angepasstes, braves, streberhaftes, übertrieben freundliches und am besten noch unterwürfiges Verhalten zu loben und zu belohnen. Malte hat aus Versehen sein Zimmer aufgeräumt? Das gibt ein Überraschungsei. Malte hat eine Zwei in der Deutscharbeit? Erfreuen Sie ihn mit Chips. Malte trägt Ihnen die Einkaufstüten vom Auto hoch in die Wohnung? Da lassen Sie sich bitte nicht lumpen, das ist mindestens fünf Euro Extra-Taschengeld wert. Manipulation ist alles! Machen Sie Malte klar: Nur so kann er bei Ihnen überleben und ein überaus angenehmes Leben führen. Alles andere wird sanktioniert, wie es nur geht. Seien Sie konsequent – rund um die Uhr! Sie werden staunen, wie schnell Sie die Leine in der Hand halten. Lassen Sie bloß nicht wieder los. An dieser Stelle ziehe ich mich zurück. Zum Kotzen. Sorry.

2. KAPITEL

WIE SIE DIE STIEFKINDER ÜBERLEBEN …

… DIE PUBERTIERE SIND

Wie Sie »Du hast mir gar nichts zu sagen« überhören

Aha, da ist er endlich gefallen – der Satz der Sätze, vor dem Sie sich als Stiefmutter bestimmt erst lange gefürchtet und auf den Sie sich dann gründlich vorbereitet haben. Jetzt kontern Sie: natürlich total unspontan mit einem Ihrer vorbereiteten und superpädagogischen Sätze, die nur so vor Verständnis strotzen:

1. »Wir leben zusammen, darum müssen wir uns alle respektieren. Ich respektiere dich und du mich.« Nur mal so in Klammern: Das hat wohl nicht geklappt.
2. »Ja, es stimmt, ich bin nicht deine Mama, aber so sprechen wir nicht miteinander.« (Doch! Gerade eben.)
3. »Lieber XXX, klar habe ich dir etwas zu sagen. Dein Vater hat mich für heute beauftragt, mich um dich zu kümmern. Ergo bin ich auch für dich verantwortlich.« (Sagen Sie das auf keinen Fall, so machen Sie sich nur lächerlich. Denn Ihr Stiefkind wird Ihnen garantiert zeigen, dass Sie ihm wirklich nichts zu sagen haben.)
4. »Lass uns das heute Abend mit deinem Vater klären.« (Auch nicht gut: Sie verschieben den Konflikt, statt ihn jetzt und hier abschließend zu klären.)
5. »Ach ja? Das werden wir ja sehen!« (Diesen Satz hatten Sie aber nicht ernsthaft vorbereitet, oder? Jetzt haben Sie die Nerven verloren. Das ist ein Fehler, der sich langfristig auf das Verhältnis mit Ihrem Stiefkind auswirken wird. Deshalb: Streichen!)

Überlegen wir zusammen, warum Florian diesen No-Go-Satz abgelassen hat: Er hat schlechte Laune. Er ist müde. Er will unbedingt zu dieser supercoolen Party, und Sie haben Nein gesagt. Er hat Hunger, und Sie haben ihn aufgefordert, selbst zu kochen. Sie haben den

Klassiker »Zimmer aufräumen!« eingefordert. Sie sehen, es gibt viele Möglichkeiten, ein pubertierendes Stiefkind auf die Palme zu bringen. Lassen Sie Florian einfach da oben sitzen, bis er wieder von allein herunterklettert. Und nein: Sie stellen ihm keine Leiter hin, damit er sich nichts tut. Er ist allein da hochgekommen, dann kommt er allein auch wieder runter. Capito?

Versetzen wir uns in ein anderes Pubertier: Darf ich vorstellen, das ist Paul. Bis gestern war er noch Paulchen, einen Kopf kleiner als sein bester Freund und mit einer Piepsstimme, die jedem Kanarienvogel zur Ehre gereicht hätte. Heute Morgen ist Paulchen aufgewacht und zu Paul mutiert: 1,80 Meter groß und mit einem Organ ausstaffiert, mit dem er locker als Bundeswehrgeneral die Kameraden auf dem Exerzierplatz zusammenbrüllen kann. Als er aus dem Zimmer kommt, trifft er auf – na, wen wohl? – seine Stiefmutter. Plötzlich kommt sie ihm so klein vor und vor allem so hysterisch. Warum schreit sie bloß so laut? Er hat gar nichts gemacht? Nur geschlafen. Wen interessiert schon, wie viel Uhr es ist und dass die Hausaufgaben nicht erledigt sind. Ist schließlich Sonntag. Ach, nicht? Montag? Na ja, was soll's, kann jedem mal passieren, dass er verpennt. Nun soll die Alte aber langsam ruhig sein. Der Schädel brummt. Könnte am Bier liegen oder an der Computer-Session von letzter Nacht. Mann, ey, es reicht. Und da sagt Paul mit seiner Generalsstimme den Satz der Sätze: »Du hast mir gar nichts zu sagen.«

Können Sie ihm das verdenken? Ich nicht. Die einzige coole Reaktion wäre jetzt: lächeln, umdrehen, gehen – und Paul mit seinem schlechten Gewissen endlich ins Bad trotten lassen. Die Irritation, die Sie mit Ihrem Verhalten bei ihm hinterlassen, ist viel nachhaltiger als jegliches Geschrei. Er wird sich schlecht fühlen, während er die Zähne putzt und im Spiegel nach Bartstoppeln am Kinn fahndet, glauben Sie mir. Und mehr können Sie in dieser Phase vermutlich nicht erreichen.

Wie Sie »Deine Klamotten sind so uncool« überleben

Sie lieben Ihre neue knallgelbe Schlaghose, mit der Sie sich nicht nur auf einen Schlag wieder wie 20 fühlen, sondern auch mindestens zehn Kilo leichter? Ich sehe Sie genau vor mir, wie Sie voller Jugendlichkeit den Flur entlanghüpfen, bis Ihnen Lisa über den Weg läuft. Erst zieht sie die rechte Augenbraue hoch, dann verdrückt sie notdürftig ein Grinsen. »Was ist das denn?«, fragt sie und deutet mit einem Kopfnicken auf Ihre supercoole knallgelbe Schlaghose. Aber Sie lassen sich nicht beirren.

»Die ist toll, oder? Habe ich secondhand gekauft.«

»Sieht man«, sagt Lisa und lässt eine Kaugummiblase platzen. »Was ist das überhaupt für eine Farbe?«, fragt sie. »Senf?«

»Sonnenblume. Schön, oder?«

»Okaaaayyy«, sagt Lisa.

Aber Sie wissen beide: Nichts ist okaaayyy. Ja, steigen Sie auf diesen Konflikt ein. Es lohnt sich. Hier geht es schließlich um Werte, um Einstellungen und – ganz wichtig – ästhetisches Empfinden. Was hat Lisa heute eigentlich an? Schwarze Leggins, bauchfreies ärmelloses Top mit Spitzenbesatz. Ja, sie kann sich das leisten. Mit 16 hat man halt keinen Bauchansatz und dicke Oberschenkel. Lisa sieht immer toll aus, sogar in den Schlabber-Jogginghosen, in denen sie neuerdings zur Schule geht. Unmöglich, oder? Aber Sie sagen nichts. Mann, sind Sie tolerant. Ganz im Gegenteil zu Lisa. Die fragt jetzt nämlich unschuldig: »So willst du aber nicht rausgehen, oder?«

»Wieso?«, fragen Sie – weil Sie es wohl immer noch nicht kapiert haben.

»Tut mir leid, aber deine Klamotten sind sooo uncool.« Lisa tut gar nichts leid. Gut zu erkennen an ihrem breiten Grinsen, das sie auf einmal nicht mehr so makellos schön aussehen lässt. Eher fieslich, nicht wahr?

Geben Sie es zu, Sie sind angeschlagen. Der ewig währende Konflikt: Nur die Jugend weiß, was cool ist und wie man sich zu kleiden hat. Die Jugend kennt keine Gnade, auch nicht mit Ihnen. Stiefmutter hin oder her, Sie sind alt. Punkt. Sie haben gedacht, Sie wissen, wie es geht. Aber machen Sie sich endlich eines klar: Sie können anziehen, was Sie wollen, Lisa wird es niemals gefallen. Ihnen bleiben nur zwei Möglichkeiten: Entweder Sie stehen drüber und hüpfen weiter fröhlich den Flur entlang in Ihrer sonnenblumengelben Schlaghose oder – und da wird Lisa das Kaugummi aus dem Mund fallen vor lauter Abscheu – Sie mopsen Lisa die Schlabber-Jogginghosen und holen sie so gekleidet von der Schule ab. Ihre Entscheidung!

Und dann ist da noch Julian. Er trägt neuerdings einen Undercut mit Seitenscheitel. Sie erinnert die Frisur permanent an alte Fotos von der Hitlerjugend? Seien Sie beruhigt, mir geht es ähnlich. Aber ich bin eben auch verdammt alt, jenseits der 40, oh Gott. Meine Kinder haben mich schon allen Ernstes gefragt, ob ich schon auf der Welt war, als das Dritte Reich war. Ich möchte jetzt nicht mit Ihnen über Bildungsfragen diskutieren. Das ist ein anderes Thema. Da kann man nur noch den Mund halten und sich sein Teil denken. Sie aber können es nicht lassen und sprechen Julian auf seine politische Gesinnung an? Nur um sicherzugehen? Sie sind unverbesserlich.

»Sag mal, Julian, was ist das eigentlich für ein Haarstyling, das du da neuerdings hast?«

Julian streicht sich die Haare aus der Stirn. Nicht ohne darauf zu achten, dass seine Oberarmmuskulatur dabei gut zur Geltung kommt. »Wieso?«, fragt er und guckt unschuldig, so wie früher, als er seinem kleinen Bruder im Sandkasten die Schaufel auf den Kopf gedonnert hatte.

»Mich erinnert das immer an Nazis und so.« Okay, jetzt ist es raus. Julian hat die schöne Stirn kraus gezogen und schaut Sie an, als ob Sie den Verstand verloren haben. »Geht's noch? In was für einer Zeit lebst du denn? Man kann nicht die Leute wegen ihrer Frisur zu Nazis machen.«

Ja, da hat Julian eingelocht. Da ist wohl eine Entschuldigung Ihrerseits nötig. Am besten sofort. Sorry, aber in dieser Angelegenheit kann ich gerade nichts für Sie tun. Da müssen Sie jetzt auch nicht so schmallippig schauen ... Ich bin dann mal weg. Eine redende Stiefmutti ist Silber, eine schweigende Gold.

Wie Sie »Rauchst du einen Joint mit mir?« ganz klar mit Ja beantworten

Mir ist klar, dass dies das erste Kapitel ist, das Sie lesen. Stimmt doch, oder? Drogen konsumieren und dann noch mit den eigenen Beutekindern – das klingt zu verlockend. Sie glauben, ich hätte das schon mal gemacht? Ich bitte Sie! Sie erwarten wohl keine ernsthafte Antwort auf diese Frage. Nein, gibt es nicht. Ich möchte Ihnen nur ein paar Ratschläge erteilen, wie Sie das Leben mit Ihren zusätzlichen Familienmitgliedern angenehm gestalten können. Nüchtern mag das auch funktionieren (Wie viel Prosecco trinken Sie eigentlich so in der Woche?). Aber bekifft wäre es eventuell lustiger? Ist es das, was Sie denken? Ich weiß nicht, ob es für Ihre derzeitige Lebenssituation spricht, wenn ich mir die Bemerkung erlauben darf. Aber das können nur Sie selbst entscheiden. Ich sag mal so: Andere Väter haben auch schöne Stiefkinder. Aber jetzt komme ich vom Thema ab.

Nehmen wir Leo. Er ist 14 und geht seit Wochen nicht mehr zur Schule. Nachmittags kifft er, nachts spielt er am Rechner, und tagsüber – Sie ahnen es – schläft er. Leos Eltern sind wahnsinnig besorgt. War er doch bislang ein braver Sohn, der passable Noten hatte und einmal in der Woche zum Klavierunterricht gegangen ist. Dachten seine Eltern. Bis ihnen klar wurde, dass der Gute das Geld für den Klavierunterricht im nahe gelegenen Park in Gras umsetzte und dort auch direkt konsumierte. Jetzt ist die Verzweiflung groß. Schule und Therapeut sind bereits eingeschaltet, aber nichts hilft. Leo ist mit seiner weichgerauchten Birne eh alles egal.

Da treten Sie auf den Plan, respektive in sein süßlich riechendes und total zugemülltes Zimmer. Das auf der Erde könnten Reste einer Pizza sein, ja, aber so genau ist das nicht mehr zuzuordnen. Das liegt vermutlich an der Kotze obendrauf, die ist immerhin leicht zu identifizieren. Ich will nicht näher in die Details einsteigen. Da stehen Sie also, die Stiefmutter. Haben Sie schon darüber nachgedacht, dass Leo vermutlich, nein wahrscheinlich, ach was, ganz sicher (!) kifft, weil er mit seiner Lebenssituation, der Trennung seiner Eltern vor elfeinhalb Jahren und Ihnen, der bitterbösen Stiefmutter, nicht zurechtkommt? Exakt. Wir sind am neuralgischen Punkt. Es kann gar nicht anders sein, als dass es einzig und allein Ihre Schuld ist, dass Leo abschmiert wie ein Starfighter, dem der Sprit ausgegangen ist. Nun liegt er im Bett und stiert Sie mit seinen knallroten Augen an. Ja, das ist alles Ihre Schuld. Definitiv. Hätten Sie in den vergangenen acht Jahren die Fischstäbchen nicht immer in der Pfanne anbrennen lassen, niemals wäre es so weit gekommen. Ich sehe, wie Sie in die Knie sinken vor lauter Selbstmitleid.

Halt, stopp, stehen Sie wieder auf! So ist es richtig. Wenn Sie an diesem Punkt angelangt sind, hilft nur beherztes Eingreifen. Nein, falsch, legen Sie den gammligen Pizzakarton zurück. Aufräumen kommt später an die Reihe. Setzen Sie sich auf die Bettkante zu Leo. Ignorieren Sie die schäbigen Gerüche. Vermeiden Sie ein Würgen. Das könnte er Ihnen übel nehmen – falls er noch in der Lage ist, das mitzukriegen. Stellen Sie Leo keine Fragen und gucken Sie bloß nicht so vorwurfsvoll. Es liegt an Ihnen, wie es weitergeht. Ich schätze, Leo will am liebsten seine Ruhe haben und schlafen. Da können Sie einhaken. Versichern Sie ihm, dass er das gleich kann, wenn er mit Ihnen einen Deal eingeht.

Sie können Leo erläutern, dass der Konsum von Cannabis wahnsinnig gefährlich ist. Schildern Sie ihm langatmig Ihre Empörung, drohen Sie mit Strafen und Kontaktverboten und stellen Sie ihm eine stationäre Therapie in Aussicht. Sie können sicher sein, dass Leo innerhalb einer halben Sekunde seine zugedröhnten Ohren auf Durchzug gestellt hat und innerlich »is mir egal« in verschiedenen Oktaven summt. Sie können Leo auch die riesigen Sorgen seiner Eltern inklusive seiner Stiefmutter schildern und an sein schlechtes Gewissen appellieren. Hören Sie selbst, wie er summt? »Is mir egal, is mir egal.«

Nicht egal wird Leo sein, wenn Sie ihm erzählen, dass Sie gestern Gras gekauft haben. War ganz einfach, die Typen lungern heutzutage vor jeder Schule rum, nicht wahr? Zücken Sie Ihr Päckchen und lassen Sie ihn reinschauen. Tatsache, astreines Cannabis. Und dann stehen Sie auf und wenden sich zur Tür. Sie hören, wie Leo sich aufrichtet? Summen Sie innerlich »is mir egal« und gehen weiter. Wenn er jetzt fragt: »Rauchst du einen Joint mit mir?« haben Sie gewonnen. Bitte verdrücken Sie sich Ihr selbstzufriedenes Grinsen, drehen sich zu ihm um und sagen schlicht »ja«. Denn was Leo nicht weiß: Ihr »Cannabis« ist eine ordentliche Mischung aus Oregano, Magen-Darm-Tee und Heu beträufelt mit Rizinusöl. Wenn er das raucht, kommt er die nächsten drei Tage nicht mehr vom Klo runter. Das ist fies, aber es ist gut für Leo – langfristig gesehen. Also, raus mit den *papers*, und nun lassen Sie sich von Ihrem Stiefsohn zeigen, wie man einen vernünftigen Joint baut. Das Rauchen können Sie getrost überwiegend ihm überlassen. Einer muss sich um den Ärmsten kümmern, wenn ihm kotzübelschlecht ist.

Wie Sie die Frage »Wie ist der Sex mit meinem Alten so?« parieren

Emilia hat lange blonde Haare, die sie gern zu einem Knoten bindet, den sie oben auf dem Kopf drapiert: *cute look* wird das genannt, falls Sie es noch nicht wussten. Auch sonst ist Emilia super-cute mit ihren hellen Kulleraugen und dem netten Grübchen auf der linken Wange, das sich tief eingräbt, als sie fragt: »Und? Wie ist der Sex mit meinem Alten so?«

Zur Info: Emilia ist 13 und bei dieser Frage nicht einen minimalen Hauch rot geworden. Im Gegenteil, sie grinst frech, und das Grübchen sieht auf einmal wie eine hässliche Falte aus. Denken Sie nicht an letzte Nacht, das sieht Emilia Ihnen sofort an.

Hat eine 13-Jährige das Recht, Ihnen solche Fragen zu stellen? Was bezweckt sie damit? Und warum, verdammt noch mal, glüht Ihr Gesicht plötzlich wie ein Höllenfeuer in der schwarzen Nacht? Weil Sie darüber nachdenken, ob Ihr Freudenjuchzer eventuell zu laut durch die Wohnung schallte? Möglich! Peinlich? Ach was! Es gibt 13-Jährige, die kriegen in dem Alter schon ihr zweites Kind. Ich übertreibe? Okay, geschenkt.

Emilia ist jedenfalls viel weiter, als Sie bislang dachten. Aber wer eine solche Frage stellt, dem sollten Sie auch eine Antwort geben. Kein Kind, keine Emilia, erwartet, dass Sie mehr als ein betretenes Schweigen oder ein gezischtes »Das geht dich gar nichts an« als Replik bekommen. Aber das können wir Stiefmütter viel besser, nicht wahr? Es überrascht mich gar nicht, dass Sie Emilia bitten, sich zu Ihnen zu setzen. (Ihre Lernfähigkeit beeindruckt mich! Schön, wenn ich als Autorin spüre, dass Sie sich durch diesen Ratgeber bereits weiterentwickelt haben. Toll!) Wenn Sie Ihr nun erläutern, wie wichtig Sexualität für Erwachsene ist, besonders für Paare, die sich gerade kennengelernt haben, machen Sie garantiert nichts falsch. Im Gegenteil: Ich nenne das superpädagogisch – so superpädagogisch, dass Emilia eine solche Frage nicht mehr stellen wird, spätestens dann, wenn Sie ihr in Aussicht stellen, die verschiedenen Verhütungsmethoden mit ihr gemeinsam diskutieren zu wollen. Sie haben alles richtig gemacht, bravo! Emilia kann jetzt wieder die Hände von den Ohren nehmen.

So leicht geht das bei Oskar natürlich nicht. Er ist ein anderes Kaliber. 16 Jahre, Streuselkuchengesicht, voll trainiert und unterschwellig aggro – vermutlich noch jungfräulich und deswegen enorm frustriert. Dem können Sie mit der Bienchen-und-Blümchen-Geschichte nicht mehr kommen, der will was anderes hören. Oskars Verhältnis zu seinem Vater ist gespalten. Er bewundert ihn, weil er ein Mann ist. Er hasst ihn, weil er ein Mann ist. So weit alles klar? Und Sie sind die Frau an der Seite dieses liebens-hassenswerten Mannes. Darum kriegen Sie auch die volle Breitseite ab. Klingt logisch, oder? Wichtig ist, sich in diesem Stadium Respekt zu verschaffen, sonst wird Oskar Sie für den Rest Ihres Stiefmutterdaseins bei jeder sich bietenden Gelegenheit piesacken. Oskar hasst nichts mehr, als vor seinen Kumpels blamiert zu werden – das ist Ihre Chance. Zeigen Sie ihm, wo Ihr persönlicher Hammer hängt, und schicken Sie ihm eine Nachricht, wenn er mit Lukas, Tom und Philipp vor dem Rechner sitzt und zockt. Eine Video-Botschaft kommt auch immer gut. Darin kommen Sie auf seine Frage zurück, die Sie auch explizit noch einmal aussprechen: »Du wolltest wissen, wie der Sex mit deinem Vater ist – und das ist meine Antwort …«

Eigentlich ist es völlig wurscht, was Sie nun sagen. Hauptsache Lukas, Tom und Philipp sind Zeugen dieser Peinlichkeit und spucken gerade die Nacho-Chips auf die Tastatur. Niemals wieder wird Oskar (der gerade das Loch im Zeitstrahl sucht, in das er hüpfen möchte) Ihnen eine solche Frage stellen. Manchmal muss man als

Stiefmutter in die Vollen gehen, auch wenn es wehtut. Das ist der schlichte grausame Rat, den ich Ihnen geben kann.

Wie Sie dafür sorgen, dass Ihnen die Pubertiere nicht auf die Nerven gehen

Definiere »das Pubertier«, spätestens bekannt seit dem gleichnamigen Buch von Jan Weiler: Es ist männlich oder weiblich. Was sich hinter dem wirren Haar verbirgt, ist erst bei genauerem Hinsehen zu erkennen. Es ist zwischen zwölf und 20 Jahren alt. Es stinkt. Es ist übellaunig. Sehr und immer. Es ist stets müde und hungrig. Auch sehr und immer sehr. Und: Es geht Ihnen verdammt noch mal auf die Nerven, wenn es morgens … – ach, was – 13.30 Uhr ist morgens? »Genau«, antwortet das Pubertier, »das ist echt ätzend früher Morgen. Mehr Morgen geht gar nicht.« (Das Pubertier zieht eine Flunsch und schlurft zum Kühlschrank.)

Also, noch mal zurückspulen: Es geht Ihnen dermaßen auf den Senkel, wenn das Pubertier nachmittags aus seinem perfekt abgedunkelten Zimmer schlurft (wie hat es das eigentlich so hingekriegt, dass bei draußen strahlendem Sonnenschein drinnen tiefschwarze Nacht herrscht?! Exakt, Sie haben sofort richtig geraten: mit Ihrer liebsten Couch-Kaschmirdecke, die seit Tagen fehlt. Zwei grausam feste Knoten sind in die zarte Decke geschlungen, durch die sich zwei provisorisch in die Wand geschlagene Nägel bohren, um das Fenster so kunstvoll wie effizient zu verhängen). Hören Sie auf, bei dem Anblick mit den Zähnen zu knirschen. Wir kriegen das hin, vertrauen Sie mir!

Letzter Versuch – alles auf Anfang: Das stinkende, übellaunige, käseweiße, da nie mehr die Sonne sehende, picklige (gemein, ich weiß, aber als Stiefmutti ohne Kaschmirdecke dürfen Sie das) und trotzdem immer müde und hungrige Pubertier kriecht verflucht noch mal um halb zwei aus seinem schwarzen Zimmer. Und Sie würden ihm am liebsten die verbeulte Jogginghose vom Leib reißen, auf der demnächst Fruchtfliegen-Heerscharen landen, um über die klebrig-bräunlichen Pizzasoßenflecken herzufallen – oder was auch immer das da im Schritt ist. Sie wollen das Pubertier unter die Dusche zerren, dann die verfilzten Haare kämmen (oder besser noch: abschneiden – alternativ: ABRASIEREN!) – es anschließend mit Deo von oben bis unten von vorne bis hinten einsprühen, damit es wenigstens für ein halbes Stündchen wie ein Mensch riecht? Und ihm dann eine gesunde Mahlzeit auf einem blütenreinweißen Teller servieren: Gedünstetes Bio-Gemüse mit Putenschnitzel, auch Bio, versteht sich, dazu eine Apfelsaft-Schorle – na gut ausnahmsweise, weil das Pubertier so gut riecht, soll es eine dieser ungesunden Zucker-Holunderbrausen kriegen?

Stopp! Säusel-Musik aus. Sofort. Denn Ihre Nerven sagen Ihnen: Sie schaffen das nicht mehr. Sie sind so sauer, dass Sie das Pubertier am liebsten an den dreckigen Füßen mit den abgenagten Zehennägeln voraus aus der Wohnung katapultieren wollen? Hach, wäre das ein selbst reinigender Prozess: Pubertier kommt aus dem Zimmer, Sie geleiten es höflichst zur Wohnungstür und hinaus in den Hausflur. Sie lassen es da stehen und gehen wieder hinein. Rasch lassen Sie die Tür zukrachen und sinken dann umgehend mit einem Prosecco in der Hand entspannt in ein heißes Schaumbad. Die Bewegung der Gedanken ist eins, die Umsetzung etwas anderes. Sie zögern, das spüre ich. Aber trösten Sie sich: Ich kenne das alles nur zu gut.

Ihnen fehlen mehrere Dinge, um das durchzuziehen – so viel steht fest: Erstens, zweitens und drittens Entschlossenheit, Mut und hinreichend Armmuckis, das Ding durchzuziehen. Viertens das liebende Auge einer leiblichen Mutter. Okay: Viertens ist verzichtbar. Aber erstens und zweitens lernen wir jetzt gemeinsam und flott in diesem Kapitel (Für mehr Muskelkraft gehen Sie bitte dringend drei Mal die Woche ins Fitnessstudio. Sie haben keine Zeit? Ich bitte Sie! Sie sind bloß die Stiefmutter.).

So sorgen Sie dafür, dass Ihnen das Pubertier nicht auf die Nerven geht – und zwar nie mehr! Entscheiden Sie sich für einen der drei vorgegebenen Lösungswege:

Die knallharte Lösung ist: Das Pubertier darf nie mehr vor acht Uhr abends aus seinem Zimmer kommen. Es darf sich erst sehen lassen, wenn es a) dunkel ist und b) Sie bereits auf dem Weg zu einer ausgesprochen kultivierten Theater-Vorführung in der Stadt sind. Wie das geht? Ganz einfach: Ihr Pubertier muss sich fürchten, Ihnen in der Wohnung zu begegnen – etwa, indem Sie tagelang konsequent nackig über den Flur hüpfen. Nichts ist peinlicher und furchterregender als eine nackte Stiefmutter, die gerade vom Klo kommt und sich zwischen den Brüsten kratzt. Einmal getroffen – der Eindruck hält ewig. Weg ist das Pubertier. Versprochen!

Die unhygienische Lösung ist: Seien Sie stinkiger und übellauniger als das Pubertier. Vergessen Sie für eine Woche Ihr geliebtes Schaumbad. Wenn Sie es nicht aushalten, greifen Sie zum Prosecco. Trinken Sie sich die Welt, das Pubertier und Ihren eigenen unanständigen Geruch so richtig bunt. Und dann drehen Sie Ihre Lieblingsmucke auf, is doch egahal, wenn die nur Ihnen gefällt, ohoooder? Wenn Ihnen am nächsten Tag der Schädel dröhnt wie damals, als sie noch Wein vertragen haben (also in einer längst vergangenen Zeit) und das Pubertier sich mucksmäuschenstill verhält, wissen Sie: Sie haben alles richtig gemacht (auch wenn Sie sich nicht mehr genau daran erinnern, WAS sie eigentlich gemacht haben) – herzlichen Glückwunsch! Sie sind auf dem richtigen Weg, eine gestandene Stiefmutter zu werden.

Die Mondschein-Lösung: Sie können auch Lösung eins und zwei kombinieren und zu einer dritten ungeheuer intensiven Erfahrung für das Pubertier machen. Stürzen Sie in der Nacht nackt und stinkig mit Prosecco-besoffenem Kopf in das Zimmer des Pubertieres. Reißen sie schreiend die Kaschmirdecke vom Fenster und sorgen so dafür, dass der grelle Vollmond ins Zimmer scheint. Aaaaah, Horror pur! Und kommen Sie ja nicht auf die Idee, sich jetzt in Ihre zerschlissene Kaschmirdecke hüllen zu wollen. Dann denkt das Pubertier, Sie hätten etwa noch Grenzen. Davon sollten Sie sich frei machen!

Oh, Ihnen fällt gerade ein, Sie haben in der vergangenen Nacht die Mondschein-Lösung praktiziert? Und das Pubertier hat sogar von seinem Laptop-Bildschirm aufgesehen, als Sie grölend und splitterfasernackt am offenen Fenster standen und die Kaschmirdecke durch die Lüfte segelte, während Sie Nietzsche zitierten, »was aus Liebe getan wird, geschieht immer jenseits von Gut und Böse«? Großartig, so viel Theatralik hätte ich Ihnen gar nicht zugetraut. Ich sehe, wir sind auf dem richtigen Weg – Sie werden allmählich zu einer anständigen Stiefmutter. Weiter so, folgen Sie mir!

Ach, das Pubertier steht gerade bibbernd mit gekämmtem Haar und bekleidet mit einer sauberen Jeans, flankiert von einem weißen Hemd (bis oben hin zugeknöpft) an seiner Zimmertür? Der Hunger hat es so weit rausgetrieben? Werden Sie jetzt bloß nicht schwach. Sonst war alles umsonst. Das ist Ihre Show! Sagen Sie mit leiser, aber schneidender Stimme: »Essen ist um halb sieben.« Warten wir ab, was passiert.

Es hat sich widerspruchslos in sein in gleißendes Licht getauchtes Zimmer verzogen?

Läuft bei Ihnen!

3. KAPITEL

WIE SIE DIE STIEFKINDER ÜBERLEBEN ...

... DIE ÄLTER SIND, ALS SIE SELBST

1.

Wie Sie ein »oh weia!« in »geht doch!« verwandeln

Das kommt in den besten Patchwork-Familien vor: Ihr Stiefkind ist älter als sie. So viel älter, dass manche denken, Sie sind die kleine Schwester und nicht die Stiefmutter? Ein »oh weia!« ist da nicht fern. Es schallt Ihnen gerade Tag und Nacht durch die Ohren. Blöd! Geben Sie es zu, das haben Sie selbst auch gedacht, als Ihnen Ihr neuer Partner gestanden hat, dass seine Laura zehn Jahre älter ist als Sie selbst. Das war, nachdem er Ihnen gestanden hat, dass er selbst auch deutlich älter ist, als er in seinem Parship-Profil angegeben hatte – und Sie dachten: »wurscht«. Sie sehen: Das haben Sie sich selbst eingebrockt. Die Hormone sind mit Ihnen durchgegangen und sorgen dafür, dass Sie unbedingt eine gute Stiefmutti sein wollen, auch wenn man Sie gar nicht will. Wenn Laura im Blümchenrock und der altbackenen Pagenfrisur aufkreuzt und ein »oh weia« ablässt und ihre braunen Kuhaugen verdreht, dass Ihnen beim Zusehen schwindlig wird – kann man das Verhalten der gebeutelten Stieftochter verstehen, oder?

Oder haben Sie gedacht, Laura freut sich, dass ihr Vater glücklich ist mit seiner neuen Freundin, die nicht nur jünger und schöner ist, sondern auch noch eine potenzielle Erben-Konkurrentin? Okay, jetzt bedienen wir jedes nur erdenkliche Klischee. Aber wenn ich eins gelernt habe als Stiefmutter, ist es das: Die Situation, in die Sie sich gebracht haben, ist ein einziges nicht aufzulösendes Klischee, außer vielleicht vorübergehend mit der richtigen Dosis Prosecco oder Gras.

Darüber können wir gemeinsam jammern – oder wir machen das Beste daraus. Und das Beste ist, wenn Laura sich ein Leben ohne Sie an der Seite ihres Vaters nicht mehr vorstellen kann. Wichtig ist: Versetzen Sie sich keinesfalls in Lauras Lage. Tun Sie das, werden Sie verstehen, dass durchaus die Möglichkeit besteht, dass Sie gerade einen Riesenfehler begehen. Das wollen wir aber gar nicht wissen. Könnte sein, Laura hat recht, und ihr Vater sollte sich eine gleichaltrige Partnerin suchen, zu der auch Laura respektvoll aufschauen kann und die dafür sorgt, dass Laura endlich aus der väterlichen Wohnung auszieht. Nicht wahr?

Nein, nicht wahr! Sie sind jetzt nun mal da und bleiben. Zeigen Sie Laura, wo Ihre Zahnbürste steht, wie man Teller und Tassen korrekt im Geschirrspüler stapelt (ja, das wird anders gemacht als in den vergangenen Jahrzehnten), und bringen Sie ihr bei, dass eine Joghurtkultur auf der Fensterbank bei Ihnen in Null Komma nix auf dem Kompost landet. Sie fragen sich, wo der ultimative Tipp ist, den ich Ihnen in der Überschrift dieses Kapitels versprochen habe – wie Sie Lauras »oh weia« in ein »geht doch« verwandeln? Unmöglich, bei Laura und Ihnen gibt es nur hopp oder topp – entweder Sie oder Laura. Aber Vorsicht: Verbeißen Sie sich nicht zu sehr in Ihre neue Beziehung und Lauras Vater. Eventuell winkt Ihnen Laura noch an der Wohnungstür nach, wenn Sie entnervt nach wochenlangen Grabenkämpfen um die Geschirrspüler-Befüllung und die stinkige Joghurtkultur Ihre Zahnbürste wieder einpacken und ausziehen. Denn dann grinst Laura Ihnen noch mit einem »geht doch« auf den Lippen hinterher. Eine Stiefmutter muss eben wissen, wann gut ist.

Besser läuft es hingegen mit Alexander. Auch er ist deutlich jünger als Sie, aber ihm ist alles gleichgültig – solange sein Alter zahlt und er sein Zimmer und die Rechnerlandschaft nur zur Nahrungsaufnahme und den unvermeidlichen Klogängen verlassen muss. Ein 120 Kilo schwerer quasi muskelfreier Körper will schließlich nicht überlastet werden. (Ich höre gerade Ihr »oh weia«. Das haben Sie sich ganz anders vorgestellt? Verständlich, aber so ist das Leben. Sagen wir so: Ihren neuen Partner haben Sie sich selbst ausgesucht,

Alexander kriegen Sie gratis dazu.) Ihren neuen Bonussohn haben Sie im Sack, wenn Sie nach dem Motto »Leben und leben lassen« verfahren. Mischen Sie sich niemals in seinen Alltag ein. Befüllen Sie regelmäßig seine Chips- und Flipsvorräte. Sagen Sie seinem Vater niemals, dass Sie Alexander für sozial gestört halten und dass Sie finden, dass er mit Ende 30 endlich arbeiten gehen sollte. Halten Sie sich raus, putzen Sie regelmäßig Ihre Zähne und pfeifen Sie anschließend getrost auf alle bürgerlichen Vorstellungen von einem vernünftigen Stiefmutter-Dasein.

Zischen Sie lieber ein Bierchen mit Alexander und lassen Sie sich von ihm die neuesten Ballerspiele am Computer zeigen. Gar nicht so schlecht, oder? Endlich spricht Alexander auch mehrere zusammenhängende Sätze hintereinander weg und stellt sein filigranes Können an der Maus unter Beweis. Na bitte: Geht doch!

Wie Sie den Satz »Du willst nur das Geld von meinem Vater« überleben

Jetzt geht es ans Eingemachte: an die Kohle, den Zaster, die Kröten, die Mäuse und Moneten, die Asche, die Flocken und das Moos – schlicht: ans Geld. Das ist eines der wichtigsten Themen in Ihrer Lebenskonstellation. Wer kriegt was, wann und warum? Und warum haben Sie immer das Gefühl, alle kriegen alles und Sie nur die schmutzige Wäsche und den letzten Zipfel der Wurst, den eh keiner haben wollte? Kann ich Ihnen genau beantworten: weil Sie einen grundsätzlichen Fehler gemacht haben, und zwar von Anfang an. Ich verstehe, dass Sie als neue Frau und Stiefmutti nicht so geldgierig in Ihrer Bonusfamilie daherkommen wollten. Und ich finde es auch prima, dass Sie Ihr ganzes Gehalt Monat für Monat in Spaßangebote für die lieben Kleinen stecken. Indoorspielplätze, Kinobesuche und Eis all you can eat – klar, das kostet jede Menge. Da darf man nicht knausern. Seltsam nur, dass Ihre Haare aussehen wie der Wischmopp, mit dem Sie jeden Tag den Sand und die Fettflecken vom Boden der Kinderzimmer, dem Flur und dem Bad, nicht zu vergessen Küche und Wohnzimmer entfernen. Es ist bemerkenswert, wie aus Ihnen, der erfolgreichen Businessfrau, binnen Kurzem eine derart engagierte Hausfrau geworden ist. Seltsam auch, dass Ihre Gesichtshaut in unregelmäßigen Zonen changiert zwischen Pickeln und Rötungen. Könnte durchaus sein, dass es daran liegt, dass Sie Ihre spezielle Creme nicht mehr so regelmäßig auftragen wie damals, als Sie Thorben beim Sport kennengelernt haben. Ach, im Fitnessstudio haben Sie sich auch abgemeldet? Zu teuer? Nee, ist klar, Sie haben gar keine Zeit mehr, seit Sie die Kleinen Ihres Partners dauernd durch die Gegend kutschieren, immer auf der Jagd nach dem ultimativ-teuren Freizeitvergnügen. Mal unter uns: Die Speckröllchen da hatten Sie früher aber nicht, oder?

Kurz zusammengefasst: Ihr Bankberater hat Sie heute Morgen in aller Herrgottsfrühe angerufen, um einen dringenden Termin mit Ihnen zu vereinbaren – seine bedeutungsschwangere Tonlage ist Ihnen nicht entgangen. Nur gut, dass Sie schon wach waren, weil Sie noch drei Tonnen Pausenbrote für die Kinder schmieren mussten.

Und dann kommt Thorben junior auch noch an und fordert wie selbstverständlich zehn Euro von Ihnen. Er macht sich nicht mal die Mühe, Ihnen zu erklären, wozu er das Geld braucht. Und Sie, in einem Anfall von Erkenntnis, wagen es, Nein zu sagen? Thorben junior antwortet daraufhin, wie aus der geladenen Stiefsohn-Pistole geschossen: »Du willst nur das Geld von meinem Vater.«

Knallpengpuff. Ich verstehe gut, wenn Sie in dieser Situation die Nerven verlieren, hysterisch herumkreischen wie eine Kreissäge, die auf untrennbares Metall trifft, und dabei sehr sehr blutige Visionen der Küche im Kopf haben. Führen wir nicht näher aus. Voll okay. Aber nicht zielführend. Thorben junior hat ins Schwarze Ihres leeren Geldbeutels getroffen. Ich möchte mit Ihnen nicht diskutieren, wie es so weit kommen konnte. Dafür ist es zu spät.

Aber wie es weitergeht, darüber können wir gern reden. Sie haben nachher auch noch Ihren Banktermin. Da ist es gut, wenn Sie sich und Ihre Kontoauszüge sortiert haben. Bei Geld hört der Spaß bekanntlich auf, spätestens wenn man keins mehr hat. Hatten Sie wirklich darauf gehofft, dass ihr Liebster, Thorben senior, Geld hat, damals als Sie ihn kennengelernt haben? Hatten Sie heimlich darauf gesetzt, dass er Sie zum Essen einlädt oder zu einem Kurztrip nach London, Paris, New York oder wenigstens München? Nur Sie beide, auf der Dachterrasse eines schicken Hotels, den kühlen Cocktail in der rechten Hand, an deren Ringfinger der Brillie in der Abenddämmerung funkelt wie ein leuchtender Stern am Firmament? Hat wohl nicht geklappt.

Dafür unterstellt Ihnen die Brut nun auch noch, Sie wollten Thorben nur an sein Kroko-Portemonnaie. Dabei haben *Sie* Ihr Konto leergeräumt? Schön blöd! Da heißt es mal wieder: Durchatmen. Tief. Nein, nicht röcheln. Nur tief durchatmen. So ist es gut. Legen Sie das Brotmesser weg. Es wirkt sonst leicht bedrohlich auf Thorben junior, und wir wollen ihm keine Angst einjagen. Erklären Sie Ihrem lieben Stiefsohn, dass Sie leider los müssen. Der Friseur Ihres Vertrauens wartet mit der Schnippschnappschere und der Coloration Haselnussbraun mit Kupferreflexen auf Sie.

Bitten Sie Thorben junior freundlich, aber bestimmt, sich wegen der zehn Euro an seinen Vater zu wenden. Denn Sie kaufen nach der Haar-Rundumerneuerung erst einmal Ihre geliebte Gesichtscreme, bevor Sie Ihrem Bankberater einen entspannten Besuch abstatten und ihn davon abhalten, Ihre Kreditkarte einzuziehen. Er wird schon an Ihrem gepflegten äußeren Erscheinungsbild erkennen, dass die Ebbe auf Ihrem Konto nur Ihrer Schusseligkeit geschuldet ist und keinesfalls, weil Sie Ihr gesamtes Geld, Ihre gesamte Zeit und Ihre gesamten Nerven in die Stiefkinder-Bespaßung investiert haben.

So gestärkt bitten Sie Thorben senior bei einem Gläschen Weißwein am Abend zu einem Abrechnungsgespräch. Sie sind gut vorbereitet: mit einer achtseitigen Aufstellung der Freizeitaktivitäten der vergangenen viereinhalb Monate. Die Kostenerstattung sollte für Ihren Partner Ehrensache sein. Und hören Sie endgültig damit auf, sich aufzuopfern – da sagt Ihnen maximal der liebe Gott danke.

Wie Sie die Frage »Wie findest du meine Frisur?« umgehen

Ehrlichkeit ist eine Tugend, weiter kommt Stiefmutti ohne sie. Lisa hat sich die Haare selbst geschnitten, ganz ohne Hilfe – und mit der großen Schere, die Sie an Ihrer Schreibtischlampe festgebunden haben, damit sie nicht mehr spurlos in den Tiefen der Kinderzimmer verschwindet. Beim Schneiden hat Lisa gewagte Verrenkungen gemacht, um zwischendurch einen Blick im Spiegel des schräg gegenüberstehenden Kleiderschrankes zu erhaschen. Die abgeschnittenen Haarbüschel liegen als stumme Zeugen des Massakers auf dem Tisch und dem Boden, aber wir wollen nicht so kleinlich sein. Schauen Sie nicht hin, das können Sie später beseitigen – unter Zuhilfenahme des Turbo-Staubsaugers, den Ihr Partner gestern in einem Anfall von Haushaltsinteresse für unverschämt viel Geld gekauft hat.

Zurück zu Lisa: Zur Perfektionierung des neuen Stylings hat sie ihre Haare auch noch hellblau gefärbt mit einer roten Strähne, die sie gekonnt vor ihrem linken Auge drapiert hat. Kurz und hässlich: Es ist das Grauen auf zwei dünnen Teenager-Beinen, das Ihnen einäugig entgegentritt und Sie um Ihre Meinung bittet. Verdammt! Seien Sie jetzt auf keinen Fall ehrlich. Das würden Sie bitter bereuen. Nehmen Sie in Kauf, dass Lisa sich in fünf bis zehn Jahren bitterlich bei Ihnen beschweren wird, wie Sie Ihre Bonustochter nur so auf die Straße gehen lassen konnten. Jetzt zählt nur der Moment. Denn Lisa ist 14 Jahre alt und steckt mitten in einer depressiven Selbstfindungsphase. Nur gut, dass Sie die an ihren Haaren und nicht an ihren Armen auslässt. Insofern: alles chic.

Loben Sie Lisa für ihre kreative Ader und die coole Frisur. Bestärken Sie Ihre Stieftochter darin, dass sie eine einmalige liebenswerte Persönlichkeit hat, mit der sie unbedingt Designerin werden sollte. Vor ihr liegt definitiv eine große Zukunft. Übertreiben Sie ruhig ein bisschen, anders dringt man in den wirren Pubertier-Kopf kaum vor. Und vielleicht steht Ihnen so eine rote Strähne auch gut? Springen Sie über Ihren stiefmütterlichen Schatten und öffnen Sie sich einmal der Welt von Lisas Modevorstellungen …

Anders sieht es bei Finn aus. Ganz anders. Nicht rot, nicht blau oder blond, nicht schwarz – nein, den Schädel kahlrasiert, kommt er nach Hause. Sein Kopf eine glänzende Kugel, wo heute früh noch die schöne hellbraune Lockenpracht für Neid bei Ihnen sorgte. Verdammt! Wie konnte er das tun? Plötzlich sieht er aus wie ein Neonazi, fehlen nur noch die Springerstiefel. Was soll denn das? Sie stellen ihn zur Rede, aber Finn zuckt nur mit den Achseln und verschwindet in seiner Zimmerhöhle. Haben Sie vorher gewusst, dass er einen wohlgeformten Hinterkopf hat? Nur seine Ohren stehen plötzlich mehr ab und erinnern in ihrer Dumbo-mäßigen Größe an die eines kleinen Elefanten.

Eigentlich hatten Sie immer ein gutes Verhältnis zu Finn. Eigentlich haben Sie ihn immer zum Friseur begleitet und darauf geachtet, dass die Locken nicht zu kurz wurden. Er sah doch immer so süß aus. Die Zeiten sind offensichtlich zu Ende, und Ihr Stiefsohn zieht es vor, als Glatze auf Mädchenfang zu gehen. Ob ihm das hilft? Wer kennt sich bei den Vorlieben 15-jähriger Mädchen aus? Sie? Unfug! Sie sollten die Nerven bewahren und keiner Locke nachtrauern. Die Haare wachsen nach, bei Finns Verstand dürften derzeit Zweifel angebracht sein – ich rate selten dazu, aber an dieser Stelle könnten Sie durchaus ein klärendes Gespräch einfordern.

Möglich, dass Finn Ihnen von einer verlorenen Wette beichtet. Möglich, dass er mit zu viel Bier intus Fakten geschaffen hat. Auch möglich, dass er die verhasste kindliche Lockenpracht endlich loswerden wollte. Hören Sie ihm zu. Es ist schließlich nicht zu übersehen, dass er einen radikalen Schnitt auf seinem Kopf veranstaltet hat. Und wenn er nicht mit Ihnen darüber spricht: Drohen Sie damit, es ihm gleichzutun (In diesem Fall müssen Sie ausnahmsweise nicht zwanghaft Wort halten, finde ich.) – hoffen wir das Beste, und hinter dem Kahlkopf steht keine Dumpfbacken-Gesinnung, sondern nur ein Versuch der individuellen Körpergestaltung, der im nächsten Sommer schon wieder mit Locken so zugewuchert ist wie Ihr Garten mit den verhassten Brombeersträuchern.

Wie Sie »Der fickt dich nur, weil du jung bist« überleben

Dieser Satz kommt in der Hierarchie gleich nach »Du hast mir gar nichts zu sagen«, ist sozusagen die qualifizierte Aussage des in die Jahre gekommenen Stiefkindes. Und er beinhaltet viel mehr als nur eine schnöde Beleidigung. Nein, darin schwingt einiges mit.

Analysieren wir gemeinsam: Janne steht vor Ihnen. Sie hat die Augenbrauen zusammengezogen und hält den Kopf wie ein Stier im Angesicht des roten Torero-Tuches. »Der fickt dich nur, weil du jung bist.« Bitte schön, der Stier hat den Kampf aufgenommen. Jetzt ist es an Ihnen, das Tuch elegant zur Seite zu ziehen und Janne ins Leere laufen zu lassen. Aber wie? Besinnen Sie sich auf die folgende Kurzanalyse:

1. Janne hat zurzeit keinen Freund und ist chronisch untervögelt. Sehr sehr schlecht für eine Mittzwanzigerin, die hat schließlich auch Bedürfnisse.
2. Janne leidet zudem unter akutem Geldmangel. Studentin halt, aber wem sage ich das? Statt mit ihrem Lover am Strand von Barcelona abzuhängen und im Sonnenuntergang zu knutschen, steht sie schon den ganzen Sommer in der Eisdiele um die Ecke als Verkäuferin. Mit diesem lächerlichen Hütchen in Eiswaffelform auf dem Kopf, mit dem sie tausendprozentig jeden auch nur im Entferntesten infrage kommenden Kuss-Aspiranten in die Flucht schlägt. Ja, Janne hat es nicht leicht.
3. Jetzt kommen Sie ins Spiel: Seit fünf Monaten küsst und herzt Holger sie. Auf der Straße, im Bett, am Küchentisch – und wenn Janne zu Besuch ist, um sich bei ihrem Vater über die Schlechtigkeit dieser Welt auszuheulen. Holger ist ungeheuer stolz auf seine neue Freundin. Das möchte er Janne und dem Rest der Welt zeigen. Darum ist er
4. gerade in den Weinkeller hinabgestiegen (okay, ist er leider nicht. Er ist also runter zum Spätkauf, um eine Flasche Schampus zu holen), damit Sie drei auf das neue Glück anstoßen können. Und da wundern Sie sich doch nicht, dass Janne nun
5. zur verbalen Keule greift und Ihnen ordentlich eins überzieht.

Nein, wir wundern uns nicht. Schließlich haben Sie gemeinsam mit Ihrem Holger der verzweifelten Janne die Zunge rausgestreckt (bitte behalten Sie die Details für sich, danke!) und das Torero-

Tuch hingehalten. Dass Janne losstürmt, ist eine klare Folge. Viel Zeit bleibt Ihnen nicht, den Kampf zu beenden, ehe Holger mit der Schampusflasche zurück ist. Und Sie sind allein, kein Picador, kein Banderillo hilft Ihnen, den Stier zu ermüden. Das müssen Sie allein schaffen. Aber ein guter Torero kennt alle Taktiken: Er hat seinen Stier im Griff. Er spielt mit den Angriffen mal verweigernd und angewidert, mal missmutig und ablehnend, mal fasziniert und voller Feingespür, mal werbend und wie ein Liebender.

Es ist an Ihnen, auf dieser Klaviatur zu spielen. Janne ist echt sauer, sonst hätte sie ihre Stiefmutter nicht auf diese plumpe Weise angegriffen. Nehmen Sie die Attacke auf jeden Fall ernst. Parieren Sie aber nicht mit einem schlichten »Du bist nur neidisch« – denn erstens begeben Sie sich nicht auf dieses niedrige Niveau, zweitens erzürnen Sie Ihre Stieftochter noch mehr, wenn sie darauf aufmerksam gemacht wird, dass sie den ganzen Sommer mit diesem albernen Waffelhütchen auf dem Kopf dafür gesorgt hat, dass kein einziger Junge in der Stadt mehr Schokoeis essen wollte. Puh! Sie können natürlich auch ein schlichtes »ich weiß« in die Arena hauchen – aber glauben Sie nicht, dass Janne dann aufhört zu schnauben, ganz im Gegenteil.

Nein, denken Sie bitte pragmatisch und suchen Sie die elegante, entferntere Lösung, die auch Ihren eigenen Interessen dient. Was ist eigentlich mit dem Sohn Ihrer zweitbesten Freundin Karen? Ist der nicht gerade schmählich verlassen worden? Hat er nicht diesen wunderbar trainierten Trizeps, die schönen blauen Augen mit den Goldsprenkeln, und vor allem: Würde er für ein Schlumpf-Eis nicht einmal um den Erdball joggen? Würde er? Rufen Sie Karen sofort an, checken Sie die Lage und laden Sie Ihre zweitbeste Freundin samt Trizeps-Goldsprenkel-Schlumpfeis-Sohn zum Schampus ein. Eine bessere Lösung gibt es nicht. Wie ich höre, hat Janne sofort aufgehört zu schnauben und sich ins Bad zurückgezogen, um sich aufzuhübschen? Das war wirklich leichter als gedacht. Legen Sie das Torero-Tuch weg, und stellen Sie die Sektgläser auf den Tisch.

Ich wünsche Ihnen einen schönen Abend im Kreise Ihrer Lieben. Prösterchen!

Wie Sie der Bitte »Lass uns Freundinnnen sein, ich hab dir so viel zu sagen« trotzen

Und dann das: Zoe hat endlich Vertrauen zu Ihnen gefasst – und will tatsächlich eine Freundschaft. »So ähnlich wie mit Mama. Wir können shoppen gehen und hinterher einen Latte trinken.« Ich sag mal so: Als Stiefmutter bleibt Ihnen wirklich nichts erspart. Aber das hier ist echt das Schlimmste. Zoe vertraut Ihnen beim Milchkaffee im angesagtesten Café der Stadt an, was Sie nicht wissen wollten. Sie hat sich heimlich ein Intim-Piercing stechen lassen. »Das darf Papa auf keinen Fall erfahren.« Schon sind Sie in die Falle getappt, wie ein blindes Reh im Wald. Glückwunsch! Und nein: Hören Sie auf mit der verzweifelten Zappelei, da kommen Sie nicht mehr raus. Denn das Intim-Piercing hat sich, verdammt, entzündet.

»Willst du mal sehen? Voll der Eiter.«

Nein, wollen Sie nicht sehen, aber Zoe zum Arzt zu begleiten, da führt heute kein Kaffee mehr dran vorbei. Ich habe auch keine Ahnung, was Sie Zoes Vater, Bernd, hinterher erzählen. Ach, Sie fragen, ob Sie ihn anlügen sollen? Die Entscheidung überlasse ich Ihnen. Stellen Sie sich vor, Sie begleiten Zoe mit zum Arzt. Der entfernt in einer schmerzhaften, langwierigen und kleinteiligen Aktion das vereiterte Piercing aus der Schamlippe (aua, aua, aua), führt anschließend ein noch langwierigeres kleinteiliges Gespräch mit Ihnen (»Sie als Mutter hätten das nicht zulassen dürfen« – sparen

Sie sich und Zoe zuliebe das »Stief«-Detail an dieser Stelle, ansonsten dauert der Arzt-Vortrag noch eine halbe Stunde länger) und entlässt Sie mit einer Antibiotika-Salbe, die alle 13 Minuten aufgetragen werden muss.

Das immerhin kann Zoe allein. Aber wie wollen Sie Bernd erklären, warum Zoes Gesicht knallrot schillert und so aufgedunsen ist, als ob sie sich drei Ladungen Silikon unter die Wangen hat spritzen lassen (unter uns: allergische Reaktion auf den Arzt und die ganze Aufregung, arme Zoe) – ich habe keine Ahnung. Aber Zoe verlässt sich da ganz auf Sie. Entweder lügen Sie Bernd an: »Zoe ist beim Shoppen in den Kleiderständer gefallen und das Gucci-Röckchen hat so eine qualitativ hochwertige Farbe, die frisst sich direkt in die Haut rein. Doch, doch, das geht wieder weg, hat die Verkäuferin gesagt. In ein paar Tagen oder so.«

Oder Sie sagen Bernd die Wahrheit: »Zoe hat eine Allergie von der Salbe wegen des vereiterten Piercings in ihrer Schamlippe, das der Arzt mit einer Zange entfernen musste … Nein, wir wissen nicht, ob das noch mal zuwächst … Und nein, ich hab das nicht gewusst. Sie hat mir das auch erst jetzt gesagt … Nein, ich weiß nicht, warum sie das mir und nicht *dir* gesagt hat … Wieso bin ich eine schöne Freundin? Den Unterton verbitte ich mir … Natürlich war das Intim-Piercing nicht *meine* Idee … Okay, es ist besser, wenn wir eine Beziehungspause einlegen. Sehe ich genauso.«

Zoe sieht plötzlich nicht mehr so verquollen aus und hat dieses Grinsen im Gesicht? So wie ganz am Anfang Ihrer Beziehung mit Bernd, als Sie auf dem Weg ins Wohnzimmer über die Schnur im Flur gestolpert sind und der Spaghettiteller mit Karacho gegen die Wand geknallt ist? Sie erinnern sich noch gut an die roten Tomatensoßenspritzer, die sich in die Eichenparkettdielen hineinfraßen? Damals sind Sie der Sache mit der Schnur nicht weiter auf den Grund gegangen, um nicht für noch mehr Ärger zu sorgen?

Was soll ich sagen? Mittlerweile müssten Sie gelernt haben, dass im Umgang mit Ihren Stiefkindern nichts zufällig passiert. Deswegen dieser Rat: Freunden Sie sich bloß nicht mit Zoe an. Sonst zieht sie das kleine Biest an ihrem Stiefmutter-Piercing so lange durch die Manege, bis Sie erschöpft in den Staub sinken. Das kann es doch nicht sein. Eins aber sollten Sie aus dieser Erfahrung mitnehmen: Umgekehrt wird auch ein Schuh draus. Eine Freundschaft mit Zoe kann sehr förderlich für Ihre gute Beziehung zu Bernd sein – Sie müssen es nur machen wie Ihre Stieftochter. Vertrauen Sie ihr Dinge an, die sie besser nicht wüsste, und erinnern Sie Zoe zum richtigen Zeitpunkt daran. Etwa wenn sie Ihnen die Schuld mit dem entzündeten Piercing in die zuvor mit ihr neu erworbenen Pink-Pumps schieben will. »Wir können gern noch einmal über die Schnur im Flur sprechen, soll ich dir die Handy-Fotos zeigen? Darauf sieht man, dass du sie mit dem typischen Doppelknoten befestigt hast – exakt so, wie du deine Turnschuhe bindest.«

Es geht eben nichts über akribische Beweissicherung und eine ordentliche Portion Erinnerungsvermögen.

4. KAPITEL

WIE SIE DIE LEIBLICHE MUTTER ÜBERLEBEN …

In früheren Zeiten ersetzte die Stiefmutter die (häufig im Kindbett) verstorbene leibliche Mutter. Konkurrenz qua Tod erledigt. Heutzutage ist das natürlich anders. Die Kindsmütter erfreuen sich zum allergrößten Teil bester Gesundheit und machen der Bonusmutter mit negativen Vibrations gern das Leben schwer. Das ist zuweilen wirklich unglaublich anstrengend. Eigentlich reicht es schon, dass man sich als Stiefmutter mit den Kindern einer anderen Frau auseinandersetzen muss. Nein, dann hat man die Erstmutter auch noch an der Backe. Und ich sage Ihnen aus Erfahrung, da sind echte Knallerfrauen dabei. Sie haben es mittlerweile sicher kapiert: Auch in dieser Hinsicht bleibt Ihnen nichts erspart.

Wie Sie »die Hasserfüllte: Du Schlampe hast mir meinen Mann weggenommen« überleben

Doris zum Beispiel: Vom Leben betrogen und von Steffen auch, Ihrem jetzigen Herzallerliebsten. Doris ist seitdem auf 180. Ihre Haare hat sie das letzte Mal vor vier Monaten gefärbt, darum der dunkle Streifen am Haaransatz. Sport ist augenscheinlich auch nicht ihr Ding. Und die Hose von Kik schlabbert um ihre Beine. Wir wissen nicht, was Steffen jemals zu Doris getrieben hat. Er sagt, sie war früher gaaaanz anders. Gut, mag sein, jetzt jedenfalls ist Doris nicht in Bestform. Im Gegensatz zu Ihnen, Sie Streberin. Es zahlt sich eben aus, wenn man wie Sie drei Mal in der Woche im Fitnessstudio strampelt, zieht und drückt.

Bravo, ich bin beeindruckt. Und das, obwohl Sie sich neben Ihrer Arbeit und Steffen auch noch aufopferungsvoll um Fabi und

Greta kümmern. Doris ist da weniger beeindruckt. Es interessiert sie offenkundig kein Stück, dass Ihre Haare in diesem wundervollen Kupferton schimmern und dass Sie das dazu passende Kostüm im edlen Rostrot tragen. Denn Doris ist so nah an Sie herangetreten, dass Sie maximal eine *Bunte* zwischen Sie beide halten könnten, um wenigstens ein bisschen Abstand zu ihr zu kriegen. Und Doris schäumt. Eine *Bunte* wäre auf jeden Fall eine gute Interims-Lösung, ist jetzt aber nicht zu machen. Denn Doris will endlich loswerden, was sie Ihnen schon immer sagen wollte: »Du Schlampe hast mir meinen Mann weggenommen.«

Autsch! Sind Sie schuldig? Haben Sie Doris wirklich ihren angetrauten Ehemann geklaut wie eine reife Kirsche aus Nachbars Garten? War es nicht vielmehr so, dass Steffen Sie beim Winzerfest angebaggert hat und Ihnen erst beim dritten Treffen gestanden hat, dass es eine Doris plus Fabi und Greta in seinem Leben gibt? »Aber das mit Doris ist so gut wie vorbei.« Da hat Steffen vielleicht geflunkert? Kann sein, dass Doris das anders sieht? Und Sie sind die Leidtragende und müssen mit der wild gewordenen Doris an der Haustür klarkommen. Das ist nicht schön, aber auch das haben Sie zwischenzeitlich bereits gelernt: Im Leben einer echten Stiefmutti gibt es wenig Schönes zwischen Hate-Müttern, dreckigen Unterhosen und einem müden Prinzen, der seinen Schimmel (mit dem er sie einst entführt hat) längst im Reitstall untergestellt hat.

Wir kommen vom Thema ab. Doris steht immer noch schäumend vor Ihrer Tür und fordert eine Reaktion sowie die Herausgabe von Steffen, Fabi und Greta. Es ist an Ihnen. Wollen Sie für die drei kämpfen? Oder gewähren Sie Doris Einlass und bitten sie, die Altfamilie gleich wieder mitzunehmen? Variante zwei ist die einfachere. Schmeißen Sie die ungewaschenen Klamotten in die neu angeschafften bunten Wäschekörbe, und übergeben Sie alles fröhlich und unsortiert Doris. Ich wette, so hat sie sich ihren Auftritt nicht vorgestellt. Ignorieren Sie also etwaige Ausflüchte von Doris (»ich komme später noch mal, das Essen brennt sonst auf dem Herd an« oder »ich bin noch mit einer Freundin verabredet«) und helfen Sie ihr, Mann, Kinder und Wäschekörbe in ihren Fiat Panda zu verladen.

Sollten Sie die dreckige Wäsche samt Anhang jedoch behalten wollen: Schlagen Sie Doris eine Mediation vor. Im Interesse der Kinder. Das ist eine ganz wichtige Sache! Nicht wahr? Vermeiden Sie einen übertrieben pädagogischen Tonfall. Für Doris ist so schon alles schlimm genug. Deswegen wird sie auf Ihren Vorschlag vorerst nicht eingehen. Vielleicht später, aber bis dahin können Sie sich etwas Neues einfallen lassen.

Alternativ können Sie Doris natürlich auch schreiend und krakeelend aus Ihrer Haustür schubsen, dabei Flüche und üble Beleidigungen ausstoßen, bis die Nachbarn die Fenster aufreißen und die Polizei mit Tatütata vorfährt. Wenn Steffen Ihnen ein solches Theater wert ist, scheuen Sie keine verbale Entgleisung. Davon können Sie später Ihren Stiefenkeln noch erzählen.

Wie Sie »die Besorgte: Geht es meinen Kindern wirklich gut?« überlisten

Ich plaudere jetzt aus dem Nähkästchen: Solche Mütter kenne ich zur Genüge und habe gelernt, mit ihnen umzugehen wie mit einem lästigen Pickel am Kinn. Sie sind da, man muss sie akzeptieren, sie gehen wieder weg. Meistens jedenfalls. Irene ist so eine. Das erste Mal ist sie Mutter mit 39 geworden, ihr Kalle wog bei der Geburt stramme 4,87 Kilogramm. Ja, daran erinnert sie sich noch heute. Seitdem ist er dem Diktat seiner Mutter unterworfen, die ihm auch im Hochsommer gern eine Jacke anzieht (»Der Wind weht so heftig, das kann Kalle nicht gut vertragen. Er war schon als Baby immer so empfindlich.«).

Armer Kalle. Gehüllt in seine »Übergangsjacke«, die Schirmmütze tief in sein mit einer zwei Zentimeter dicken Sonnencreme-Schicht beschmiertes Gesicht gezogen (»Die Einstrahlung ist so aggressiv und Kalle hat schon immer sooo empfindliche Haut gehabt.«), bekommt er eine Erkältung nach der nächsten. Kein Wunder, er schwitzt auch immer wie Jogi Löw bei jedem Match am Spielfeldrand.

Bewegen darf er sich wie Jogi auch kaum. »Zu gefährlich« sagt Irene. Rutschen? Sie scherzen wohl. Was da alles passieren kann: Beine und Arme werden gebrochen, Zähne ausgeschlagen, Löcher in Köpfe gehauen – Irene kennt die ganze Palette der Rutschunfälle aus den vergangenen fünf Jahrzehnten mitsamt der traurigen Folgen (nie wieder laufen können, hässliche und teure Zahnprothesen, Gehirn im Eimer, Karriere im A...). Nein, am besten sitzt Kalle am Rand des Spielplatzes mit Irene auf der Bank, lässt (vorsichtig) die kurzen Beine baumeln und isst ein paar akkurat geschnittene Apfelschnitze (ohne Schale, wegen der gefährlichen Pestizide) oder – wahlweise – Biokarottentaler und Dinkelkekse. Am Dinkelkeks erkennen Sie definitiv die besorgte Übermutter, merken Sie sich das. Gibt die leibliche Mutter Ihrer Bonuskinder dieselbigen Dinkelkekse in der Plastikbox mit, dann ist Vorsicht angesagt. Denn dabei wird es garantiert nicht bleiben.

Irene ist seit einiger Zeit auch von Kalles Vater getrennt. Darum muss der arme kleine übergewichtige Kalle neuerdings jedes zweite Wochenende von Samstagnachmittag (Freitagabend war Irene zu früh: »Das schafft der Kalle noch nicht, der war schon immer so sensibel.«) bis Sonntagmorgen zu Hannes und seiner neuen Freundin. Irene steht immer pünktlich um 8.30 Uhr vor der Haustür von Hannes und läutet Sturm: »Kann sein, die schlafen noch, aber Kalle ist immer ganz früh wach.«

Wenn Kalle dann aufmacht, sinkt Irene mit einem lauten Schluchzer in seine kurzen Arme. »Geht es dir auch gut, mein Kleiner? Es ist so schön, dass du wieder bei mir bist.«

Irene wartet nicht auf Kalles Reaktion, wozu auch? Sie weiß schließlich, dass es ihm nicht gut gehen kann. Er war nicht bei seiner Mutter. Mehrere Stunden lang. Haben Sie da noch Fragen? Ich auch nicht. Aber Hannes' neue Freundin, Katja. Sie glaubt nicht, dass Kalle ein glücklicher Junge ist. Bei der Mutter. Darum tobt sie gern mit Kalle, wenn er zu Besuch ist. Sie lässt ihn im Garten auf den Apfelbaum klettern, so hoch wie er will. Sie spielt Fußball mit ihm, bis er sich beide Knie aufgeschlagen hat und sein Gesicht voller Dreck ist, weil er sich selbst- und muttervergessen in den Schlamm geworfen hat, um Katjas Elfmeter abzuwehren. Kalle macht dann etwas, was ihm selbst fremd ist: Er lacht. Zum Abschluss gibt es Vanille-Eis mit heißen Kirschen obendrauf. Während Kalle das in sich hineinschaufelt, schauen Hannes und Katja ihm zu und freuen sich.

All das darf Irene natürlich nicht erfahren, denn es ist damit zu rechnen, dass sie das Jugendamt einschaltet oder Katja, die böse Stiefmutter, verklagt. Wegen Kindesgefährdung oder -vernachlässigung oder beidem. Deshalb badet Kalle am Samstagabend immer gewissenhaft, um möglichst alle Spuren der ungewohnten und verbotenen Aktivitäten zu beseitigen. Katja beklebt die Wunden auf den Knien mit Pflastern, auf denen Tiger- oder Baggermotive abgebildet sind. Wenn sie ihn ins Bett bringt, will sie das Licht für Kalle anlassen. Das hat Irene ihr so eingetrichtert, weil Kalle schon immer so ängstlich war. Aber bei Hannes und Katja schläft Kalle immer im Dunkeln.

Leider ist die Situation für Kalle schrecklich, denn er hat das Gefühl, seine Mutter zu belügen und zu betrügen. Eigentlich darf er nicht Fußball spielen wegen der schlimmen Unfälle, auf Bäume klettern sowieso nicht, da sind schon Leute heruntergefallen und waren querschnittsgelähmt oder tot. Und Eis ist auch nicht gut, weil er diesen Ring am Bauch hat, sagt Mama. So quält Kalle sich nach jedem Wochenende bei Papa mit seinem schlechten Gewissen. Und die besorgte Übermutter ist immer mit dabei, egal was Hannes und Katja mit Kalle unternehmen. Das sollten Sie im Hinterkopf behalten. Ein Kind bringt seine Mutter immer mit, wenn es zu Ihnen kommt. Bringen Sie es nicht in zu starke Loyalitätskonflikte, sonst könnte Ihr Verhältnis leiden. Nehmen Sie ein paar der Ängste an, und sagen Sie dem Kind, es ist okay, wenn es nur vier Meter hoch in den Baum klettert und nicht sechs. Reicht auch! Und geben Sie die Tupperware-Box frisch ausgespült und ohne Süßigkeiten drin wieder zurück – besorgte Mütter schätzen das.

Ich zum Beispiel goutiere es nicht, wenn ich auf Fotos sehe, dass der neue Partner der Kindsmutter in den Skiferien einen Schal um den Hals gebunden hatte, den ich meinem Mann zu Weihnachten geschenkt hatte. Die Kinder tragen nämlich nicht nur Brotboxen und Wasserflaschen von einem Haushalt zum nächsten, sondern auch Strümpfe, Handtücher, Pullover und Bücher.

Wie Sie »die Aufdringliche: Ich bring nur kurz mal Wechselwäsche vorbei und bleibe« dazu bringen, in null Komma nichts zu gehen

Während Irene noch immer brav vor Hannes' Haustür auf ihren geliebten Kalle gewartet hat, tritt Jule, ohne zu zögern, über die Schwelle. Schließlich will man als Mutter wissen, wo das eigene Kind untergebracht ist, wenn man nicht bei ihm ist, nicht wahr? Klar doch. Deswegen inspiziert Jule bei jedem Besuch, den ihre Paula beim Vater macht, die gesamte Wohnung samt Bad. Überall lauern Gefahren, könnte etwas nicht in Ordnung sein. Hat man ja alles schon gehört. Wenn Jule ein schlechtes Gefühl hat, und das hat sie eigentlich immer, schaut sie auch gern noch mal im Kühlschrank nach. Nicht dass die Freundin von Jules Papa übersehen hat, dass beim Joghurt das Haltbarkeitsdatum überschritten ist.

Paula muss übrigens jeden Tag einen Naturjoghurt essen, sonst kann sie nicht aufs Klo. Und das ist ganz wichtig, das mit dem Klogang. Der Kinderarzt hat nämlich gesagt, wenn Paula nicht regelmäßig ihr Geschäft macht, kann sie einen Darmverschluss bekommen, und das ist lebensgefährlich. Das ist auch der Grund, warum Jule es sich jetzt auf der Couch im Wohnzimmer bequem macht. Lieber bleibt sie noch ein halbes Stündchen und wacht über Paulas Stuhlgang. Sonst hat sie nachher den ganzen Abend keine ruhige Minute.

Paulas Papa, Jörn, erträgt das alles mit der stoischen Gelassenheit eines Ex-Ehemannes, der noch ganz andere Zeiten überlebt hat. Aber Sie, die neue Frau an seiner Seite, werden allmählich kribbelig? Ziehen Sie sich erst einmal zurück, und sortieren Sie die flauschige und nach Blumenwiese riechende Wechselwäsche für Paula im Schrank ein. Vielleicht schafft Björn es, Jule selbst vor die Tür zu setzen. Sie müssen nicht immer die Verantwortung übernehmen. Paula spült derweil zum dritten Mal auf der Toilette, aber Sie wissen genauso gut wie Jule, dass das nur eine Finte ist. Wer kann schon scheißen, wenn die Mutter nebenan sitzt und über jeden Furz wacht? Wenn Sie glauben, dass ich diese Geschichte erfinde, täuschen Sie sich. Genauso ist es mir einmal ergangen. Im übrigen eine halbe Stunde, bevor der große Kindergeburtstag mit elf geladenen Gästen steigen sollte. Es gibt solche Mütter wirklich, die jede quer liegende Wurst im Darm ihres Kindes zu einer Staatsaffäre hochstilisieren, an der auch Sie teilhaben.

Als Sie zurück ins Wohnzimmer kommen, hat Jule sich bequem auf die Couch gefläzt. Vor ihr steht der Milchkaffee, den Björn ihr zubereitet hat. Konzentriert blättert sie in der Garten-Zeitschrift, für die Sie sich ein Abo haben aufschwatzen lassen. Schließlich wollen Sie aus dem sandigen Streifen vor der Terrasse eine Grün-Oase für Mann und Kinder machen. Noch sieht das alles aus wie ein Katzenklo (und wird auch als solches genutzt, leider), aber wenn Jule endlich verschwunden ist, können Sie ihren Platz auf dem Sofa einnehmen und von Petersilie und Stauden, Johannisbeeren und Kletterrosen träumen. Ach, das wird schön. Der einzige Störfaktor schlürft gerade seinen Kaffee und schreit dann rüber zu Paula, die sich noch immer im Bad verschanzt hat: »Schätzchen, klappt alles bei dir? Oder soll Mami kommen und dir helfen?«

Große Güte, wie will Mami denn beim Scheißen helfen? Denken Sie nicht weiter über diese Frage nach. Denken Sie lieber darüber nach, wie Sie diese aufdringliche Kindsmutter in Raketengeschwindigkeit aus dem Sofa Ihrer Realitätsidylle herauskatapultieren. Es ist offensichtlich: Jule hält nichts von Grenzen oder guten Manieren. Sie hat kein Problem damit, Ihr Revier zu markieren, indem Sie sich auf Ihrer Lieblingscouch lümmelt und Kaffeeflecken auf Ihre Garten-Zeitschrift kleckert. Jule muss weg. Und zwar bevor Paula vom Klo gehüpft ist.

Versuchen Sie zu ergründen, wo Jules Grenzen liegen. Da dürfen Sie ruhig etwas weitergehen, als es der gute Geschmack erlaubt. Glauben Sie mir, Jule ist hartnäckig, aber auch sie hat Ihren persönlichen Rubikon. Den gilt es schleunigst zu überschreiten. Da sie Ihnen bei jedem Besuch mit diesem wortwörtlichen Scheiß-Thema ankommt, sollten Sie hier einhaken. Befragen Sie Jule detailreich nach ihren eigenen Gewohnheiten auf der Toilette. Hat sie ähnliche Probleme wie Paula, so etwas soll oft in der Familie liegen? Bei Björn ist das auch schon einmal vorgekommen, aber es gibt da diese prima Einläufe, die man machen kann – vielleicht wäre das auch etwas für Jule und Paula?

Beschreiben Sie verschiedene Konsistenz und Gerüche. Prüfen Sie genau, wie es sich speziell bei Jule verhält. Achten Sie nicht darauf, wenn Jule blass wird und ihre Augen grau. Ignorieren Sie gekonnt ihr Stirnrunzeln und das abgehackte Abstellen des Kaffeeglases. Lassen Sie Jule auf keinen Fall die Gelegenheit, sich würdevoll von der Couch zu erheben, und stellen Sie sich ihr in den Weg, wenn sie gehen will. Es gibt so vieles, worüber man sich von Mutter zu Mutter austauschen kann. Da braucht man auch keine Geheimnisse voreinander zu haben. So ein Kind verbindet eben auch bei intimen Themen. Endlich ist Zeit für so ein Gespräch von Frau zu Frau. Versichern Sie Jule, die es endlich zur Haustür geschafft hat, dass Sie sich gewissenhaft um Paulas Toilettengänge kümmern werden. Hören Sie voller Genuss und Befriedigung, wie die Tür hinter Jule ins Schloss fällt und Paula im Bad die Spülung so lange drückt, dass Sie wissen, das Thema hat sich für dieses Wochenende in die Kanalisation vertschüsst.

Wie Sie »die Traurige: Ich hätte nie gedacht, dass es mal so weit kommt« so richtig zum Heulen bringen

Das Problem einer Stiefmutter ist die Kindsmutter. Sie ist immer präsent. Entweder lässt sie über die Kinder ausrichten, dass sie die teuren Alu-Trinkflaschen endlich wiederhaben will, oder sie steht übellaunig vor der Tür und würdigt Sie beim Abholen der Kleinen keines Blickes. Oder sie macht es sich auf Ihrer Couch bequem wie Irene. Es gibt aber auch noch diesen Typus, und der kommt zum Leidwesen aller Stiefmütter häufig vor: die traurige Mutter, die es nicht fassen kann, dass ihre glückliche Rama-Familie nicht mehr beim Sonntagsfrühstück zusammensitzt und Brötchen schmiert. Verdammt. Tränenüberströmt steht Kerstin vor Ihrer Tür und begehrt Trost. Ich erwähnte es bereits: Als Stiefmutter bleibt Ihnen wirklich nichts erspart, nicht mal das.

Nehmen Sie es sportlich, ziehen Sie sich die Bettdecke vom Kopf und machen Sie endlich auf. Ihr Herzallerliebster hat sich längst durch die Terrassentür verdrückt und dabei was von joggen gehen gebrummelt, der Feigling. So sind sie, die Männer. Setzen jede Menge Blagen in die Welt und vergessen dabei, dass sie die Frauen mit dazu kriegen. Okay, das ist jetzt Ihre Challenge. Nehmen Sie sie an oder stellen Sie sich eine halbe Stunde unter die Dusche, in der Hoffnung, dass Kerstin bis dahin ihr Dauerklingeln eingestellt und weinend davongezogen ist. Gut, Sie sind tapfer und ziehen sich Ihre Jogginghose und Axels ausgeleierten Pullover über. Die Puschen mit der Bärchen-Applikation passen prima dazu. Und Haare kämmen wird auch überbewertet. Kerstin kann ruhig sehen, dass Sie auch keine Traumfrau sind.

Warum sie allerdings Schluckauf kriegt, der sich mühselig zwischen ihre Schluchzer und das Gejammere drängt? Liegt es an Axels Pulli, an dessen Ärmel Kerstin sich krallt und in den sie Rotz und Wasser heult? Ich finde das richtig groß von Ihnen, dass Sie die Arme mit ins Haus nehmen. Es ist auch nicht schön, wenn die Nachbarn mitkriegen, dass Ihre Vorgängerin mit der ganzen Situation nicht klarkommt. Vor allem bedenken Sie aber in jeder Minute, die Sie mit der heulenden Ex verbringen: Es wird der Tag kommen, an dem Kerstin sich schämen wird für ihren Auftritt bei Ihnen. Das wird sie Ihnen vorwerfen, und dann wird aus der Heulenden die Aggressive. Also, Obacht in der nächsten halben Stunde!

Setzen Sie Kerstin an den Küchentisch und reichen Sie ihr die Küchenrolle. Kochen Sie ihr einen Tee und bieten Sie ihr auf keinen Fall Alkohol an, das verstärkt die Tränenflüsse nur. Hören Sie ihr zu und lassen Sie sich die Geschichten über die Kinder und Axel auch gern drei Mal erzählen. Beim vierten Mal ergänzen Sie gegebenenfalls fehlende Details, damit Kerstin merkt, dass sie sich wiederholt. Bei der fünften Schleife schreiten Sie ein. Man hat nicht ewig Zeit als Stiefmutter. Eigentlich wollten Sie das Frühstück vorbereiten, während Axel joggt. Aber verraten Sie das bloß nicht Kerstin. Sagen wir so: Als Frauen und Mütter sitzen wir zwar alle am selben Küchentisch, um im Bild zu bleiben.

Allerdings sind Ex und Next, Mutter und Stiefmutter nicht gerade diejenigen, die sich Mann, Kinder und Butter teilen sollten. Das ist meine Meinung. Trotzdem kennen Sie sicher das Jammertal, in dem Kerstin gerade sitzt und nicht mehr herauskommt. Während Axel es sich mit Ihnen und den Kindern chic gemacht hat, sitzt Kerstin am Wochenende allein herum und hat niemanden, dem sie die Rama aufs Brötchen schmieren kann. Das ist bitter, vor allem weil Axel sie verlassen hat und nicht umgekehrt. Und die Kinder die Hälfte der Woche bei ihm leben. All das hat Kerstin nicht gewollt. Ja, sie kann einem leidtun. Aber mal ehrlich: Sie sind in diesem Fall die völlig falsche Ansprechpartnerin. Egal, was Sie Kerstin sagen oder nicht sagen, Axel und die Kinder werden immer zwischen Ihnen stehen und gucken, wer gerade den Käse in der Hand hält.

Darum mein Rat: Erzählen Sie Kerstin von Ihrer eigenen noch viel schrecklicheren Trennung, die sie vor längerer Zeit hinter sich gebracht haben. Dabei dürfen Sie ruhig übertreiben und sich als Opfer eines bitterbösen Mannes darstellen, das keine Chance hatte. Kerstin wird das nachempfinden können. Genauso erging es ihr mit Axel. Männer sind eben Schweine. Ja, Sie dürfen sich an dieser Stelle in die Arme fallen und noch einmal so richtig heulen und schluchzen, was die Trauer hergibt – aber bitte übertreiben Sie nicht, sonst wirkt es nicht glaubhaft.

Versichern Sie Kerstin anschließend, dass sie immer willkommen ist (von wegen, künftig bleiben Sie im Bett liegen, bis Axel zurück ist und sich selbst kümmert) und dass ihre Kinder selbstverständlich ihre Kinder sind und bleiben. Und Sie ungeheuer beeindruckt sind, wie toll und selbstständig die beiden Schätze sind und was für eine ungeheure Erziehungsleistung Kerstin trotz der widrigen Umstände erbracht hat. Hochachtung! Der Wahnsinn!! Das hätten Sie nicht besser machen können!!!

Das reicht.

Bugsieren Sie Kerstin endlich liebevoll, aber entschieden aus dem Haus. Geben Sie ihr für den Fall der nächsten Heul-Attacke die Küchenrolle mit. Kein Thema. Axel kommt gleich, und Sie wollen sich noch duschen und den Tisch decken. Heute gibt es gesalzene Butter, die Rama entsorgen Sie bitte auf der Stelle. »Tschüss, Kerstin, das ist echt ein Geschenk, dass wir uns so gut verstehen. Alles wird gut. Schönen Tag dir!«

Wie Sie »die (noch) Liebende: Mein Mann, mein Mann, meine Kinder, mein Mann« entlieben

Agnes ist eben nicht zu helfen. Knall auf Fall hat Bodo sie verlassen und ist zu Ihnen gezogen, seiner Neuen. Ja, das war alles nicht die feine Art, aber so geht es manchmal im Leben. Schön, dass Sie Bodo zugeredet haben, dass er Agnes nur die halbe Wahrheit sagen soll. So glaubt sie, dass Bodo sich in einer schweren Krise befindet und Sie nur eine Episode bei seiner Selbstfindung sind. Schön auch, dass Sie glauben, dass das gut ist, um ein vertrauensvolles Verhältnis zu Mäxchen und Trixi aufzubauen, Bodos Kindern. Sie stehen immer freitags auf der Matte, hinter ihnen trampelt Agnes von einem Fuß auf den anderen, weil sie nicht weiß, wie sie sich verhalten soll.

Großartig, dass Sie sich nicht daran stoßen, dass Agnes sich jedes Mal mit bebender Unterlippe nach Bodo erkundigt. Seinen Namen scheint sie allerdings nicht präsent zu haben, denn Agnes spricht nur von ihrem Mann: »Wie geht es meinem Mann? Nimmt mein Mann seine Tabletten regelmäßig? Hat mein Mann seine Hemden in der Reinigung abgeholt? Wie war der Urlaub für meinen Mann mit den Kindern? Mein Mann soll mich bitte heute Abend anrufen.«

Dann kehrt Agnes auf dem Absatz um und geht. Sicher heult sie die ganze Nacht, weil Bodo sie nicht anrufen wird – weil Sie, böse Stiefmutter, die Sie sind – ihm nicht Bescheid gesagt haben. Nana! Eins müssen Sie sich an dieser Stelle sagen lassen: Bodo haben Sie sich selbst ausgesucht. Vielleicht war Ihnen zunächst nicht bewusst, dass Sie Bodo nur mit Mäxchen und Trixi kriegen. Geschenkt! Dass dann aber Agnes auch noch mit von der Partie ist: Das ist, mit Verlaub, in solchen Konstellationen keine Besonderheit.

Oder hatten Sie geglaubt, Bodo streift seine langjährige Vergangenheit ab wie eine nasse Badehose? Vergessen Sie es! Agnes wird noch viele Jahre an Ihnen dranhängen wie ein klebriges Bonbon. Da sind so viele Dinge zu regeln: die Rentenpunkte, die gemeinsame Lebensversicherung, die Gymnasialeinschulungsfeier der Kinder, die Konfirmation, all die vielen Weihnachtsfeste, nicht zu vergessen die Debatten über die schlechten Schulnoten, Zahnspangen-Auswahl und Skireisenorganisationen. Ich sehe, Sie grübeln darüber nach, ob Bodo der Richtige für Sie ist.

Die Frage ist aber viel eher: Sind Sie die Richtige für Bodo *und* Agnes? Sie müssen diese Frage jetzt nicht beantworten, dafür ist es viel zu früh. Wenn Sie an der Beziehung zu Bodo festhalten wollen, lassen Sie sich nicht das Zepter von der liebenden Agnes aus der Hand nehmen. Sie sind auch eine liebende Frau. Als Stiefmutter ist es immer besser, aktiv zu bleiben. Sonst überrollt Sie die restliche Bonusfamilie wie ein führerloser Bagger, bei dem sich die Handbremse von allein gelöst hat. Besser: Sie steigen in den Führerstand und zeigen Agnes, wie man die Schaufel benutzt.

Erklären Sie ihr, wie wichtig es für ihren Mann ist, dass Sie die Dinge einmal gemeinsam besprechen, und laden Sie Agnes zu einem Grillabend in Ihren neuen Garten ein. Sie halten das für keine gute Idee, weil Sie befürchten, Agnes könnte weinend auf den Rasen sinken und die Gänseblümchen mit ihren Tränen gießen? Möglich, dass sie das tut, aber nutzen wird ihr das wenig. Denn Männer mögen keine Heulsusen. Deswegen tun Sie, was ich Ihnen rate: Seien Sie freundlich und aufgeräumt. Stören Sie sich nicht daran, dass Agnes immer noch von ihrem Mann spricht. Sie wissen es schließlich besser: Agnes ist Geschichte, und Bodo, der am Grill steht, und Ihre Blumenkohl-Paprika-Päckchen hingebungsvoll auf dem Rost wendet, als hätte es nie eingelegte Steaks und bierbespritzte Würstchen gegeben, gehört Ihnen.

Warum also rate ich Ihnen zu diesem bestimmt nicht leichten Abend? Weil er in Ihrem Revier und zu Ihren Konditionen stattfindet. Führen Sie Agnes durchs Haus, zeigen Sie ihr alle Zimmer inklusive dem Schlafzimmer, mit dem – huch! – zerwühlten Bett. Fragen Sie Agnes aber auch ruhig um Rat: »Bodo macht so wahnsinnig viel im Haus und im Garten – war das bei dir auch so? Wie hast du ihn gebremst, damit er sich nicht übernimmt?«

Viel mehr müssen Sie gar nicht tun, denn die Ex-Frau Ihres (!) Mannes wird rasch erkennen, dass in dieser Behausung geliebt und gelebt wird und kein Mensch, nicht einmal Bodo, auch nur eine Millisekunde am Tag an Agnes denkt. Bitter, aber diese Erkenntnis wird sie mitnehmen, wenn sie sich schneller als erwartet und mit Leichenbittermiene und dem Hinweis auf einen empfindlichen Magen bei Ihnen verabschiedet.

Sollte sie dies jedoch nicht tun und stattdessen Bodo am Grill überfallartig in ihre Arme reißen und ihn hysterisch in allen erreichbaren Körperregionen abknutschen und herzen. Dann, und nur dann, überlassen Sie Bodo den Führerstand und machen Sie sich ein Bier auf. Ein Mann weiß, was er zu tun hat, wenn er die Grillzange in der Hand und die Ex-Frau schlabbernd an der Wange hängen hat.

Nun wird sich erweisen, ob Bodo der Mann ist, für den Sie ihn halten, oder ob er sich in einen Frosch verwandelt, den Agnes getrost mit nach Hause nehmen darf. Seien Sie gewarnt: Das Leben als Stiefmutter hält immer Überraschungen bereit, speziell dann, wenn Sie nicht damit rechnen. Oder hätten Sie gedacht, dass Agnes Mäxchen und Trixi mitbringt, die jetzt wie zwei aus dem Nest gefallene Vögelchen neben dem Grill stehen und mit großen Augen das seltsame Treiben ihrer Eltern beobachten?

Wie Sie »die betont Kumpelhafte / beste Freundin: Wir kriegen das schon gewuppt zusammen!« zu Ihrer größten Feindin machen

Heutzutage ist alles möglich: Sogar dass eine Stiefmutter sich mit der Mutter ihrer Bonuskinder anfreundet. Klingt wahnsinnig verführerisch, nicht wahr? So von Frau zu Frau und Mutter zu Mutter können Sie alles auf dem kurzen mütterlichen Dienstweg absprechen, was die Kinder angeht. Ein Traum – für all diejenigen, die über den üblichen Verhaltens- und Emotionsmustern schweben wie ein frisch aufgepusteter Luftballon. Aber wehe, ein Kind pikst da rein.

Spätestens dann merken Sie, dass das alles nur heiße Luft ist. Als Stiefmutter dürfen Sie sich Gefühle erlauben, auch negative. Keiner kann Sie zwingen, die Kindsmutter zu mögen oder mit ihr befreundet zu sein. So wie Ingrid mit Veronika. Die beiden verbinden Ralf (der Mann) sowie Lenchen und Tinchen. Veronika liebt es, mit Ingrid, der neuen Frau an Ralfs Seite, befreundet zu sein. »So toll ist das«, schwärmt sie, während sie Ingrid die Tasche mit den Klamotten der Kinder für das Wochenende überreicht. »Leider hab ich es nicht mehr geschafft, die Sachen zu waschen. Aber das ist nicht so schlimm, oder?«

Verständnisvoll nickt Ingrid. Veronika hat immer so wahnsinnig viel zu tun in der Woche mit Job, Kindern und Haushalt. Da bleibt halt manches liegen bei der neuen Busenfreundin. Apropos Busen. Ingrid geht jetzt zum Training ins Fitnessstudio, bevor sie sich mit ihrem neuen Lover zum Wochenendausflug im Cabrio trifft. Gut nur, dass Veronika kein Stück neidisch ist. Schließlich hat sie Ralf und die Kinder, mit denen sie ins Freibad gehen will. Darauf freut sie sich schon sehr. Das Wetter soll ein Traum werden, und Lenchen und Tinchen können den ganzen Tag im seichten Wasser des vollgepinkelten Kinderbeckens planschen, während Ralf auf seiner Decke liegt und Zeitung liest. Veronika passt auf die Mädchen auf. Aber zuvor muss sie noch rasch die Kleidung waschen, die Ingrid in die Tasche gestopft hat. Nur gut, dass Veronika neulich von ihrem eigenen Geld ein paar Wechselklamotten für Lenchen und Tinchen gekauft hat – für alle Fälle, versteht sich. »Und«, säuselt Ingrid jetzt, »wie geht es dir so? Alles im grünen Bereich?«

»Klar«, sagt Veronika, »alles chic.«

»Ach, das freut mich so für euch. Früher war Ralf so ein Griesgram, der sich nie um die Kinder gekümmert hat. Seit du da bist, hat er sich offensichtlich total weiterentwickelt.«

Der Kloß in Veronikas Hals ist sicherlich der leichten Erkältung geschuldet, die sie seit Tagen wie ein lästiger Straßenköter verfolgt. Vielleicht hat sie sich etwas übernommen. Nur darauf kann sie angesichts des Wochenendes mit ihren Stieftöchtern keine Rücksicht nehmen. »Zusammen kriegen wir das echt super gewuppt«, setzt Ingrid jetzt nach, bevor sie ein »Tschö« trötet und geht.

Veronika schaut fasziniert ihrem neuerdings ungeheuer trainierten Hinterteil nach und gibt sich alle Mühe, nicht über ihre drallen Hüften zu grübeln, die proportional zu ihrem Stiefmutterdasein zu wachsen scheinen.

Liebe Leserin! Was läuft hier falsch? Finden Sie den Fehler und machen Sie ihn Veronika bloß nicht nach! Sicherlich sind Sie bereits selbst drauf gekommen: Die gutmütige Veronika ist in die

Freundinnenfalle getappt. Während ihre vermeintliche Gefährtin im Mutterleben – Ingrid – alle Vorteile eines vermeintlich freundschaftlichen Verhältnisses zu Veronika gnadenlos ausnutzt, befüllt das Stiefmütterchen brav die Waschmaschine mit Buntwäsche, schrubbt Lenchen und Tinchen den Dreck der Woche von ihren ungepflegten Körpern und plant bereits das Abendessen für Ralf und die dann duftenden Kinderlein.

Ich gehe jede Wette ein, dass Veronika das nicht passiert wäre, wenn Ingrid wie eine Furie durch ihr Leben schießen würde. Dann hätte die Gute sofort klar gesehen. Aber durch den Nebel der vorgeblichen Freundschaft erkennt Veronika nicht, dass Ingrid alles andere als eine gute Freundin ist – und auch gar nicht sein kann.

Glauben Sie wirklich, eine Ex-Frau und Mutter wie Ingrid kann sich, unabhängig davon, wie die Trennung verlaufen ist, von Gefühlen wie Wut, Rache, Hass und Missgunst freimachen und mit Veronika fröhlich am Kaffeetisch sitzen, um über Gott, Ralf und die Kinder zu plaudern, als sei nie etwas gewesen? Möglich, dass Ihnen solche Konstellationen häufiger begegnen. Trotzdem garantiere ich Ihnen, dass dies die beste Show seit der Hochzeit von Ingrid und Ralf ist. Kurzum: Vergessen Sie es! Sie werden niemals wirklich mit der Mutter Ihrer Stiefkinder befreundet sein. Selbst wenn Sie in einem anderen Leben unzertrennliche Freundinnen geworden wären. In diesem Leben nicht.

Wenn Sie mich fragen: Besser ist das auch. Wie viel besser ginge es Veronika, wenn sie Ingrid den Inhalt der Tasche vor die Füße kippen würde – mit dem Hinweis, dass sie die Wäsche ihrer Mädchen gefälligst selbst waschen, bügeln und zusammenlegen soll. Kein Wunder, dass ihre Ehe mit Ralf nur drei Jahre gehalten hat. Und wenn Veronika das Wutschnauben überhören, in ihr neues Cabrio steigen und ab zum Fitnessstudio brausen würde, weil der Bauch-Beine-Po-Kurs so viel Spaß macht. Das gäbe auch Ralf die Gelegenheit, sich endlich selbst um seine beiden Töchter zu kümmern, die die Quality-Time mit Papa ungeheuer genießen. Merken

Sie was? Eine entschiedene Haltung der Stiefmutter bringt Klarheit in das Leben aller Beteiligten. Mag sein, dass Ingrid vorerst ein Tief hat, aber das wird sie mithilfe ihres Lovers rasch überwinden. Schließlich weiß sie wieder, wen sie am allermeisten und mit Inbrunst hassen darf: Veronika, die böse Stiefmutter!

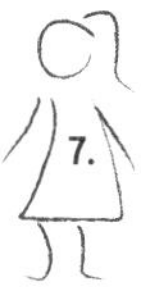

7.

Wie Sie »die Geldgierige: Der Unterhalt reicht nicht mal für die Zahnspange« loswerden

Wenn Sie es bisher nicht getan haben, wird es bei diesem Thema Zeit: Legen Sie sich ein so dickes Fell zu, dass jeder Sibirische Tiger im Winter neidisch aus dem Schnee gucken würde. Ihr größter Vorteil: Ihnen wird auch bei Gesprächen mit gefühlten arktischen Temperaturen niemals kalt – und das ist genau das, was Sie brauchen, wenn über Geld gesprochen wird. Die Regelungen in Deutschland sind so klar wie undifferenziert: Der Elternteil, bei dem das Kind überwiegend lebt, leistet seinen Unterhalt in Form von Betreuung. Der andere Elternteil zahlt Barunterhalt – die Höhe wird nach dem Einkommen berechnet. Gleichgültig, wie viel Zeit das Kind beim Unterhaltszahler verbringt. Erst wenn die Eltern halbe-halbe bei der Kinderbetreuung machen, fallen Unterhaltszahlungen aus.

Allerdings lebt der überwiegende Teil der Kinder von getrennt lebenden Eltern noch immer bei der Mutter. Papa zahlt, was der Staat ihm anhand der Düsseldorfer Tabelle ausrechnet. Wer schaut in die leere Finanzröhre – exakt: Sie! Viele Väter, vor allem diejenigen mit dem schlechten Gewissen wegen der Trennung, zahlen liebend gern noch obendrauf: für Ausflüge und Ferien, Computer und dringend benötigte Smartphones. Es sei den Kindern gegönnt. Das meine ich ernst. Trennungskind zu sein ist nicht leicht. Ständig hin- und hergerissen zwischen zwei Familien, den mehr oder minder offen und voller Elan ausgetragenen Konflikten der Erwachsenen ausgeliefert – da kann ein gewisses Maß an Großzügigkeit die eine oder andere Wunde mit einem Scheinchen lindern.

Verstehen Sie mich nicht falsch: Mit Geld werden diese Probleme alle kein bisschen gelöst. Es lohnt sich wegen ein paar Kröten aber auch nicht, das große Fass aufzumachen. Anders sieht es aus, wenn sich die Großzügigkeit als dauerhafte Einbahnstraße erweist. So läuft es seit Jahren bei Christina und Mathias. Sie jammert, er zahlt. Sie ist in der 3-Zimmer-Wohnung geblieben, wegen Bennilein, versteht sich, er verkraftet noch keinen Umzug. Die Trennung ist auch erst drei Jahre her. Mathias haust im Plattenbau auf 25 Quadratmetern. Mehr ist finanziell zurzeit nicht drin trotz Vollzeitjob. Und Sie haben keine Lust auf mehr. Weil Bennilein, die verzogene Göre, Ihnen bei jeder sich bietenden Gelegenheit, sprich bei jedem Besuch, die Zunge rausstreckt und »Du bist böse und willst nur Papis Geld, sagt Mami« brüllt.

Nee, ist klar! Wagen Sie ja nicht, Mathias auf seine finanzielle Misere anzusprechen – in null Komma nix sind Sie die böse Stiefmutter, die nur ans Geld denkt. Seine Stimme klingt plötzlich so kalt, dass Sie trotz Tigerfell frieren. Dabei geht es um die geschundene Seele von Bennilein. Wie soll Christina da bloß arbeiten gehen, wenn Bennilein regelmäßig zur Therapie muss, um seine schwere Kindheit und die Trennung seiner Eltern zu bewältigen? Er ist erst zehn und braucht so viel Wärme und Zuneigung (und Geld, denken Sie? Psst!). An etwas anderes ist wirklich nicht zu denken.

Aber nun legt Christina noch eine Schippe drauf. Denn Bennilein, der kleine Schatz, braucht dringend eine Zahnspange, sagt der Kieferchirurg auch. Sonst ist Bennilein am Ende des Tages ein vollkommen verunstalteter Mann mit schiefen Zähnen. Ach, was soll nur aus ihm werden? So eine Zahnspange ist teuer, die kann

Christina von den paar Unterhaltskröten keinesfalls allein bezahlen. Sie ist so großzügig, sich den Hinweis zu ersparen, dass der Gesetzgeber vorsieht, dass der Vater in diesem Fall sein Scherflein zur Verschönerung seines über alles geliebten Sohnes selbstverständlich beizutragen hat. Zum Glück ist Mathias begeistert, wenn er auch diese Kosten übernehmen darf. Für Bennilein zahlt er voller Freuden.

Ersparen Sie sich unbedingt den Hinweis darauf, dass bei einer solchen Ausgabe eine medizinische Notwendigkeit vorliegen muss. Sie wirken sonst *mal wieder* wie die missgünstige geldgierige verdammt böse Stiefmutter. Und spielen Sie gar nicht erst mit dem Gedanken, Christina für diese Forderung mit Ihrer Faust im Gesicht vertraut zu machen (Sie erinnern sich gewiss: Dies ist ein absolut gewaltfreier Ratgeber. Wir hauen nicht, wir ziehen uns nicht an den Haaren, wir schreien nicht. Kapiert? Also, reißen Sie sich zusammen. Uns fällt schon was ein!). Nur so als Randaspekt: Fakt ist ja wohl, dass Christina in den kommenden drei Jahren mindestens ein Mal pro Woche mit Bennilein zur Spangen-Kontrolle zum Zahnarzt muss. Diese Visiten gepaart mit den Therapiestunden: Da kann Christina auf absehbare Zeit wirklich nicht arbeiten gehen. Und die 3-Zimmer-Wohnung muss auch bezahlt werden.

Sie sehen selbst: Wir drehen uns im Kreis. Mathias macht den Zahlemax, Christina opfert sich für das Kind auf, und Bennilein … dazu sag ich jetzt nichts. Sie wollen von mir wissen, wie Sie die geldgierige Christina loswerden? Wenn Sie mich fragen, gibt es hier keine Lösung, bei der Sie gut wegkommen. Letztlich ist es an Mathias. Sein Kind, sein Geldbeutel. Vielleicht wird Christina mit ihren Forderungen zurückhaltender, wenn Sie ihr über Bennilein ausrichten lassen, dass Sie mit Zwillingen schwanger sind und Papi seine Zahlungen demnächst durch drei Kinder dividieren muss.

Aber mal ehrlich: Macht das Spaß? Ich meine, es ist auch Mathias' Entscheidung, ob er Bennilein und Christina ein schönes Leben finanzieren möchte, das weit über die Düsseldorfer Tabelle hinausgeht und ihm selbst ein Leben in der Platte erlaubt. Es ist seine Sache, was er mit seinem Geld macht. Zum Glück haben Sie Ihr eigenes Einkommen, mit dem Sie Ihr Leben so führen können, wie es Ihnen gefällt. Schwieriger wird es, wenn Sie überlegen, mit Mathias tatsächlich Zwillinge zeugen zu wollen. Denn dann müssten Sie einerseits Ihr Sibirisches-Tiger-Fell ablegen und zur Tat schreiten und zum anderen darüber nachdenken, wie groß Ihre gemeinsamen finanziellen Spielräume in den kommenden Jahren sind. Und dann wäre da noch Bennilein, dem jetzt ständig die Spinatreste zwischen den Zahnklammern hängen.

Nur ein Gedanke jenseits des liebenden Herzens: In jedem Fall könnten Sie die Bagage loswerden, indem Sie den geordneten Rückzug antreten. Andere Stiefkinder haben auch schöne Väter.

Wie Sie »die Hysterische: Ich bring dich um, wenn meine Kinder mit Schnupfen heimkommen« zum Schweigen bringen

Besonders fies und ist mir in meinem langjährigen Stiefmutterdasein immer wieder passiert: Sie bekommen Freitagnachmittag ein gesundes Stiefkind abgeliefert, und spätestens Sonntagmittag – kurz vor Rückgabe – schnieft und trieft die Nase, glüht die Stirn. Kurzum: Das Kind ist krank. Und die leibliche Mutter weiß selbstverständlich, wer daran schuld ist. Sie natürlich, ist doch klar. Nein, da helfen keine Erläuterungen, dass Sie gar nichts gemacht haben. Hätten Sie nichts gemacht, wäre das Kind wohl nicht krank geworden. Oder kränkelt es, gerade weil Sie nichts gemacht haben? Egal! Sie sind schuld, daran gibt es nicht den geringsten Zweifel. Ergeben Sie sich in Ihr stiefmütterliches Schicksal. Ab in die Ecke und schämen!

Ich kenne diese Situation übrigens auch aus der Sicht der Mutter. Nie werde ich das folgende Erlebnis meiner Freundin Petra vergessen: Der Kindsvater bringt seine Tochter nach zwei Tagen nach Hause. Die Kleine ist fünf Jahre alt, weint und hat am ganzen Körper kleine rote Pusteln, die sich im Sekundentakt vermehren. »Sie ist nachts gestochen worden«, sagt der Vater und trollt sich voll des guten Gewissens. Aha, denkt Petra, und schmiert dem Kind überall eine kühlende Salbe auf die juckenden Pickelchen. »Mama, mir ist so heiß«, klagt ihre Tochter derweil, und tatsächlich: Sie hat Fieber. »Seit wann ist das so?«, fragt Petra und die Kleine antwortet: »Seit gestern.«

»Aha, und was hat Papa gemacht?«

»Nichts, Papa hat gearbeitet, und ich bin mit E. ins Kino gegangen.«

Zur Erläuterung, E. ist die Stiefmutter. Petra packt ihre Tochter jedenfalls ins Auto und fährt mit ihr am Sonntagabend in die Krankenhaus-Notaufnahme. Sie wollen wissen, was mit der Kleinen war? Windpocken. Seit zwei Tagen. Und die Stiefmutter und der Vater müssen sich die Augen ganz feste zugehalten haben, um das zu übersehen. Ich erspare mir jede weitere Anmerkung. Was lernen wir aus diesem Vorfall?

Eine Mutter ist unerbittlich und will ihr Kind in dem Zustand wiederbekommen, in dem sie es hergegeben hat. Wenn das nicht gewährleistet wird, kann es schnell passieren, dass sie die Nerven verliert. Gern genommenes Opfer für hysterische Ausfälle persönlich oder am Telefon – Sie ahnen es bereits: Sie, die Stiefmutter, die verdammt noch mal zu blöd ist zu erkennen, dass das arme Kind schwer krank ist und sofortiger ärztlicher Behandlung bedarf. Sie finden, es ist nur ein ordinärer Schnupfen? Wenn Sie sich da mal nicht täuschen – und woher wollen Sie das überhaupt wissen? Hinter dem bellenden Husten könnte sich eine lebensgefährliche Lungenentzündung verbergen.

Sie finden, ich übertreibe? Kann sein. Aber was, wenn nicht? Das nenne ich als hyperbesorgte Mutter Körperverletzung. Soll ich Ihnen das noch buchstabieren? K-Ö-R-P-E-R-V-E-R-L-E-T-Z-U-N-G. Bitte, ich schreie, wann es mir passt. Ja, das halte ich für angemessen. Wenn Sie sich nicht vernünftig um mein über alles geliebtes Kind kümmern, kann ich eben laut werden. Es ist doch nicht zu viel verlangt, dass Sie einen Arzt zu Rate ziehen, wenn Ihr Stiefkind tagelang glüht wie ein Heizkörper im Winter unter einem offen stehenden Fenster.

Sie würden nie im Winter ein Fenster offen lassen und gleichzeitig heizen? Ach ja, aber um meinen Augenstern kümmern Sie sich offensichtlich nicht. Das ist eine Unterstellung? Das ist ein Witz. Petras Tochter wäre gestorben, wenn sie nicht sofort mit ihr ins Krankenhaus gefahren wäre – als Stiefmutter hatten Sie die Aufsichtspflicht und haben diese verletzt. Nein, von Ihnen lasse ich mir ganz sicher nicht den Mund verbieten.

In Ordnung, Sie haben genug gehört? Kann ich verstehen, aber so oder so ähnlich laufen solche Diskussionen ab. Da ist es gut, wenn Sie sich vorher wappnen – auch mit einem Grundverständnis für die Mutter. Sie hat Ihnen und Ihrem Partner schließlich das Wertvollste in ihrem Leben anvertraut: ihr Kind. Vielen Müttern fällt das Loslassen natürlich schwer. Man erleichtert es ihnen nicht, wenn man ihnen den lebendigen Schatz anschließend lädiert zurückgibt. Vorschlag zur Güte: Sie müssen natürlich nicht wegen jedem Pickel auf der Wange in die Notaufnahme rennen.

Bei augenscheinlichen gesundheitlichen Problemen Ihres Stiefkindes sollten Sie dennoch hellhörig sein. Sind Sie sowieso? Dann seien Sie es noch ein bisschen mehr. Natürlich müssen Sie eine keifende hysterische Mutter nicht akzeptieren. Es gibt Methoden, solche Auswüchse zu unterbinden:

1. Reichen Sie den Hörer an Ihren Mann weiter – seine Kinder, seine Ex-Frau, seine Probleme.
2. Legen Sie den Hörer zur Seite und bereiten Sie sich einen leckeren Latte vor, der Monolog könnte länger dauern.

3. Legen Sie auf. Die Dame kann sich jemand anderen suchen, den sie anschreit.
4. Schreien Sie zurück – das sorgt bestimmt für Laune in den kommenden Jahren. So ein richtiger Weibermütterkrieg ist toll – da haben Sie immer viel zu erzählen.
5. Drohen Sie damit, das Kind nicht mehr am Wochenende oder zu spontanen Anlässen, wenn die Kindsmutter ein Date hat, zu betreuen (weil es so gefährlich ist, bei Ihnen zu übernachten, versteht sich. *Das* ist dem sensiblen Kind nicht länger zuzumuten.). Ich bin mir sicher, dann herrscht Ruhe am anderen Ende der Leitung.

Wie auch immer Sie sich entscheiden: Bleiben Sie selbstbewusst und bleiben Sie sie selbst. Denn Stiefmutter zu sein, mag eine Rolle sein, aber keine, die Sie spielen, sondern eine, die Sie freiwillig annehmen und ausfüllen, aber nur, wenn es Ihnen dauerhaft Freude macht. Juckt Sie gerade dieses Pickelchen am Arm, zu dem sich gerade fünf weitere dazugesellt haben? Oh, und am Bein ist auch was zu sehen? Allergie? Ich glaube nicht. Wie lange war noch mal die Inkubationszeit bei Windpocken?

5. KAPITEL

WIE SIE DEN LIEBENDEN KINDSVATER ÜBERLEBEN ...

Wie Sie es überleben, wenn er nie da ist und Ihnen alles überlässt

Kennen Sie das? Ich habe mal (wieder) meinen Traummann kennengelernt. Er ist ungeheuer attraktiv, sensibel, höflich, intelligent, hat drei Kinder, die wechselweise bei ihm und der Mutter leben – und er arbeitet wie ein Tier. Plötzlich sitze ich in seinem Haus, auf dem die Kredite so schwer lasten, dass ich jede Nacht höre, wie das Dach knarzt, als ob es gleich nachgibt und mich mitsamt Traummann und Stiefkindern unter sich für immer und ewig begräbt. Damit das nicht passiert, kümmere ich mich tagsüber neben meinem Job um die lieben Kleinen, während der Traummann die Kohle ranschafft, um sein Haus zu finanzieren. Das er im Übrigen mit seiner Frau geplant und gebaut hat, aber darüber reden wir ein anderes Mal.

Jedenfalls ist der Traummann nie da, die Kinder dafür umso öfter. Sie haben Hunger, sie haben dreckige Kleidung, sie brauchen Hilfe bei den Hausaufgaben. Ehrlich, ich mach das gern, schließlich geht es um meinen Traummann. Wenn Sie meine beste Freundin wären – was würden Sie mir raten? Dass ich mich so schnell wie möglich abseilen soll, bevor das Dach einstürzt? Sie sind der Meinung, ein Mann, der nie da ist, um sich um mich und seine Kinder zu kümmern, kann kein Traummann sein? Ich finde, doch! Schließlich habe ich den ganzen Tag Zeit, von ihm zu träumen. Ja, das klingt sarkastisch. Das Leben ist aber eben kein Ponyhof, das wissen wir alle.

Und was soll schon so schlimm daran sein, sich um die Kinder seines Partners zu kümmern, den man über alles liebt? Es hat echt auch Vorteile, dass er weder mir noch seiner Brut ständig am Rockzipfel hängt. Welche, wollen Sie wissen? Ihnen muss man wirklich alles erklären, oder? Nein, ich bin nicht gereizt. Okay, ein klein wenig. Das mag damit zusammenhängen, dass ich gerade nicht so viel Zeit habe. Ich muss gleich das Mittagessen für die beiden Kleinen vorbereiten. Sie sind immer so hungrig, wenn sie nach Hause kommen. Sie sind der Meinung, ich opfere mich zu sehr auf? Sollte mehr meiner eigenen Wege gehen? Nicht doch, ich arbeite schließlich Vollzeit. Wann ich das mache? Nachts, wenn der Traummann todmüde ins Bett gefallen ist und vor sich hin schnarcht. Dann schreibe ich beispielsweise diesen Ratgeber. Sie zweifeln allmählich an meiner Kompetenz? Okay, ich höre jetzt auf, ich wollte nur sehen, wie weit ich Sie provozieren kann. Wenn Sie sich allerdings in dieser Beschreibung wiedererkannt haben sollten, passen Sie genau auf: Ein Mann, der Ihnen die Betreuung seiner Kinder komplett überlässt und selbst nie da ist, der Sie nicht ins Grundbuch mit aufnimmt und sich darüber freut, wenn Sie auch sonst keine Ansprüche stellen, ist *kein* Traummann. Er ist ein Mann, der eine günstige Haushaltshilfe und Betreuerin für seine Blagen sucht, damit er selbst sein Leben weiterleben kann wie bisher. Sie glauben mir nicht? Dann erzähle ich Ihnen gern noch diese wahre Geschichte:

Meine Freundin Karla hat sich unsterblich verliebt. Ihr Neuer heißt Christopher und hat zwei kleine Jungs. Außerdem ist er Bereichsleiter in einem großen Elektrokonzern. Das Tolle an ihm ist, dass er so unabhängig ist, sagt Karla. Er lässt ihr alle Freiheiten. Nach einem Jahr hat sie davon genug und zieht bei ihm ein. »Er will nicht mal, dass ich Miete bezahle«, schwärmt sie. Zu gütig aber auch. Voller Enthusiasmus fängt sie an, die Bude zu putzen, zu kochen und die beiden Jungs zu umsorgen. Er ist schließlich nie da, darum überhäuft sie die Kinder mit ihrer Liebe. Alles ist chic, bis sie anfängt, das Wohnzimmer umzuräumen. Das ist gar nicht in Christophers Sinne. Es gibt zum ersten Mal Streit. Er mag es nämlich nicht, wenn auch nur die geringste Kleinigkeit in seinem Haus geändert wird. Deshalb hat er auch den neuen tollen Seifenspender im Bad direkt wieder entsorgt. Merken Sie was? Karla ist voll in die Falle gegangen. Noch hat sie es nicht kapiert, aber ihre Unzufriedenheit fängt an, wie ein Hamster an ihrer Seele zu nagen. Sie wird ungeduldig, meckert mit den Jungs, ist oft müde und trinkt zu viel Rotwein. Jetzt hat Karla eine neue Idee: Sie wünscht sich ein Kind von Christopher. »Dann wachsen wir enger zusammen, wie eine richtige Familie. Bestimmt nimmt er sich dann viel mehr Zeit für uns.«

Ich komme an Karla zurzeit nicht mehr ran, sie hat sich völlig in diesen schwachsinnigen Plan verrannt. Manchen Frauen ist nicht zu helfen. Das ist keine Überlebensstrategie, sondern eine Untergangsstrategie.

Proportional zum Bauchwachstum und der steigenden Kinderzahl wird die Zeit, die Christopher zu Hause verbringt, weiter abnehmen. Er ist eben kein Familienmensch, auch wenn Karla fest daran glaubt, dass er das nur noch nicht weiß und sie ihm das noch beibringen wird. Vergessen Sie es! Ich neige selten dazu, abzuhauen oder anderen dazu zu raten, aber in diesem Fall sehe ich wenig Potenzial, aus Karla eine wirklich rundum glückliche Stiefmutter zu machen. Zu der gehört nämlich auch ein Mann, der sie unterstützt und nicht benutzt. Insofern: Hände weg von Traummännern, die sich weder um Sie noch um ihre Kinder kümmern. Packen Sie Ihren Kram und ziehen Sie weiter. Und räumen Sie ja wieder seine CD-Sammlung in das ursprünglich dafür vorgesehene Regal – solche Nickeligkeiten haben wir nicht nötig.

2.

Wie Sie es auf die Kette kriegen, wenn er Angst hat, die Kinder zu verlieren (für immer und ewig)

Ein Mann in Angst und Schrecken vor seiner Ex und der Mutter seiner über alles geliebten Kinderlein – das ist gar nicht gut, leider jedoch weit verbreitet. Birte geht es so: Seit drei Jahren teilt sie mit Heiko Tisch, Bett und Kinder. Und wenn der Name Sandra fällt, fängt Heiko an zu bibbern. Denn Sandra hat zwar ihren Ehering ausgezogen, behandelt Heiko aber nach wie vor wie einen Leibeigenen.

Er unterwirft sich den absurdesten Regularien, damit er seine Kinder nicht verliert: Die Kinder müssen um 18.30 Uhr eine warme Mahlzeit bekommen, keine Minute früher oder später. Vermutlich laufen sie sonst blau an und sterben binnen drei Sekunden. Die Kinder dürfen am Tag maximal 17 Minuten Fernsehen schauen. Sie fragen, wieso 17 Minuten und nicht 15 oder 20? Ich habe keine Ahnung. Das hat Sandra so festgelegt. Was Sandra sagt, ist Gesetz für Heiko. Und für Birte. Denn Birte muss sich Sandras Regeln ebenfalls unterwerfen, sonst verliert sie Heiko. Sie erkennen schon die psychischen Fallstricke, oder? Und die Kinder? Nennen wir sie Marvin und Lara. Glauben Sie, die halten sich an die Regeln, wenn sie bei Birte und Heiko sind? Ich bitte Sie! Was sagt Ihnen Ihr Stiefmutter-Gen? Natürlich tun sie das nicht. Denn Marvin und Lara wissen: Sobald etwas nicht nach ihren vorwitzigen Nasen läuft, gehen sie zu Sandra petzen.

Und die ist ungeheuer empört, wenn sie erfährt, dass Birte, diese fürchterliche Frau, mit ihren allerliebsten Sprösslingen geschimpft hat. Einfach so! Ohne Grund! Und wenn Birte einwendet, dass es sehr wohl ein Grund ist zu schimpfen, wenn Marvin und Lara das Tiefkühlfach ausräumen und Pizza und Pasta als Wurfgeräte nutzen, dann, ja dann, wird Heiko ungemütlich. Nein, nicht Marvin und Lara. Die sind noch Kinder, so unschuldig, dass sie nicht wissen, was sie tun. Sondern Birte gegenüber, die sich aus alldem raushalten soll, wie Heiko findet. Das ist wirklich kein Grund, so mit den Kleinen zu schimpfen (sie sind erst elf und 13), dass sie anschließend bitterlich weinen. War alles nur Spaß.

Fassen wir zusammen: Birte steht auf verlorenem Posten. Das ist hart, aber Fakt. Im Grunde bilden Heiko, Sandra, Marvin und Lara noch immer eine Familie, in der kein Platz ist für eine Stiefmutter, die es nur gut meint. Vielleicht braucht Heiko eine Frau an seiner Seite, aber keine Frau, die sich um seine Kinder kümmert. Das tut er selbst schon mehr als genug, zusammen mit Sandra.

Wenn Sie an ein solches Exemplar geraten, lassen Sie schnell los. Streifen Sie Ihr mütterliches Helfersyndrom ab und gehen Sie mit dem ängstlichen Mann ins Kino, ins Theater oder schlicht ins Bett. Kümmern Sie sich um sich selbst und Ihr geistiges und physisches Wohlempfinden – und vergessen Sie nicht, dem ängstlichen Mann das klar mitzuteilen: Ihr Interesse gilt ihm und nicht seinen Kindern. Entweder seufzt er erleichtert auf, oder er kommt ins Grübeln, Letzteres bezweifle ich allerdings.

Plaudern wir wieder aus dem Nähkästchen: Ich bin mal an so einen Typen geraten. Mann, war der sexy, gut aussehend, breite Schultern, sensibel – und ein Weichei, wenn es um seine Tochter ging. Zugegeben, sie hatte es nicht leicht in ihrer Kindheit, Trennung der Eltern, die Mutter ein Drachen, schulische Probleme und so weiter und so fort. Eine Flasche Weißwein später wurde mir klar, die beiden brauchen mich – dringend. Ich rette sie, und wir werden eine glückliche Familie. Amen!

Da rief die Tochter bereits an, heulend, weil es in der Wohnung schon den ganzen Abend so seltsame Geräusche gab (Sie vermutete eine Maus hinter der Anrichte in der Küche – »Papa, kommst du jetzt heim?«). Selbstverständlich raste »Papa« nach Hause, um seine 14-jährige Tochter vor den Ungeheuern der Nacht zu erretten. Mich focht das nicht an. Ist doch super, wenn ein Vater sich so für seine Tochter engagiert. Eine Maus war allerdings in der Wohnung nicht aufzutreiben, aber wir wollen nicht kleinlich sein. Drei Monate später hatten wir Routine mit der Situation. Mein Freund kam. Wir machten uns einen netten Abend. Jedenfalls so lange, bis Liane anrief. Dann fuhr er wieder heim. Kein Zustand, deshalb war ich mir nicht zu schade, mit den beiden zusammenzuziehen.

Zwar mied Liane mich wie die Maus ihre Falle in der Küche – aber ich war mir sicher: Das würde schon werden. Warum denn auch nicht? Wenn wir uns erst besser kennen würden, wäre alles wie ein wundervoller Traum. So sah der Alltag aus: Liane verbrachte die Zeit nach der Schule in ihrem Zimmer am Rechner, bewaffnet mit Chips und Cola. Ich saß nach der Arbeit im Wohnzimmer und las. Beide warteten wir auf Papa-Freund. Wenn der kam, schoss Liane aus ihrem Zimmer und fiel ihm wie eine Ertrinkende in die Arme. Ich hielt mich zurück, schließlich bin ich erwachsen. Mein mühevoll gekochtes Abendessen lehnte Liane ab. Immer. Ja, das tat weh.

Papa-Freund stellte sich in die Küche und kochte etwas anderes, etwas, was Liane kannte. So wie er es die letzten fünf Jahre, die sie allein gewohnt und sich wie ein altes Ehepaar aneinandergeklammert hatten, auch getan hatte. Ich aß meine Spaghetti bolognese mit extra viel Parmesan allein und glotzte Serien. Ich war bei Beratungsstellen und Mediatoren. Ich habe bei Liane an die Zimmertür geklopft und gefragt, ob wir zusammen kochen wollen. Ich habe gefragt, ob wir zusammen am Computer spielen wollen. Ich habe Ausflüge vorgeschlagen, mit und ohne Papa-Freund. Ich habe mit Papa-Freund diskutiert, gestritten, geschrien. Liane ist zu Mama gefahren, weil sie »das alles hier« nicht mehr aushielt.

Papa-Freund warf mir vor, dass »das alles hier« meine Schuld sei. Zur Beratungsstelle wollte er nicht mit. Wieso auch, wenn ich das Problem war? Nach acht Monaten habe ich aufgegeben und bin wieder ausgezogen. Eine Stiefmutter muss wissen, wann es besser ist zu gehen. Übrigens wohnen Papa-Freund und Liane noch immer zusammen, sie ist mittlerweile 27. Ich schätze, sie hat mir keine Träne nachgeweint.

Wie Sie ihn überlisten, wenn er alles bestimmen will (sogar das Gute-Nacht-Lied)

Super-Daddy im Anmarsch: Er begeistert reihenweise alleinstehende Frauen, Kinder sowieso – und ist eine Nervensäge ohnegleichen. Super-Daddy ist nie müde, will immer Playmobil spielen, rutscht häufiger als seine eigenen Kinder und baut den besten Matschekuchen auf dem Spielplatz. Außerdem sind seine Apfelschnitze nie braun angelaufen (wie macht er das bloß?), und seine Pfannkuchen sind im ganzen Haus legendär. Ein Träumchen? Mag sein. Aber nicht, wenn Sie sich in Super-Daddy verlieben. Denn Super-Daddy ist der Bestimmer. Und er kennt die schönsten Gute-Nacht-Lieder. Von *Der Mond ist aufgegangen* singt er fehlerfrei alle fünf Strophen durch und hat eine sechste selbst gedichtet zum Hintendranhängen, falls die Kinder noch nicht sanft entschlummert sind. Super-Daddy ist eine Plage. Denn er macht Stiefmütter quasi arbeitslos. Was soll das?

Gerald ist so einer: Seine Frau hat ihn verlassen, nachdem das dritte Kind aus dem Gröbsten raus war, wie er sagt. Nur so in Klammern: Das Kind war da drei Monate alt, und Sie als Next sollten sich schon fragen, was Susi damals veranlasst hat, die Flucht zu ergreifen und alle drei Kinder in der Obhut von Super-Daddy zu lassen. Gerald sagt, sie wollte sich selbst verwirklichen und ihr sei das mit den Kindern alles zu viel gewesen. Ihm nicht. Er hat seinen Job als Werbegrafiker quasi an die Kindergarderobe gehängt.

Gut, wenn die Kleinen schlafen, erledigt er nachts rasch den einen oder anderen Auftrag, wird gut bezahlt, und von allein werden die Süßen auch nicht satt. (Ich gebe es zu: Ich hasse Gerald jetzt schon. Ist er nie müde? Ist er nie gereizt? Wieso kriegt er das scheinbar mühelos hin, woran ganze Generationen von Müttern gescheitert sind?) Helene, Ida und Viktor sehen aus wie drei glückliche Kinder mit ihren hellen Locken, die Papa selbst schneidet, wäscht, föhnt und von Läusen frei hält. Sie sind freundliche aufgeweckte Kinder, immer ein originelles Gute-Nacht-Lied auf den Lippen, während sie Super-Daddy beim Apfelschnitze-Schneiden mit dem gelben Kinderplastikmesser helfen. Dabei stehen sie auf ihren bunten Kinderstühlen an der Arbeitsfläche und schnattern vergnügt. Bullerbü-Super-Daddy-Szene wie aus einem Heile-Welt-Til-Schweiger-Film.

Ich gehe brechen. Wieso ist meine Stiefmutter-Welt nie so gewesen? Warum hat sich bei mir immer mindestens ein Kind in den Finger geschnitten, bis das Blut hervorquoll und wir mal wieder mit einem unbezahlbaren Taxi in die Krankenhaus-Notaufnahme gerast sind und hinterher die Rechnung für die blutgetränkte Rückbank zahlen sollten? Habe ich Ihnen schon erzählt, wie sich eins meiner Kinder ein Ohrläppchen bei einem Sturz auf die Kante einer Stuhllehne gespalten hat. Nein? Ach, ich schweife ab, entschuldigen Sie.

Warum kann Super-Daddy Gerald nicht ein klein wenig weniger perfekt sein und mir und Ihnen als Stiefmutter einen Platz einräumen, in dem sie nicht als neidische Zuschauerin auf den hinteren Bänken sitzen und Beifall klatschen? Weil Gerald in der Rolle seines Lebens steckt! Keinesfalls möchte er, dass Sie ihm die streitig machen. Er liebt es, mit den Kindern Flöte zu spielen, Bilderbücher anzugucken oder mit den Walkie-Talkies durch die Straßen zu rennen und »hallo, hallo« hineinzuraunen. Gerald ist mehr als nur Vater und Super-Daddy. Er ist auch Kumpel, Freund und Mutter.

Ah, jetzt nähern wir uns der Sache an – haben Sie es selbst gemerkt? Gerald ist momentan alles, nur eins nicht: Mann! Und genau da können Sie ihn packen. Also, bitte, das Bild, wo sie ihn packen, haben Sie sich jetzt aber selbst gemacht, von mir kommt das nicht. Jedenfalls: Machen Sie aus Gerald wieder einen richtigen Mann mit dicken Eiern in der Hose und einem Gang, der John Wayne zu seinen besten Zeiten alle Ehre gemacht hätte. Kann sein, dass er seine Gute-Nacht-Lieder dann eine Oktave tiefer als zuvor schmettert, aber das stört keinen. Ich bin mir sicher, Helene, Ida und Viktor kommt die neuerdings männlichere Komponente ihres Super-Daddys in ihrer kindlichen Entwicklung sehr zugute. Für den weiblichen Part stünden Sie notfalls parat. Möglicherweise braucht Gerald künftig wieder mehr Schlaf, wenn Sie ihn regelmäßig als Mann fordern – und das ist die Lücke, in die Sie stoßen: Wollten Sie nicht Ihre Karriere in der Werbung vorantreiben? Nur zu! Gerald hilft Ihnen bestimmt, und während er die Kinder bespaßt oder alle schlafen, haben Sie genug Zeit. So werden Sie von der Hinterbänklerin zur erfolgreichen Werbetante und Stiefmutter, denn die drei Hübschen haben neulich gefragt, ob Sie ein lustiges Guten-Morgen-Lied kennen zum Zähneputzen. Das dürfte kein Problem sein.

Sagen Sie Gerald, Sie kommen gleich wieder ins Bett. Er soll auf keinen Fall wagen, aufzustehen und sich anzuziehen. Drücken Sie ihm ein Walkie-Talkie in die Hand, das andere haben Helene, Ida und Viktor. So hat er das Gefühl der vollen Kontrolle, und Sie tüfteln mit den Kindern im Bad eine neue Klangfarbe im Familienchor aus. Klingt gut?

4.

Wie Sie ihn zum Schnarchen bringen, wenn er die Kinder keine Sekunde aus den Augen lässt (nicht mal nachts im Schlaf)

Noch so ein Kontrollfreak: Jetzt im Ernst – geht es Ihnen auch so? Angeln Sie sich mit sicherem Gespür die schwierigen Fälle unter den Vater-Exemplaren? Schaffen Sie es nie, einen Mann in Ihr Bett zu kriegen, in dem nicht schon seine Kinder liegen und in den Schlaf gewiegt werden wollen? Und wenn sie noch nicht da sind, tauchen sie mitten in der Nacht auf? Heulende Nachthemd-Gespenster, die von bösen Monstern, dreiäugigen Ungeheuern oder Schlimmerem (also Stiefmüttern) geträumt haben und jetzt dringend Trost und Nestwärme brauchen – von Papi! Und der ist begeistert, konnte eh kein Auge zutun, weil die Brut ein Zimmer entfernt von ihm war.

Nun rücken Sie schon beiseite, so gefühllos können Sie nicht sein. Ja, ich kenne das. Auch ich habe häufiger eingeklemmt wie eine Ölsardine in der Dose im Bett gelegen zwischen dem Mann meiner Träume und seinen lieben Kindern. Eng war es, und der heiße Atem meines Stiefsohnes hat meinen Rücken zum Glühen gebracht. An Schlaf war wegen Gestöhne, Geschnarche und Herumgedrehe sowieso nicht zu denken – insofern: Ich habe es als Erfahrung verbucht. Auch solche Nächte enden irgendwann bei Sonnenaufgang, und der Mann meiner Träume kocht zumindest den besten Kaffee der Welt. Diese Kinder arbeiten im Dunkel der Nacht mit allen Tricks: Ich kenne auch Schlafwandler, die auf einmal vor der Haustür stehen und anfangen zu heulen wie ein Wolf, der einsam durch die Wälder streift. Ich kenne Pseudo-Krupp-Anfälle, Kotz-Arien und Schrei-Attacken. Es ist, als ob jemand die Kinder verhext, sobald die Sonne untergegangen ist. Sie treiben so lange ihr Unwesen, bis die Stiefmutter entnervt ihre Koffer packt und verschwindet. Sie müssen selbst entscheiden, ob die neue Familie es wert ist, dass Sie nachts Tee kochen, Tropfen verabreichen, Tränen trocknen (auch ihre eigenen) und vollgekotzte Bettwäsche waschen. Immerhin: Alles zusammen mit dem Mann Ihrer Träume, der kein Auge zutut, weil es seinen Kindern schlecht geht.

Sie fragen, warum ich mir das alles angetan habe? Der Mann meiner Träume kocht eben am Morgen nicht nur guten Kaffee, er ist auch sonst ein sehr sehr passabler Kerl … und die Kinder sind bei Tageslicht fast immer sozial verträglich, so wie ich.

Meiner Meinung nach entstehen schwierige Situationen vor allem dann, wenn Vater und Kind nicht voneinander lassen können. Schlimm ist es, wenn beide sehr lange allein gelebt haben und sich aufführen wie zwei Kumpel (Vater und Sohn) oder wie ein altes Ehepaar (Vater und Tochter). Da kann der eine nicht mehr ohne den anderen, nicht einmal nachts. Sie glauben, das gibt es nicht? Da muss ich Sie leider korrigieren, das kommt heutzutage viel häufiger vor, als man denkt.

Nehmen wir meinen Freund Carsten. Seine Frau hat ihn überraschend verlassen, und sein Sohn Steve lebt seitdem überwiegend bei ihm. In seiner Trauer hat Carsten seinen Sohn umklammert wie ein Eichhörnchen seine Nuss. Steve war seine Familie, sein Halt, sein Alles – große Güte, was für ein Albtraum. Für meine Freundin Vera, die die beiden drei Jahre später kennenlernte. Carsten zu treffen, war quasi ein Ding der Unmöglichkeit, weil er Steve (15) nicht allein lassen konnte. Angststörung. Bei Carsten, nicht bei Steve, der überhaupt keine Probleme damit hatte, sich Tag und Nacht vor dem Rechner zu beschäftigen.

Nein, Carsten wollte »den Jungen« keinesfalls allein lassen – es passiert ja so viel: Einbrecher, Feuer, Mörder. Alles denkbar, alles möglich. Wegen Steve hatte Carsten auch seine Stelle reduziert, damit er ihn morgens zur Schule chauffieren und nachmittags wieder abholen konnte, zuvor kochte er noch das Mittagessen, und selbstverständlich erledigte Carsten auch die Hausaufgaben, also die von Steve. »Der Junge« war meist zu müde dafür. »Wir verstehen uns großartig, alles ist wunderbar«, erzählte Carsten, wenn andere ihn fragten, wie es so läuft als alleinerziehender Vater. Geglaubt hat ihm das kein Mensch. Seine Augenringe waren viel zu tief, und Steves Diktatoren-Ton, mit dem er seinem Vater Befehle erteilte, war nicht zu überhören.

Meine Freundin Vera war trotzdem nicht von Carsten abzubringen. »Er ist so ein toller Vater«, schwärmte sie und warf sich mitten in das Abenteuer, Ausgang ungewiss. Einen Monat später traf ich sie zum Kaffeetrinken, und sie war erstaunlicherweise immer noch bester Dinge. Ich fragte sie, wie es mit Carsten liefe, und sie lachte nur. »Ich habe ihn zum Schlafen gebracht, meine Liebe.«

»Oh, wie hast du das gemacht?«

»Ganz einfach, ich habe ihm gesagt, er soll mit Steve in einem Bett schlafen, und ich übernachte im Kinderzimmer.«

»Wie bitte?«

»Du hättest sein Gesicht sehen sollen. Er hat geschaut wie du jetzt. Und dann habe ich das durchgezogen. Steve hat zwar gemault, aber den Spaß war es mir wert.«

»Und dann?«

»Sie haben mich beide angefleht, dass ich mit Carsten in einem Bett schlafe, damit Steve wieder in sein Zimmer kann.«

»Wie das?«

»Ich bin nachts alle halbe Stunde aufgestanden und rübergelaufen ins Schlafzimmer, im wehenden Nachthemd, versteht sich. Habe über Albträume geklagt, Bauchweh, Kopfweh – wie es halt so ist, wenn man allein im Bett liegt und grübelt.«

»Und Carsten?«

»Hat mich umsorgt wie seinen eigenen Sohn, hihi. Er hat mir einen Kakao gekocht, Liedchen geträllert, sich zu mir ins Kinderbett gequetscht. Das volle Programm. Es war großartig.«

»Aber warum hast du das überhaupt gemacht?«

»Männer brauchen das Gefühl, dass sie Entscheidungen selbst treffen. Wenn ich mich sofort in Carstens Bett gelegt hätte, wäre er vor schlechtem Gewissen gestorben, und Steve hätte mich gehasst, weil ich ihn verdrängt hätte. Verstehst du?«

Ja, ich verstehe. Und Carsten hat es endlich geschafft, Steve ein Stück weit loszulassen. Obwohl: Die Hausaufgaben macht er immer noch jeden Nachmittag in der gebotenen Gewissenhaftigkeit. Steve hat es eben schwer als Trennungskind. Mal sehen, ob Vera für diese Problematik noch eine Lösung findet. Zuzutrauen wäre es ihr. Warum ist das Leben als Stiefmutter nur so wahnsinnig kompliziert?

Wie Sie ihm das Telefon aus der Hand nehmen, wenn er mindestens zehn Mal am Tag die Kindsmutter um Rat fragt – und Sie danebensitzen

»Marlena will am Mittwoch ihre Freundin besuchen, darf sie das?« Jens telefoniert mal wieder mit seiner Ex-Frau, während Sie neben ihm sitzen und fortgesetzt die Augen verdrehen. Kein Wunder, denn es ist schon das fünfte Telefonat dieser Art in den vergangenen anderthalb Stunden.

Jens findet es unheimlich wichtig, dass er sich mit Andrea abspricht. Schließlich sind sie beide Eltern und müssen Entscheidungen gemeinsam treffen. Nee, ist klar. Andrea ist der Meinung, dass Marlena am Mittwoch lieber zum Steptanz-Unterricht gehen sollte. Da hat sie letzte Woche gefehlt, wegen einer Kindergeburtstagsfeier, zu der sie eingeladen war. Und so eine gewisse Kontinuität ist echt wichtig, wenn Marlena das mit dem Steptanzen ernst nimmt. Jens nimmt das sehr ernst und ist ganz Andreas Meinung. Obwohl er vor dem Anruf zu Ihnen gesagt hat, dass aus Marlena niemals eine Tänzerin wird, weil sie die Elefantenfüße ihrer Mutter geerbt hat. Aha! Aber jetzt führt er dieses verbale Tänzchen mit Andrea auf, statt Haltung wie beim Paso Doble einzunehmen. »Wollen wir Marlena unsere Entscheidung gemeinsam mitteilen?«

Ich schätze, das ist der Punkt, an dem Sie aufstehen und gehen. Nein? Sie wollen sich das Schauspiel bis zum bitteren Ende ansehen? Ihre Entscheidung, nicht meine! Da Andrea gleich um die Ecke wohnt, kann sie nachher kurz vorbeitänzeln. Toll, nicht wahr? Aber vorher ruft sie lieber noch drei Mal an, um dringende Fragen zu klären. Wo ist Marlenas Turnbeutel? Braucht Marlena für den Klassenausflug ein Halstuch? Wann holt Jens Marlena am Donnerstag in drei Wochen bei ihr ab? Es gibt so viele Dinge zu besprechen, dass eine Standleitung zwischen Jens und Andrea eigentlich das Sinnvollste wäre. Alternativ könnten sie auch wieder zusammenziehen (wenn da nicht Sie wären, das Hindernis namens Next, ihres Zeichens Stiefmutter).

Ich sag mal so: Wie lange sitzen Sie denn schon bei Jens auf der Couch und lauschen seinen Telefongesprächen mit Andrea? Möglich, dass die beiden wirklich nur ihre Fürsorglichkeit für die gemeinsame Tochter antreibt. Möglich auch, dass die beiden noch aneinander hängen, sie waren ziemlich lange zusammen. Setzen Sie sich selbst eine Frist: Wenn Sie in drei Monaten immer noch auf der Couch sitzen, nehmen Sie Jens freundlich, aber bestimmt den Hörer aus der Hand und legen Sie auf. Puuuh, endlich Ruhe. Sollte es sofort wieder klingeln, ziehen Sie den Stecker. Es wird Zeit, dass Sie ein ernstes Wörtchen mit Jens reden. Es ist wirklich nicht nötig, dass er jeden Pups, den Marlena von sich gibt, in epischer Länge mit Andrea auswertet. Ein Gespräch am Tag ist ausreichend, um Absprachen zu treffen und Banalitäten zu besprechen. Alles andere ist inakzeptabel – für Sie als die Partnerin an seiner Seite.

Sagen Sie ihm das. Entweder greift er sofort wieder zum Telefonhörer, dann ist es an Ihnen, Schlüsse daraus zu ziehen und über einen neuen Tanzpartner nachzudenken. Oder er hält die Klappe und denkt nach. Wichtig ist, dass Sie als Stiefmutter und Partnerin auch zu Wort kommen. Natürlich hat Andrea eine total wichtige Position in diesem Patchworkfamilien-Gefüge. Das bedeutet aber nicht, dass Sie zur Dauer-Zuhörerin mutieren müssen.

Führen Sie sich eins vor Ihr inneres Auge: Es könnte alles noch viel schlimmer sein. Ich kannte mal einen Mann, dessen Ex im selben Haus wohnte. Trotzdem rief sie ihn von früh bis spät an, auf dem Festnetz, auf dem Handy. Wenn er nicht ranging, weil wir uns küssten, schrieb sie ihm E-Mails und SMS. Meinen Verdacht, sie käme mit der Trennung nicht zurecht, wies mein Freund empört zurück. »So ein Quatsch, wir verstehen uns halt gut. Ist auch besser für die Kinder.« Klar doch! Natürlich besaß sie auch einen Wohnungsschlüssel. Damit sie notfalls Sachen für die Kinder holen konnte, wenn er nicht da war.

Eines Tages aber war ich da – und kam gerade, wie Gott mich freundlicherweise schuf, aus dem Bad. Ich gebe zu, das war kein schöner Moment, als wir zwei beide uns auf dem Flur begegneten. Sie las gerade hoch konzentriert die Post meines Liebsten, und ich war nackt. So hatte jede von uns etwas zu verbergen. Ja, lachen Sie nur - es war der Beginn einer wunderbaren Koexistenz! Sie hätten ihr Gesicht sehen sollen, als sie bemerkte, dass sie nicht mehr allein war.

Ich habe mir in dieser Situation jeglichen Kommentar erspart – zugegeben: Das war nicht leicht. Selten war ich so kurz davor, als Stiefmutter einzulochen wie ein Golf-Profi. Aber man muss wissen, wann der Triumph zu billig ist. Wir sind alle nicht perfekt, stimmt's? Ich bin hocherhobenen Hauptes ins Schlafzimmer gegangen und habe mich angezogen. Während Fräulein Neugierig still und leise die Tür hinter sich zugezogen hat. Sie wagte es nie wieder, die Wohnung ohne ausdrückliche Einladung zu betreten. Telefonate kamen nur noch zustande, wenn mein Freund sie anrief. Von der Korrespondenz-Spionage habe ich meinem Freund nichts erzählt, man muss nicht gleich alle Pfründe aus der Hand geben, nicht wahr? Sie wollen wissen, was für einen Brief die Gute studiert hat? Ich erzähle Ihnen in diesem Buch wirklich alles, aber das geht zu weit – Briefgeheimnis und so weiter.

Wie Sie ihm den Marsch blasen, wenn er Ihnen verbietet, mit den Kindern zu schimpfen

Angela ist so ein Fall. Ihr Liebster Volker hat drei Kinder, die er abgöttisch liebt und vor denen er von Freitag bis Sonntag allwöchentlich einen Kniefall macht. Die Horde fällt ein, vollbepackt mit Klamotten, Skateboards, Laptops, Handys. Für das leibliche Wohl sorgt der liebevolle Vater mithilfe von Junkfood in Tonnenmengen: Chips, Cola, Döner und Pizza – alles, was das kindliche Herz begehrt, wenn es unter der Woche von der eigenen Mutter mit gedünstetem Fenchel und Tofuwürsten gequält wird. Volker will nur eins: glückliche Kinder, eine lachende Familie, ein schönes Wochenende.

Angela hingegen fürchtet um ihre heiß geliebte chinesische Vasensammlung - mundgeblasen, antik und schlicht unbezahlbar. Wenn die Horde, die sie in Gedanken Tick, Trick und Track nennt, durch die Wohnung trampelt, bebt der Boden und mit ihnen die edlen Gefäße. Was für ein Albtraum. Aber Volker zuliebe hält Angela seit Monaten stoisch durch, es kann nur besser werden. Es kann nur besser werden?

Ich belehre Angela eines Besseren. Nichts wird besser, wenn sie in Gedanken ihre teuren Vasen auf diversen Köpfen zertrümmert und stattdessen schimpft, meckert, schreit – und mit Volker streitet, der findet, sie hat so einen unangenehmen Klang in ihrer Stimme, wenn sie mit den Kindern spricht. Den hat sie ganz sicher, was an ihrer zunehmenden Verzweiflung über den verrotteten Zustand der Wohnung und der Kinder liegt. Denn die drei dürfen bei Volker alles: auf der Couch rumlungern, sich die ganze Nacht durch Serien glotzen oder am Rechner zocken, freche Antworten geben und Angela zur Weißglut treiben. Bis sie dunkelrot sieht und ausrastet.

Blöd nur, dass Volker nicht einsehen will, dass so ein Zusammenleben unerträglich ist. Warum denn? Es läuft prima. Für die Kinder definitiv, denn in Volkers Schlaraffenland wachsen die Pommes aus dem Backofen, und die Bionade fließt in Strömen – direkt in die Münder der lieben Kleinen hinein. Da stört Angela nur mit ihren Misstönen. Volker verhält sich, wie ein gebeutelter Trennungspapa sich eben aufführt: Er wünscht sich Harmonie. Dafür ist er bereit, alles zu geben – notfalls geht er dafür auch über (Beziehungs-) Leichen und hüpft dabei leichtfüßig wie eine Ballerina über Angela, die wutschnaubend am Boden liegt. Das ist Fakt.

Trotzdem will Angela mehr sein als die Frau an seiner Seite, die den Putzlappen schwingt, um die gröbsten Schmutzränder auf dem Parkett zu entfernen, während sich die Kinder glückselig rülpsend auf dem Sofa fläzen. Von Montag bis Freitag ist Volker ein toller Partner, am Wochenende, wenn die Kinder da sind, ist er nicht mehr wiederzuerkennen. Kein schöner Zustand für Angela, die bereits mit dem Gedanken gespielt hat, ihre Vasen einzupacken und das Weite zu suchen – inklusive Stille und Ordnung als Singlefrau.

Aber dann hat sie beschlossen, sich im Stellungskampf der Patchworkfamilie nicht so schnell geschlagen zu geben. Den Putzlumpen schwingend hat sie Volker zur Rede gestellt. Zugegeben, er war nicht begeistert davon, als sie ihn einen Waschlappen genannt hat, den die Kinder einhändig auswringen. Noch weniger war er begeistert, als sie von ihm Haltung forderte – und Rückhalt. Und erst recht nicht, als Angela ihm erzählte, dass sie ein Wellness-Wochenende mit mir verbringen würde. Und das haben wir verdammt noch mal genossen. Nicht nur wegen des muskulösen Masseurs, der unsere verspannten Stiefmutter-Schultern durchgewalkt hat, sondern auch wegen des Schokoladenbades mit anschließender Aromaöl-Therapie. Mann, das war klasse. Weit und breit kein Kind zu sehen.

Als Angela Sonntagabend tief entspannt die Wohnung betrat, traute sie ihren Augen nicht. So hatte sie noch nie geglänzt und geglitzert. Vermutlich hatte er Meister Proper engagiert. Aber nein: Gemeinsam mit den Kindern hatte Volker die Höhle in einen ansehnlichen Wohnraum verwandelt – mithilfe von Angelas Putzlumpen und Reinigungsarsenal.

Okay, am darauffolgenden Wochenende lungerten die drei wieder auf der Couch herum, aber immerhin: Sie schafften mehrmals den Weg zum Mülleimer (und zurück), um leere Chipstüten und das Dönerpapier zu entsorgen. Und Volker schickte sie tapfer und voller Erziehungstatendrang bereits um ein Uhr nachts ins Bett. Ein Hoch auf die entschlossene Stiefmutter! Übrigens hat Angela ihre wertvolle Vasensammlung ins Gästezimmer verbannt – man sollte das Schicksal nicht herausfordern, wenn man drei Stiefkinder sein Eigen nennt.

6. KAPITEL

WIE SIE ES ÜBERLEBEN, WENN SIE ZUSAMMENZIEHEN ...

Haben Sie sich das auch wirklich gut überlegt? Wollen Sie das? Nie mehr allein sein? Immer dreckige Schuhe im Flur? Genöle und Getrappel von früh bis spät? Butterbrote schmieren, hungrige Mäuler stopfen, die Couch teilen? Sie sagen immer noch Ja? Dann haben Sie es nicht anders verdient. Damit es aber nicht gar so gruselig wird, habe ich Ihnen ein paar Tipps zusammengestellt. So sichern Sie Ihr langfristiges Überleben.

Warum Ihr Zimmer das größte in der neuen Wohnung ist

Annette war auch nicht davon abzubringen, mit der Bonusfamilie ihrer Wahl zusammenzuziehen. Doch schon bei der Wohnungsbesichtigung war klar, dass der Verteilungskampf in vollem Gange war. Stieftochter Lea stürzte in das mit Stuck und Parkett versehene Wohnzimmer mit dem hübschen Erker und brüllte: »Das ist mein Zimmer!« Ach, dachte Annette, wenn es ihr so gut gefällt, dann machen wir eben aus dem kleinen Zimmer ein Wohnzimmer. Ein böser Fehler, wie sich im Laufe der Zeit herausstellte.

Die Couch war viel zu groß für den neuen Raum, sodass keine Gemütlichkeit aufkam, wenn Annette von der Tür direkt auf die Couch fiel. Ihr Glas musste sie stets in der Hand halten, denn für einen Beistelltisch fehlte – na, was wohl – der Platz. Einen Vorteil immerhin hatte die drangvolle Enge: Sie benötigte ihre Fernsehbrille nicht mehr, weil das Gerät so dicht stand, dass sie ihre Nase an den Bildschirm drücken konnte. Die Bücherregale mussten übrigens mit im Schlafzimmer untergebracht werden. Weil sie so ungünstig standen, konnte der Kleiderschrank nur noch zur Hälfte geöffnet werden.

Morgens leuchtete Annette immer mit dem Licht ihres Handys in das düstere Innere, auf der Suche nach einem netten Business-Kostümchen für die Arbeit in der Bank. Nebenher versuchte sie, die Schmerzen an ihrem linken großen Zeh zu lindern, den sie sich jede Nacht an der antiken Truhe stieß, die auch nicht mehr ins neue Mini-Wohnzimmer gepasst hatte und deswegen jetzt zwischen Bett und Tür stand – alles zum Wohle des Kinde, das nur jedes zweite Wochenende da war und dann im größten Zimmer der Wohnung hauste. Als Stiefmutter muss man eben Abstriche machen, nicht wahr?

Ähnlich geht es bei Ulla und Frank zu, die ein Reihenhaus mit ausgebautem Dachgeschoss bewohnen. Unterm Dach thront Stieftochter Frauke auf 40 Quadratmetern, während sich die beiden Erwachsenen ein Schlafzimmer von zwölf Quadratmetern teilen. So geht es eben, wenn Kinder ihre Eltern dominieren. Sie spielen mit dem schlechten Gewissen und den Unsicherheiten der Erwachsenen und gehen viel zielorientierter beim Verteilungskampf im neuen Revier vor. Erinnern wir uns noch einmal kurz an das Wolfsrudel. Wer ist das Alphatier und wer der Welpe? Wer sorgt dafür, dass die Sippschaft überlebt, und wer zieht im Zweifelsfall den Schwanz ein? Die Antworten überlasse ich gern Ihnen, Sie sind schlau genug, sich diese als Stiefmutter selbst zu geben.

Annette und Ulla sind keine Einzelfälle, sondern nach meiner Erfahrung eher die Regel. Wollen Sie, dass es Ihnen ähnlich geht? Vor lauter Freude, endlich eine glückliche Familie zu werden, geben Sie nicht nur Ihre Freiheit, sondern auch (mit Freuden) Ihre 3-Zimmer-Wohnung auf, um sich künftig mit Ihrem über alles geliebten Partner eine Schlafkammer zu teilen? Nur zu, wenn es Sie glücklich macht. Glück hängt schließlich nicht von der Quadratmeterzahl ab, sagen Sie? Wenn Sie das so sehen …

Erlauben Sie mir zu fragen, wo sie dann demnächst Ihre Schuhsammlung aufbewahren, Ihre Bücher, Ihre Ordner und Ihre antike Gläsersammlung. Ach, alles im Schlafzimmer? Na, das muss ja riesig sein. Nicht? Erlauben Sie mir auch zu fragen, wie sexy Sie ein vollgestopftes Mini-Schlafzimmer finden, in dem regelmäßig zwei Wäscheständer stehen, weil es keinen anderen Platz dafür in der Wohnung gibt? Wie sexy finden Sie ein Mini-Schlafzimmer mit Büro-Charakter, Trockenraum-Charme und der Nacht für Nacht am Bettrand stehenden und heulenden Stieftochter? Glauben Sie wirklich, dass Sie das länger als ein halbes Jahr durchstehen, ohne Schaden zu nehmen?

Denken Sie noch mal an Ihre Vision einer glücklichen Familie mit Ihnen als Familienoberhaupt. Kommt darin vor, dass Ihr Lebensraum sich auf sechs Quadratmeter (die anderen sechs gehören im Schlafzimmer Ihrem Partner) plus Küche (die macht Ihnen keiner streitig) reduziert? Wenn Sie all diese Fragen mit einem klaren Ja beantwortet haben, sind Sie auf dem direkten Weg in die Nervenheilanstalt. Oder Sie sind die Reinkarnation von Mutter Theresa. Wenn Sie eine oder mehrere Fragen mit Weiß nicht oder Nein beantwortet haben, verstehen wir uns. So funktioniert es nicht. Wenn Sie Ihren Mann und Ihre Stiefkinder im Prinzip lieben und diese Zuneigung auf einer gewissen Gegenseitigkeit beruht, haben Sie die Kraft dafür zu sorgen, dass Sie das Familienoberhaupt bleiben. Und ein solches haust nicht auf acht Quadratmetern im Hinterzimmer.

Schlimm genug, dass Sie kein eigenes Zimmer mehr für sich allein haben (warum eigentlich nicht?!), aber wenn Sie Raum und Bett mit Ihrem Partner teilen, dann bitte so, dass Ihre Schuhsammlung einen angemessenen Lebensraum für sich beanspruchen kann. Sie glauben gar nicht, wie wichtig das für die kommenden entbehrungsreichen Jahre als Stiefmutter ist. Mein Tipp: Nehmen Sie die Stiefkinder bei der ersten Wohnungsbesichtigung nicht mit. Wäre noch schöner, wenn diese bei der Zimmerverteilung mitzureden hätten. Nein, erst sind Sie an der Reihe. Markieren Sie den schönsten und größten Raum für sich, alles Weitere wird sich finden und hat sich unterzuordnen. Es geht nichts über ein gerüttelt Maß Autorität.

Wie Sie dafür sorgen, dass der Kühlschrank immer voll ist

Hunger! Ich stehe vor dem Kühlschrank und starre in das gleißende Licht, das auf das leere Innere fällt. Wo sind die leckere Salami, die gesalzene Butter, der französische Käse? Auch die Avocado, die gerade den richtigen Reifegrad hatte, hat sich in nichts aufgelöst. Mein Magen grummelt. Wenn ich hungrig bin, stürzt mein Launepegel in Raketengeschwindigkeit in den Keller. Leider ist gerade kein Kind greifbar, das ich beschuldigen kann, sich über meine Vorräte hergemacht zu haben. Klar, die Lebensmittelvernichter haben sich nach einer ausgedehnten Mahlzeit verflüchtigt. Mir bleibt nur das Radieschen, das einsam und allein im Gemüsefach vor sich hin gammelt.

Früher war alles besser, als ich noch allein gewohnt habe. Ich und mein Kühlschrank, wir waren so was von dicke, waren wir. Einmal in der Woche habe ich meinen liebsten Joghurt, Schinken und Käse, Schokolade und Saft gekauft. Den Rest der Woche bin ich nie in Panik geraten, wenn ich an Essen gedacht habe. Nein, stellen Sie sich vor, ich bin zum Kühlschrank gegangen, habe ihn geöffnet, mir etwas Leckeres herausgenommen und gegessen.

Was für ein Luxus das war, merke ich jetzt, seit ich mit meiner Bonusfamilie zusammenwohne. Entweder ist der Kühlschrank leer, so wie heute, oder er ist vollgestopft bis in die letzte Ritze und die Kinder jammern, dass es nichts zu essen gibt, während ich in den Unmengen aufgerissener Verpackungen nach meiner Salami fahnde (die natürlich als Einziges bereits verspeist wurde). Eine regelmäßige Nahrungsaufnahme angesichts meiner hungrigen Stiefkinder ist nicht mehr gewährleistet.

Wenn Sie finden, dass ich als Stiefmutter selbst schuld bin, weil ich meinen Haushalt nicht im Griff habe – bitte, wenn Sie meinen, dass das meine Aufgabe ist. Ich sehe das anders. Nur weil wir uns eine Wohnung teilen, bin ich nicht automatisch zur Putz-, Einkaufs- und Kochfee mutiert. Doch, finden die Kinder. Ich gebe zu, anfangs habe ich sie zu sehr verwöhnt. Es machte schließlich Riesenspaß, einen großen Einkauf zu machen und nachher schön zu kochen und mit meiner neuen Familie gemütlich am Küchentisch die Pasta zu vertilgen. Natürlich habe ich hinterher noch aufgeräumt; die anderen hatten zu viel gegessen, um noch einen Finger zu rühren.

Bss bss bss – finde den Fehler! Sie haben ihn längst entdeckt, nicht wahr? Mir dämmerte leider erst nach Monaten, dass etwas schiefläuft in meinem neuen Familienleben. Sagen wir so: Wenn die Halbwertszeit einer Ananas im Kühlschrank kürzer ist, als ein Kind unter der Dusche steht, dann besteht dringender Handlungsbedarf.

Es geht um meine und Ihre physische Gesundheit als Stiefmutter, deren Erhalt für die Sippschaft von Bedeutung ist. Nur eine satte Bonusmutter ist eine gute Bonusmutter (und geht dann wieder willig einkaufen und anschließend in die Küche zum Kochen).

Ich habe eine Freundin, die ihre Lieblingswurst regelmäßig unter dem Bett versteckt, seit sie mit zwei Stiefkindern und nur einem verfügbaren Kühlschrank unter einem Dach lebt. Ungelogen! Wenn alle im Bett sind, zieht sie die Wurst hervor und lässt es sich schmecken.

Es soll auch Stiefmütter geben, die ein Kettenschloss um den Kühlschrank legen. Kann man machen, aber schön ist es nicht. Meine Methode sieht anders aus: Erst lasse ich die Kinder leiden –

sie stehen nachher genauso hungrig vor dem leeren Kühlschrank wie ich jetzt. Und Kinder sind schlau, vor allem, wenn der Magen zwickt. Ich gehe jetzt rüber zum Asiaten, Ente kross gebraten mit Reis und rotem Curry. Lecker! Danach gehe ich zum Sport, wegen der erhöhten Kalorienzufuhr dauert es heute länger. Auf dem Rückweg genehmige ich mir noch ein schönes Zitroneneis. Man gönnt sich ja sonst nichts. So gestärkt kehre ich am Abend zurück. Ich wundere mich nicht, dass die Kinder maunzend wie Kätzchen an der Tür stehen, um mich zu begrüßen. Der Hunger ist ihnen in ihre ausgemergelten Gesichter geschrieben. »Hast du uns was mitgebracht?«

»Nein, hab ich nicht? Wieso?«

Mein unschuldiges Gesicht lässt sie verzweifelt aufschreien. »Es ist gar nichts mehr zu essen da.«

»Ach herrje, wie konnte das bloß passieren!«

So schnell und so viel haben die drei noch nie Lebensmittel herangeschafft wie an diesem Tag. Die Grundlage ist gelegt für meine goldenen Zeiten als Stiefmutter. Seit ich nicht mehr rattere und ackere wie ein aufgezogenes Duracell-Männchen, schauen die Kinder täglich mehrfach und voller Misstrauen in den Kühlschrank. Ist noch Käse da? Wie viele Eier haben wir noch? Könnte die Milch bald ausgehen?

Von der Sorge getrieben, der Kühlschrank könnte wieder leer werden und der Hunger ein bis dahin ungekanntes Ausmaß annehmen, habe ich eifrige Einkäufer akquiriert. Sie arbeiten vorausschauend und ohne zu murren. Sie trainieren fast täglich ihre Bein- und Armmuskulatur – und ich habe ein sorgenfreies Leben inklusive meines geliebten Lieblingsjoghurts. Also, halten wir fest: Eine Stiefmutter lehrt ihre Kinder Hilfe zur Selbsthilfe. Daraus wird für beide Seiten eine echte Win-win-Situation, die für volle Kühlschränke und Mägen sorgt.

Wie Sie immer die Erste im Bad sind

Ein Mann, eine Frau, drei Kinder – und alle wollen morgens zur selben Zeit ins Bad. Es gibt aber nur eins. Das bedeutet jeden Morgen Stress. Einer muss pinkeln, zwei müssen Zähne putzen, einer will duschen, eine will sich schminken. Nein, es passen nicht alle gleichzeitig in die 6-Quadratmeter-Nasszelle. Außerdem gibt es gewisse Befindlichkeiten. Wer will schon seiner Stiefmutter zusehen, wenn sie auf dem Klo sitzt? Ich kann auch gut und gern auf Zuschauer beim Zähneputzen verzichten. Als Stiefmutter hat man an Würde verloren, wenn die Kinder dabei zusehen, wie man allmorgendlich den Mund in die Breite zieht, damit die elektrische Schallzahnbürste wirklich überall hinkommt, wo Karius und Baktus auf der Lauer liegen und nur darauf warten, dass Sie nicht gründlich putzen.

Kennen Sie das auch – Sie liegen im Bett mit prallvoller Blase und denken schon seit einer Viertelstunde: Gleich steh ich auf und gehe auf die Toilette. In dem Moment, wo sie sich endlich aufraffen und die Decke aufschlagen, hören sie dieses quietschende Geräusch, wenn jemand die Badezimmertür zusperrt. Quietsch, quietsch. Abgeschlossen.

Verdammt! Wer war das? Vermutlich Ihre Stieftochter Jennifer, die jetzt in aller Ausgiebigkeit duscht, bis das warme Wasser aufgebraucht ist. Anschließend stylt sie sich eine halbe Stunde Minimum die Haare, und dann muss sie sich noch diese Monsteraugenbrauen schminken, die zurzeit in sind und aussehen wie diese schwarzen Balken, die man Leuten in Zeitschriften vor das Gesicht klatscht, damit sie nicht zu erkennen sind. Okay, das wird jedenfalls dauern. Sie lassen sich zurück in Ihre Kissen fallen, was anderes bleibt Ihnen eh nicht übrig, oder?

Sie hätten natürlich um fünf Uhr in der Früh aufstehen können, da hätten Sie das Bad für sich allein gehabt. Selbst schuld, wenn Sie stundenlang im Bett herumdümpeln und nicht in die Gänge kommen. Während Jennifer das Bad blockiert, können Sie das Frühstück vorbereiten, dann geht nachher alles schneller. Was für eine umsichtige Stiefmutti Sie sind. Gratuliere!

Blöd nur, dass Sie nicht mitgekriegt haben, dass Ihr Stiefsohn Marius sich an der Küchentür vorbeigedrückt hat, während Sie den Tisch gedeckt haben. Er schlüpft ins Bad, als Jennifer es nach einer gefühlten Stunde wieder freigibt. Quietsch, quietsch, es ist wieder abgeschlossen. Mann, das tut weh, wenn die Blase drückt. Sie können zur Ablenkung Kaffee und Tee kochen. Nach und nach trudelt die Bagage in der Küche ein und fällt über das Frühstück her.

Sie waren noch immer nicht auf der Toilette. Gekonnt übersehen Sie Jennifers übellaunige Morgenmiene, überhören ihren Kommentar zu Ihren ungekämmten Haaren. Sie servieren Marius ein gekochtes Ei und eine Honigstulle, die mag er so gern. Und als endlich alle versorgt sind, gehen Sie ins Bad. Geflissentlich heben Sie die achtlos hingeworfenen und patschnassen Handtücher auf und hängen sie an die dafür extra angebrachten Haken.

Ich finde das echt toll, dass Sie so geduldig sind und kein Problem damit haben, dass Ihre Blase fast geplatzt wäre. Nein, Sie haben wieder einmal bewiesen, was für eine tolle Stiefmutter Sie abgeben. Toll vor allem für die anderen. Und wie ist es für Sie selbst? Beim Schreiben dieser Zeilen habe ich Bauchschmerzen bekommen, nicht nur wegen des drängenden Klogangs, sondern weil Sie nicht mitkriegen, was hier eigentlich los ist. Eine Familie ist keine Klosterschule. Es ist ein Wolfsrudel, das wie in einem Zoo auf engem Raum zusammenlebt, ein Abwandern ist nicht möglich. Darum muss eine Hierarchie entstehen, mit der sich alle arrangieren.

Wenn Sie sich da ganz unten einsortieren – bitte schön, Ihre Entscheidung. Keiner wird Ihnen diese Position streitig machen. Einer muss eben den untersten Rang haben in so einem Verband. Aber

Sie sollten bedenken: Eine Stiefmutter sollte ihr Rudel gemeinsam mit ihrem Partner anführen. Sie ist das Alphatier und kein Welpe oder Jährling.

Kommen Sie jetzt nicht auf den Gedanken, dass Sie als Leitwölfin Ihr Revier markieren sollen – so weit müssen Sie nicht gehen. Eine gewisse Rangfolge, auch bei der Badbenutzung, sollte allerdings erkennbar sein. Machen Sie Ihrer neuen Familie klar, dass es das wunderbare Frühstück nur noch unter der Bedingung gibt, dass Sie Ihre Blase vorher in aller Ruhe entleeren und Ihre Zähne putzen können. Die liebe Jennifer kann ihre morgendliche Schmink-Arie in aller Ausführlichkeit vor dem Spiegel in ihrem Zimmer ausleben oder sie muss früher aufstehen, viel früher! Legen Sie selbst fest, wann das Bad Ihnen gehört. Setzen Sie sich einmal durch. Sorgen Sie dafür, dass nasse Handtücher nicht auf den Boden geworfen werden, wo sie als Feuchtbiotop für interessante Gerüche sorgen. Seien Sie hartnäckig und konsequent: Sie werden sehen, das wird Ihnen auch bei anderen Dingen im Zusammenleben mit Ihrem Rudel enorm helfen. Ach, und sollten Sie noch nicht mit Ihrer neuen Familie zusammengezogen sein: Achten Sie bei der Suche nach einer geeigneten Wohnung auf eine separate Toilette. Das soll schon Patchworkfamilien gerettet haben.

Wie Sie schmatzenden Kindern Tischmanieren beibringen

Ja, es gibt Verhaltensweisen der Bonuskinder, die eine Stiefmutter zur Soziopathin machen können. Mich nerven maximal schmatzende Kinder am Esstisch. Dieses matschende Geräusch, das beim Essen mit offenem Mund entsteht, wenn die Nahrung zerkleinert und eingespeichelt wird. Brei, Bröckchen, Speichelfäden und der unfreiwillige Einblick in die Mundhöhle des schmatzenden Stiefkindes – nein, das ist nicht das, was ich mir vorgestellt habe.

In meiner Vision einer glücklichen und selbstredend perfekten Patchworkfamilie sitzen wir um einen runden Tisch herum, und alle essen geräuschlos mit Messer und Gabel, während wir uns unbefangen über die Ereignisse des Tages unterhalten. Wie war die Schule? Ach, schon wieder lauter Einsen, prima! Alle sind übrigens begeistert von der Lasagne, die ich in Handarbeit hergestellt habe. Niemand schlürft oder kaut, sodass den anderen der Appetit vergeht. Es ist so gemütlich, dass keiner aufstehen möchte. Und wenn sie nicht gestorben sind, sitzen sie immer noch zusammen und vertilgen die Lasagne. Was für ein Märchen!

Davon hat auch Ulrike geträumt, und jetzt sitzt sie mitten in einem Albtraum allererster Güte. Stieftochter Alice meckert, weil in der Lasagne Tomate drin ist, und wenn sie eines hasst, dann ist es Tomate. Deshalb fliegt das matschige rote Etwas in hohem Bogen aus ihrem Mund auf den Boden. Johannes hingegen liebt es, mit offenem Mund auf den Teigplatten herumzukauen. Das schmatzende Geräusch, das er dabei erzeugt, löst bei Ulrike Gänsehaut aus.

Sie beginnt, ihre Kinder mit anderen Augen zu sehen. Tatsächlich sind sie kleine schmatzende Monster in niedlicher Kindergestalt. Sie sitzen nur mit ihr am Tisch, um sie zu quälen und um ihr die Grenzen ihrer Belastbarkeit aufzuzeigen. Aus keinem anderen Grund. Johannes trommelt mit dem Löffel auf dem Tisch, tock, tock, tock. Seine Schwester trinkt gerade Apfelschorle. Dabei lässt sie etwas breiige Lasagne aus ihrem Mund in die Schorle fließen. Sie stellt das Glas wieder ab, das einen dicken Fettrand hat, dort wo sie es angesetzt hatte. Interessiert betrachtet Alice, wie die Schlieren zu Boden sinken. Ulrike unterdrückt Brechreiz. Der Appetit, den sie beim Kochen entwickelt hatte, ist verflogen. Eins weiß sie sicher:

Lasagne wird sie so schnell nicht wieder zubereiten. Astronautennahrung wäre für Johannes und Alice das Beste. Es würde Ulrike so vieles ersparen. Der Anblick dieser schmatzenden Kinder bereitet ihr Bauchschmerzen.

So kann es also nicht weitergehen. Das Gute am Stiefmutterdasein ist, dass niemand erwartet, dass die Stiefmutter gut ist. Per se ist sie böse, das ist durch die jahrhundertealten grimmschen Märchen so festgeschrieben. Also, was soll's, seien Sie endlich, was Sie sind: eine böse Stiefmutter. Warum? Sie bestehen auf Manieren. Was für ein Grusel! Wenn die leiblichen Eltern mit ihrem liebevollen Auge nicht erkennen, dass ihre Brut mit dem rotzverschmierten Mund, an dem sich Schmodder mit Tomatensoße zu einer grauen klebrigen Masse vermischt, wirklich nicht süß aussieht – dann sind Sie gefragt.

Fassen wir die Lage zusammen: Zunächst einmal hilft, sich von der Vision der glücklichen Familie bei Kerzenschein zu verabschieden. Es gibt sie nicht. Das Leben mit Kindern ist als Mutter oder Stiefmutter, ganz egal, vergleichbar mit einem Leben auf einer Insel, die in ungewissen Abständen von einem Tsunami überrollt wird. Dazwischen haben Sie die Chance, das Beste daraus zu machen. Für das Problem der schmatzenden Kinder haben selbst ernannte Auskenner die absurdesten Tipps. Beispiel gefällig?

In einem Internetforum rät eine Stiefmutter der anderen, sie solle dem siebenjährigen Täter sagen: »Schweine essen bei uns draußen«, Teller nehmen und auf die Terrasse auf den Boden stellen, Kind daneben. Mal ehrlich: Geht's noch? Angeführt werden auch physische Ursachen wie Mundmuskelschwäche – was zum Teufel ist das? Möglich sind auch zu große Polypen oder eine verstopfte Nase oder schiefe Zähne oder ein schwieriges Verhältnis zu Lebensmitteln oder, oder, oder. Sparen Sie sich den Weg vom Kinderarzt über den HNO-Arzt zum Psychologen, der eine Therapie nicht unter hundert Behandlungsstunden verschreibt.

Meine schlichte Diagnose hingegen lautet: akute Schmeckeritis. Die Kinder lieben Ulrikes Lasagne, und das zeigen sie, wenn sie voller Begeisterung reinhauen, als hätten sie nie etwas Besseres zu essen bekommen. Okay, den Tomatenbrei kann Alice selbst aufwischen, darauf würde ich unbedingt bestehen. Fakt ist, dass die Kinder kein Problem mit ihren Tischmanieren haben, sondern nur Ulrike. Wenn sie das Gematsche und Geschmatze nicht erträgt, empfehle ich die Konfrontationsmethode.

Bei der nächsten Mahlzeit setzt sie sich an den Tisch und tut, was sie am furchtbarsten findet. Sie schmatzt so laut, wie es nur geht. Das Besteck rührt sie auch nicht an, wofür hat der Mensch zwei Hände? Haben Sie das mal ausprobiert? Haben Sie in die Augen der Kinder geschaut, die zwischen Fassungslosigkeit und Entsetzen schwanken? Machen Sie weiter, stopfen Sie sich voller Genuss in den Mund, wonach Ihnen ist. Zeigen Sie keine Hemmungen, seien Sie ganz bei sich und Ihrer Nahrungsaufnahme. Übertreiben Sie dabei nicht. Es muss ganz natürlich wirken. Wenn Sie fertig sind, wischen Sie Ihren verschmierten Mund am Ärmel ab, rülpsen Sie ausgedehnt und verlassen danach die Szenerie. Papa kann mit den Kindern den Tisch abräumen.

Vielleicht gönnen Sie sich eine Dusche? Und dann schauen wir, wie die Kinder sich bei der nächsten Mahlzeit benehmen. Ihr Verhalten wird bei Alice und Johannes Wirkung zeigen, glauben Sie mir. Ich habe es ausprobiert.

Wie Sie dafür sorgen, dass immer Geld da ist

Money, money, money, must be funny, in the rich stepmother's world: Frei abgewandelt nach einem Song von ABBA, der mir stets einfällt, wenn ich in meinen leeren Geldbeutel schaue. Früher, als ich noch allein vor mich hingelebt habe (wie langweilig!), wusste ich immer, wie viel Geld ich noch für den Rest des Monats hatte. Komisch, seit ich als Stiefmutter lebe (wie spannend!), habe ich keinen Plan und keine Kohle mehr. »Hast du drei Euro für ein Brot?«, »Kannst du mir Geld geben für eine Fahrkarte, Papa ist gerade nicht da?«, »Ich brauche dringend einen Schnellhefter, leihst du mir was?«

Aber klar doch, mach ich gern! Der Kakao ist aus? Kein Problem, ich lauf schnell los und hol welchen. Dann kann ich gleich noch gesalzene Butter und frisch gefangenen Lachs mitbringen. Zur Freude der Stiefkinder, die ein Faible für besondere und besonders teure Lebensmittel haben.

Als Stiefmutti bin ich ein offener Geldbeutel. Wenn mein limbisches System mir signalisiert, dass ich die Bonusfamilie glücklich kaufen kann, dann mache ich das, ohne einmal mit dem Geldschein zu zucken. Ist egal, wenn ich mir meine heiß geliebte Nachtcreme diesen Monat nicht mehr leisten kann. Hauptsache, die Beutekinder sind glücklich. Es ist auch nicht so, dass sie mich ausnutzen. Nein, so sind sie nicht. Eher: gedankenlos. Geld war immer da, wieso sollte das jetzt anders sein? Papa zahlt auch gern mehr als nötig. Und wer möchte schon als Geizkragen vor den Kindern dastehen?

Nein, ich zücke die Scheine, wann immer danach gefragt wird: Ein Eis? Logisch! Neue Turnschuhe? Unbedingt nötig! Ein Computerspiel? Aber ja, vielleicht können wir zusammen spielen? Ach nein, das will der geliebte Bonussohn lieber mit seinem besten Kumpel allein machen? Auch gut. Ach, ich bin so gechillt, so großzügig und so wahnsinnig beliebt bei meinen Stiefkindern. Läuft wie geschmiert.

Bis die Ebbe in meinem Portemonnaie dem limbischen System signalisiert, dass etwas außer Kontrolle geraten ist. Sie haben es natürlich längst erkannt. Sobald die Geldquelle versiegt, lassen auch die liebsten Stiefkinder ihre Bonusmutter hängen und wenden sich hoffnungsvolleren Projekten zur Ausbeutung zu (Oma, Opa, Patentante, Tante, Onkel – genau in der Reihenfolge. Sie haben sicher registriert, dass immer zuerst die Frauen dran sind. Das könnte Ihnen zu denken geben.)

Es ist verdammt vertrackt: Einerseits wollen Sie die gute, großzügige, gar spendable, coole Stiefmutter sein, andererseits wissen Sie genau, dass es so nicht funktioniert. Ihr Geldvorkommen ist endlich, und zwar schon Anfang des Monats, wenn Sie so weitermachen wie ich. Es tut mir leid, wenn ich Ihnen ausnahmsweise die bittere Wahrheit nahebringen muss: Erstens ist es den Kindern herzlich egal, ob Sie Geld haben oder nicht. Es ist nicht der Grund, warum sie Ihre Bonusmutter mehr oder weniger mögen. Zweitens werden die Gören schnell unzufrieden, wenn sie feststellen, dass der Geldfluss versiegt. Dankbarkeit für die neuen Turnschuhe, das Computerspiel, das Eis oder den schweineteuren 3-D-Kinobesuch? Können Sie vergessen.

Was zählt in der Welt des Kindes sind einzig und allein das Jetzt und Hier sowie das Vorhandensein der (finanziellen) Möglichkeiten, die Gegenwart nach den eigenen Wünschen sofort und ohne Einschränkungen zu gestalten. Punkt! Wenn Sie dabei unterstützend wirken, ist das prima, aber morgen bereits wieder vergessen. Insofern überdenken Sie gut, wie viel Ihrer Ressourcen Sie einbringen wollen, um das Kind für fünf Minuten glücklich zu machen. Ist die Jacke die 90 Euro wirklich wert? Oder fliegt sie gleich morgen in die hinterste Ecke, weil ein anderes – neues – Kleidungsstück her muss, ohne das das seelische Gleichgewicht des Kindes gestört ist. Wenn nicht, müssen Sie das maulige Gesicht fünf Minuten ertragen. Das vergeht wieder.

Mein naheliegender Tipp für Sie: Haben Sie kein Bargeld mehr. Wenn Sie kein Geld zu Hause haben, können Sie den Kindern auch nichts geben, und Sie glauben gar nicht, wie schnell sie sich daran gewöhnen, dass bei Ihnen nichts zu holen ist. Umso größer ist die Freude, wenn Sie dann doch ein Scheinchen zur freien Verfügung stellen. Ausnahmen sind immer viel mehr wert als Alltag. Zelebrieren Sie das Eisessen, das neue Computerspiel, die neuen Turnschuhe.

Übrigens habe ich die schönsten Erlebnisse mit meiner Familie nie gehabt, wenn sie teuer waren. Vergleichen Sie die öde Langeweile im All-inclusive-Hotel mit dem Abenteuerurlaub mit Rucksack und Zelt durch die Berge. Im Moment ist Letzteres anstrengender und kräftezehrender, aber im Nachhinein werden Sie noch jahrzehntelang von den aufgescheuerten Füßen und den Nacktschnecken im Tümpel, durch den sie gewatet sind, erzählen – das verbindet. Nicht die schlabberwarme Cola aus dem Pappbecher, die man mit den Kindern auf der Liege am Pool trinkt, während man das Grillhähnchen in der prallen Sonne gibt.

Wie Sie dafür sorgen, dass Sie jeden Tag eine warme Mahlzeit bekommen

Wichtig ist: Eine satte Stiefmutter ist eine starke Stiefmutter. Swenja ist der Appetit in letzter Zeit vergangen. Ihr Bonussohn Tommi spielt Scheibe. Gepflegtes Mobbing, sag ich: Bei jedem Gericht, das sie ihm voll stiefmütterlicher Liebe vorsetzt, befindet er: zu scharf, zu heiß, zu irgendwas – in jedem Fall ungenießbar und eine Zumutung. Gut für Swenjas Waage, schlecht für ihr seelisches Gleichgewicht. Immer hat sie davon geträumt, für ihre Familie zu kochen und sie so glücklich zu machen. Und jetzt boykottiert Tommi jede Gurkenscheibe, als befürchte er, vergiftet zu werden. Vielleicht auch kein Wunder, wenn man die inzwischen deutlich verkniffene Miene von Swenja beim Abendbrottisch beobachtet. Sie guckt so böse wie ein Polizist bei der Verkehrskontrolle.

Bis sie endlich zu Messer und Gabel greift, ist die Pasta längst kalt und Tommi in seinem Zimmer verschwunden. Bestimmt stopft er die fettigen Chips in sich rein und spült sie mit Cola runter. Dabei hatte Swenja sich so eine Mühe gegeben. Eigentlich mag Tommi ihr selbst gemachtes Pesto mit Parmesan und Pinienkernen. Früher hat er das jedenfalls behauptet. Swenjas Gedanken kreisen nur um eins: Wie gestaltet sie das Zusammenleben mit Tommi und die gemeinsamen Mahlzeiten für beide Seiten zufriedenstellend? Der Vater ist mal wieder keine Hilfe, er sieht – wie immer – keine Probleme, kann doch jeder essen, was er will. Er versteht überhaupt nicht, was hinter dem Essensboykott von Tommi steckt und was er mit Swenja macht, die gehofft hatte, ein halbwegs normales Familienleben mit gemeinsamen Mahlzeiten im gemütlichen Kerzenschein zu führen. Pustekuchen! Daraus wird in absehbarer Zeit nichts. Was aber nicht an mangelnden Kochkünsten, sondern an der bockigen Haltung von Tommi liegt.

Da hilft nur eins: Swenja sollte sich von ihrem Traum der harmonischen Familienmahlzeiten verabschieden. Soll Tommilein sich seine Chips in den Mund schieben, wenn es außer Swenja keinen stört. Das ist ihre Chance, denn sie muss keine Rücksicht mehr nehmen auf Vorlieben, Essenszeiten oder Einkäufe. Seitdem schlemmt Swenja wieder nach Herzenslust, was sie mag – und zwar auf der Couch vor der Glotze: Fisch, Olivenpaste, Tomatencremesuppe, Schokoladenpudding. Nein, sie ist nicht schwanger, nur befreit von der Last, eine gute Stiefmutter sein zu müssen, die jeden Tag eine warme Mahlzeit für die Bonusbrut auf den Tisch bringen muss.

Anders sieht es bei Ihnen aus, habe ich recht? Sie trauen sich nicht, konsequent zu sein, aus Sorge vor Liebesentzug und Scheitern. Kann ich verstehen. Wirklich! Wer als Frau das Projekt Patchworkfamilie engagiert angeht, hat Skrupel. Wer will an einer schlichten warmen Mahlzeit pro Tag scheitern? Denken Sie nach:

die Kids natürlich, die Ihnen jeden Abend deutlich zeigen, was sie von der neuen Lebenskonstellation halten – und von Ihnen. Davon lassen Sie sich nachhaltig beeindrucken? Selbst schuld, wenn Sie sich so leicht in die Suppe spucken lassen. Haben Sie zig Erziehungsratgeber gewälzt und versucht, die lieben Kleinen in die Kochprozedur einzubeziehen. »Was möchtest du heute essen?« kommt rüber wie »Was darf ich dir, mein geliebtes Stiefkind, heute demütigst servieren? Ach, du willst nicht, dass ich – die böse Stiefmutti – dir den Teller fülle?« Schluchz, schluchz, heul. Auch eine Methode, sich selbst an den Katzentisch zu verbannen. Das können wir Frauen am allerbesten.

Ich rate Ihnen hingegen zum Kochstreik. Stellen Sie alle Bemühungen sofort ein. Legen Sie den Kochlöffel beiseite und gehen zu Ihrem Lieblingsitaliener um die Ecke, allein. Genießen Sie die besten Tagliatelle in Weißweinsoße, die nicht mal Sie so gut hinkriegen, und trinken Sie dazu das eine oder andere Gläschen Roten. Danach sieht die Welt viel entspannter aus. Anschließend verkünden Sie Mann und Kindern, dass die Küche künftig ihnen gehört. Sie haben für die nächsten Monate einen Yogakurs gebucht, der all ihre Kapazitäten in Anspruch nimmt. Das Gleichgewicht geht vor.

Bitte berichten Sie mir, was dann passiert ist. Hat Ihre Bonusfamilie fortan am trockenen Brot genagt? Begleitet von Leitungswasser? Oder hat sie sich am Herd emanzipiert und versucht, zwischen Topf und Pfanne zu unterscheiden? Ich vermute, das Gejammer hat Ihnen arg zugesetzt. Da Sie seelisch stark durch die Yoga-Mantra-Übungen geworden sind, halten Sie durch. Bis aus dem Gejammer Aktionismus und aus dem Aktionismus ein Küchenplan mit täglich wechselnden Gerichten geworden ist. Spitzenmäßig und ganz ohne Ihr Zutun.

Eine böse Stiefmutter kriegt täglich eine warme Mahlzeit, ohne einen Finger zu rühren. Und Ihrem Partner können Sie das ruhig als Erziehungskonzept verkaufen, schließlich lernen die Kinder, selbstständig zu sein. Yogis empfehlen übrigens, beim Essen ein

Mantra zu schmettern, das verleihe der Speise einen besonderen Zauber und öffne die Herzen. Zu esoterisch für Ihren Geschmack? Gut, ich will Sie nicht länger zuquatschen, Sie haben Yoga-Kurs? Viel Spaß – bringen Sie Ihr Anahata-Chakra so richtig zum Klingen.

Wie Sie Haustiere aller Art hegen: Kanarienvögel, Geckos oder Hamster – kein Problem!

Oh weia, Friedas Hamsterchen ist heute Morgen mit einem tränenden roten Auge aus seinem Nest gekrochen. Das ist der Super-GAU nicht nur für Frieda, die gerade bei ihrer Mutter ist, sondern auch für Sie als Stiefmutter. Denn wenn Hamsterchen stirbt, wird Frieda nicht mehr so gern zu Ihnen und ihrem Vater kommen wollen. Hamsterchen ist ein wichtiger Beweggrund, warum Frieda sich in ihrer neuen Familie so toll eingelebt hat und sogar Sie, die böse Stiefmutter, akzeptiert. Immerhin kümmern Sie sich rührend um Hamsterchen, wenn Frieda nicht da ist – was ungefähr zwei Drittel des Monats ausmacht. Jetzt jedenfalls hat Hamsterchen ein krankes Auge, und Google-Recherchen haben ergeben, dass die Ursache eine Entzündung im, am oder hinter dem Auge sein kann, auch ein Tumor kommt infrage. Große Güte! In zwei Tagen ist Frieda wieder da, und wenn Hamsterchen bis dahin tot ist, gestorben an einem Hirntumor, bricht ihre glückliche Patchworkfamilien-Welt zusammen.

Keine Frage, Sie müssen SOFORT in die Tierklinik am anderen Ende der Stadt, denn dort gibt es einen Augenspezialisten für Kleintiere. Koste es, was es wolle: An Hamsterchens Gesundheit hängt

Ihr Lebensglück. Keine Frage, dass Sie ihn mitsamt seinem Nest im Käfig warm einpacken und durch Schnee und Kälte dorthin transportieren, wo ihm – hoffentlich – geholfen wird. Die Hysterie, mit der Sie Ihrem Mann die fatale Lage erläutern (schreiend), ist vollkommen angebracht. Seltsam, dass er nicht versteht, warum ein Ersatz-Hamster eben nicht Hamsterchen ist und weshalb das Leben von Hamsterchen Ihr aller Leben beeinflusst. Vollkommen richtig auch, dass Sie verlangen, dass Ihr Partner mit in die Tierarztpraxis am anderen Ende der Stadt mitkommt. Weil Sie nervlich so am Ende sind, dass Sie den Weg dorthin nicht allein schaffen. Übersehen Sie Stirnrunzeln und fahren Sie sofort los. Jede Minute zählt bei der Rettung Ihres Familienglücks.

Zweifellos sollten Sie jeden Strohhalm ergreifen und Hamsterchen für mehrere Hundert Euro operieren lassen, falls es sein muss – Sie wissen, dass es um das große Ganze geht.

Anders ist die Situation bei Erik, der seinen geliebten Kanarienvogel beim Wechsel zwischen den beiden elterlichen Wohnungen immer mitnimmt. Das Tier heißt Konstantin und zwitschert von früh bis spät in seinem Käfig. Natürlich kann er da nicht immer drin sitzen. Deshalb lässt Erik ihn gern durch die Wohnung fliegen. Da sollten Sie nicht kleinlich sein, wenn er im Tiefflug kackt und so Ihr neues Sofa beschmutzt. Das ist schnell weggewischt, nicht wahr? So ist es eben, wenn man Kinder hat. Das Geflatter macht Sie nervös? Nein, ich bitte Sie, lassen Sie das Fenster zu. Sie haben doch gerade gelesen, was so ein Haustier für das Gefüge, in dem Sie leben, bedeutet: Alles für Ihr Dasein als Stiefmutter.

Das Stichwort lautet Toleranz. Davon haben Sie jede Menge. Sonst hätten Sie sich nie darauf eingelassen, dass Kanarienvogel Konstantin auf dem Küchenschrank sitzt, auf Sie hinabblickt und – Sie haben es genau gehört – sich tschilpend über Sie lustig gemacht, als er da oben ein Häufchen setzt. Wie Sie da hinaufkommen, um das wegzumachen? Keine Ahnung. Ich weiß nur: Manche Stiefkinder haben noch ganz andere Haustiere. So wie Milena. Das fünf mal zwei Meter große Terrarium in Ihrem Wohnzimmer hat den großen Esstisch längst verdrängt, an dem Sie mit Ihrer Familie so gern essen wollten. Aber in Milenas Zimmer hatte es beim besten Willen keinen Platz. Der exotische Blickfang ist so faszinierend, dass Sie, seit es da steht, nie wieder Fernsehen geschaut haben. Und nachts träumen Sie von den Reptilien, die Ihnen in Ihr Bett gefolgt sind – weil Milena den Deckel nicht richtig zugemacht hat. Zwei Geckos und ein hungriger Königspython sitzen auf Ihrer Bettdecke. Sie müssen gefüttert werden. Ja, tatsächlich mit toten Heuschrecken, Insekten und Spinnentieren. Es gibt auch Frostfutter, ich erspare Ihnen die Details. Der Königspython hätte es jedenfalls auf Hamsterchen abgesehen, das können Sie mir glauben.

Kommen Sie jetzt nicht auf den Gedanken, so zwei Fliegen (respektive ein Hamsterchen) mit einer Klappe beziehungsweise einem Königspython zu erledigen. Jeder Stiefmutter Ihr Plaisirchen, äh, Tierchen. Mir hat mal eine schlaue Beraterin gesagt: »Jede Mutter kriegt das Kind, das zu ihr passt.« Abgewandelt sage ich Ihnen: »Jede Stiefmutter kriegt das Haustier, das zu ihr passt.«

Nach zwei Meerschweinchen, einem Hasen, vielen Fischen und zwei Katzen wünschten sich meine Kinder einen Hund, ein Pferd, einen Esel – kein Problem, finde ich, wenn man eh schon in einem Zirkus lebt. Das Chaos könnte nicht mehr größer werden, und Sie wissen um die Anziehungskraft. Dazu kommt die pädagogische Wirkung: Die Stiefmutter, nein, die Kinder lernen, sich um Lebewesen zu sorgen und zu kümmern. By the way: Hamsterchen geht es gut. Es war eine Bindehautentzündung und kein Tumor. Als Milena wiederkam, drehte er munter seine Runden im Hamsterrad, und alle schauten glücklich zu. Die 120 Euro für die Tierarztrechnung sind angesichts dieses Anblicks längst vergessen.

8.

Wie Sie niemals die dreckige Wäsche waschen müssen

Ich gebe es zu: Ich habe jahrelang voller Aufopferung und in Ermangelung einer denkbaren anderen Perspektive die Wäsche von Mann und drei Kindern gewaschen. Sie können sich denken, was da Tag für Tag (eigentlich im Stundentakt) anfällt. Unterwäsche, Sportklamotten, Hemden, Hosen, Kleider, Bettwäsche (fatal, wenn ein Kind jede Nacht Nasenbluten hat, während sich das zweite wegen nervösen Magens gern auch übergibt), Handtücher, T-Shirts, Pullover. Der Textilberg vor der Waschmaschine nahm nie ein Ende. Erst nach einiger Zeit habe ich erkannt, dass das etwas mit dem Wechselmodell zu tun hat, das wir mehr oder weniger erfolgreich praktizieren. Denn an dem Tag, an dem meine Stiefkinder zu ihrer Mutter gingen, hinterließen sie mir einen mindestens ein Meter hohen Wäscheberg, der gleichzusetzen ist mit dem Inhalt ihres gesamten Kleiderschranks. Brav wusch ich alles durch, hängte auf, trocknete, legte ordentlich zusammen und sortierte die Klamotten zurück in den Schrank. Bis die beiden wiederkamen und das Ritual sich wiederholte. Woche für Woche.

Aber was passiert da eigentlich? Jeden Tag ziehen sie aus den Fächern, was ihnen gerade attraktiv zum Anziehen erscheint, abends werfen sie die Klamotten ab, und sie landen auf dem Boden vor dem Bett. Nein, ich mache keine Zimmerkontrollen. Sie sind alt genug, um zu entscheiden, ob sie gern durch stinkige Socken und alte Unterhosen durch ihr Zimmer waten. Am nächsten Morgen treten sie wieder an den Schrank und wühlen sich durch Shirts und Hosen, bis sich etwas Passendes findet. Der Rest landet auf der Erde. So geht es, bis der Aufenthalt sich dem Ende zuneigt. Am letzten Tag heben sie den ganzen Berg auf und werfen ihn unsortiert vor die Waschmaschine.

Und da steht bereit, na, wer wohl? Die Stiefmutter mit der Waschmittelflasche im Anschlag, und los geht's – es macht so viel Spaß, für Ordnung und duftende blütenreine Wäsche zu sorgen. Man hat eine Aufgabe, man bringt sich ein. Leider schaffen die Kinder es nicht, ihre Hosentaschen zu entleeren, aber das mach ich gern: Kaugummipapiere, Nüsse, Fahrkarten und Essensmarken, Einkaufszettel, Hausschlüssel – Sie glauben gar nicht, was sich da so alles einfindet. Einmal habe ich sogar eine Schnecke entdeckt – in der Gesäßtasche. Die Schleimspur an meiner Hand war leicht abzuwaschen, aber der Schock saß tief. Ich wusste: So kann es nicht weitergehen. Es gibt Grenzen. In Wäschestreik treten? Zu einfach. Das macht keinen guten Eindruck: Wenn die Stiefmutter die Arbeit verweigert, wirkt sie wie ein kleines störrisches Kind, das seinen Schlafanzug nicht waschen will, weil er so schön vertraut riecht. Nein, subtilere Methoden machen mehr Spaß und sind von nachhaltiger Wirkung gekrönt.

Meine Freundin Birgitta leitet eine Werbeagentur, hat zwei Stieftöchter und keine Zeit für Stiefmutter-Allüren und lästige Wäsche-Machtspielchen. Darum hat sie den direkten Weg gewählt und jedem Kind und ihrem Mann (den sollten Sie keinesfalls vergessen!) in dem gemeinsamen Haushalt zwei Dinge zur Verfügung gestellt: eine Wäschebox und einen Wäscheständer. Jetzt wäscht jeder seine Sachen selbst (auch der Mann, der zunehmend staunt, was da alles so zusammenkommt, aber wem sagt er das?), und Birgitta hat nach ihrem Fulltime-Job mehr Zeit für Tennisstunden. Das ist der Grund, warum sie neuerdings viel entspannter nach Hause kommt und viel mehr Lust hat, mit den lieben Kleinen noch eine Partie Backgammon zu spielen.

Zugegeben, die Kinder haben das mit der kleinen Haushaltsführung noch nicht so richtig im Griff, und das Smartphone hat nach dem 60-Grad-Buntwäsche-Programm keinen Mucks mehr von sich gegeben. Dafür hat die Bankkarte von der Großen Eins A durchgehalten und kam ohne Kratzer nach dem Kochprogramm frisch gewaschen wieder aus der Trommel. All das ficht meine Freundin Birgitta nicht an. Sie setzt auf eigenverantwortliches Handeln, sehr fortschrittlich und für sie selbst ungeheuer entspannend. Nichts für mich.

Ich finde, ein bisschen Spaß muss sein. Haben Sie schon daran gedacht, nicht mehr in die klebrigen Hosentaschen zu greifen, sondern zu waschen, was Ihnen hingeworfen wird (natürlich mit vorherigem Warnhinweis, was sich alles nicht gut waschen lässt, inklusive Powerbanks, Bluetoothboxen, Nacktschnecken oder Monatskarten)? Sagen wir so: Ich habe immer wieder darüber gestaunt, welche Dinge so einen Komplettwaschgang mit Vorwäsche schadlos überstehen (ungelogen: Personalausweis, Führerschein vom Mann, Schlüssel) und welche nicht (20-Euro-Schein – zerfetzt, Fahrkarte – unleserlich, Messer – verbogen und verrostet). Seit ich die Wäsche allerdings auch noch unsortiert in die Trommel geschoben und bei – wegen unüberriechbarer Geruchsbelästigung – 60 Grad gewaschen habe, lässt mich meine Familie nicht mehr ans Gerät.

Sie fragen warum? Ich auch! Was kann ich denn dafür, wenn der rote Pullover alle weißen T-Shirts der Herren der Schöpfung in ein Zartrosa getaucht hat? Die Jungs sahen prima aus, so brav, genauso wie es mir gefällt. Ich habe Wäschewaschverbot wegen Kompetenzversagens. Nun denn, es gibt noch so viele andere Dinge in meinem Haushalt zu tun, die ich in den vergangenen Jahren stiefmütterlich vernachlässigt habe.

Warum Ihre Stiefkinder immer eilfertig den Müll runterbringen

Ich frage Sie: Warum sollten Ihre Kinder immer voller Freude den stinkigen Müll zur Tonne bringen? Sie glauben wohl, ich hätte auf jede doofe Frage und für jede blöde Aufgabe die richtige Antwort? Stimmt. Nach Jahren der Entbehrung, des Leidens, des Aufopferns – schlicht: nach Jahren des Stiefmutterdaseins – kenne ich jeden Trick und jeden Tipp, wie Sie sich Ihr Leben angenehm gestalten können. Dazu gehört auch: Sie sind nicht die Putzfee Ihres neuen Clans, sondern die Frau mit dem Blick für das große Ganze, und das heißt Mülleimer. Bestimmt ist Ihnen bereits in den ersten Tagen des Zusammenwohnens aufgefallen, dass dieses rote Ding mit Schwingdeckel sich binnen Minuten füllt: mit Pizza- und Getränkekartons, Küchenrollenpapier, Gurkenschalen (Mülltrennung scheint in Familien ein Fremdwort zu sein. Zur Entsorgung für Fortgeschrittene kommen wir später.) und leeren Nutellagläsern. Frohgemut verknoten Sie die Tüte und stellen sie gleich an die Eingangstür, damit die Kinder sie auf dem Weg zur Schule mit runter zur Tonne nehmen können? Guter Plan.

Aber was ein echtes Stiefkind ist, hat kein Problem damit, entweder über die Tüte drüberzusteigen, die Tür einen Spalt weit aufzuschieben und hindurchzuschlüpfen oder die Tüte geflissentlich zur Seite zu stellen und zu gehen. Wumm, fällt die Tür ins Schloss, und Sie bleiben auf Ihrem Müll sitzen. Schade, das hat wohl nicht geklappt. Wenn Sie jetzt aufgeben, war es das für die kommenden zehn Jahre in Ihrem neuen gemütlichen Heim. Gemütlich für Ihre Kinder, nicht für Sie.

Ist es das, was Sie wollen, wovon Sie immer geträumt haben? Ein Mann, viele Kinder, nicht endenwollende Wäsche- und Müllberge, die nur darauf gewartet haben, dass Sie kommen und sich kümmern? Na dann haben Sie jetzt, was Sie wollten. Viel Spaß bei der Abfalltrennung. Ich für meinen Teil habe nicht so schnell aufgegeben. Ich habe meinen Stiefkindern eine Sache voraus: die Faulheit. Das ist eine meine hervorstechendsten Eigenschaften, und ich habe überhaupt keine Lust, das zu ändern. Warum soll ich den Müll anderer Leute entsorgen? Ich kümmere mich schon um meinen eigenen Dreck.

Ah, Sie bringen die Liebe ins Spiel, das Fürsorgliche, das Mütterliche, das Heimchen-am-Herd-Syndrom. Kenn ich nicht, hab ich nicht. Ich bin die Stiefmutter. Meine Familie ist wie ein Betrieb, der laufen muss. Emotionen sind da fehl am Platz. Okay, erst einmal laufe ich runter zur Mülltonne. Der Gestank bringt mich sonst um den Verstand – und den brauche ich jetzt ganz dringend, um mir etwas einfallen zu lassen. Beim Weg in den Hof fällt mir Karen ein. Sie ist letzte Woche aus der gemeinsamen Patchworkfamilienwohnung ausgezogen. »Ich halte es nicht mehr aus«, war ihre Begründung.

»Warum?«, habe ich gefragt.

»Am schlimmsten ist die Sache mit dem Müll. Wir haben einen Eimer für Restmüll. Einen für Bio, in dem lebt die größte Fruchtfliegenkolonie Berlins friedlich mit der Dicke-Weiße-Madenfamilie. Einen Karton, in dem das Altpapier gestapelt wird. Es reicht mittlerweile bis unter die Decke, weil mein Mann leidenschaftlicher Zeitungsleser ist. Außerdem eine Kiste, in der die Plastikflaschen gesammelt werden. Im Grunde ist die Küche die erweiterte Müllhalde der Stadt.«

»Und wer bringt den Müll weg?«, frage ich.

»Keiner oder ich«, sagt Karen.

Und Karen ist ausgezogen. Während ich die Mülltüte in die Tonne hieve, stelle ich mir vor, wie unsere Küche wie bei einem Messi nach und nach zuwächst. Stinkende, miefende, säuerlich riechende Mülltürme – ein schmaler Gang, der zu Herd und Spüle führt. Nein, so darf es nicht werden. Entschlossen werfe ich den Deckel zu und gehe nach oben. Ich entwerfe einen Müll-Schlachtplan. Wann wer zuständig ist, entwickle drakonische Strafen bei Zuwiderhandeln sprich mangelnder Kooperation meiner minderjährigen Mitmüllproduzenten (Medienverbot! Einen ganzen Nachmittag lang!!). Während ich darüber nachdenke, dass ich mich unbedingt durchsetzen muss – denn wie man an Karens Beispiel sehen kann, zerstört Müll ganze Familien – kommt das erste hungrige Kind nach Hause. Ich reiße die Spaghetti-Packung auf, schnippele die Tomaten klein und presse die Knoblauchzehe aus – schon wieder Abfall, der müffelt und mir schlechte Laune macht. Pro Jahr produziert ein Mensch im Schnitt eine halbe Tonne Abfall. Bei einer vierköpfigen Familie sind das zwei Tonnen. Ich halte meinen Kindern beim Mittagessen einen langen Vortrag, den sie mit eingezogenen Köpfen und missmutigen Mienen zur Kenntnis nehmen. Von meinem Müllentsorgungsplan halten sie wenig.

Darum zeige ich ihnen ihre Alternativen auf. Wer den Müll korrekt sortiert und entsorgt, muss weder das Klo putzen, noch muss er um seine tägliche Medienzeit fürchten. Ich weiß, schwarze Pädagogik, aber bei einem so ernsten und existenzbedrohenden Thema mache ich keine Kompromisse. Gerade habe ich mit Karen telefoniert. Sie sitzt traurig in ihrer 1-Zimmer-Wohnung und trennt ihren Müll nun allein. Furchtbar! Ich gehe zurück in die Küche und reinige den (leeren!) Mülleimer. Sie kennen das sicher: An dem Schwingdeckel hängt immer etwas dran, ein Milchspritzer, ein Rest Margarine. Wenn man da nicht hinterher ist, kann sich der Aggregatzustand ganz schnell ändern. Ich erspare Ihnen die Details, den Kindern nicht – ganz im Gegenteil. Dank meiner blühenden Fantasie träumen sie nachts von Müllwürmern und Abfallkäfern (auch Kakerlaken genannt). Wahnsinn, wie gern sie mir beim Putzen und Entsorgen helfen. Sie sind plötzlich motiviert, wirklich toll!

7. KAPITEL

WIE SIE GEMEINSAME FERIEN ÜBERLEBEN ...

Mal ehrlich, Sie schrecken aber auch vor nichts zurück! Jetzt machen Sie mit der ganzen Bagage noch zusammen Urlaub? Sie haben inzwischen die Hälfte dieses Ratgebers gelesen und offenbar noch immer nicht begriffen, dass es besser wäre, die Ruhe und Weite der kasachischen Steppe dem Wahnsinn Ihrer Bonusfamilie vorzuziehen. Stattdessen sitzen Sie eingequetscht zwischen Fahrrädern, Kindern, Koffern und Kühltaschen und hoffen darauf, dass das die besten zwei Wochen Ihres Lebens werden. Manchen Frauen ist nicht zu helfen. Dabei gebe ich mir die größte Mühe. Nun ist es eben so, schauen wir also gemeinsam, wie wir das Beste daraus machen.

Wie Sie im Auto immer am Steuer bleiben

Zuerst einmal: Sie sitzen nicht wirklich auf der Rückbank mit der halben Pobacke auf dem Kindersitz, den gepunkteten Koffer von Emilia auf dem Schoß? In den die Kleine ihre Puppensammlung und die drei vertrockneten Kakteen gestopft hat, weil sie sie soooo vermisst? Emilia sitzt vorn, kräht das Lied aus dem Radio furchtbar falsch mit und streckt ihre Beine weit von sich. Wohingegen sich ihre Knie bei jeder Bodendelle schmerzhaft in den Sitz vor Ihnen bohren. Haben Sie auch Nackenschmerzen wegen der fehlenden Kopfstütze? Und seit zwei Stunden nichts mehr getrunken, weil Ihre Flasche in den Fußbereich abgestürzt ist, als Sie versucht haben, ein Kaugummi für Emilia aus Ihrer Jackentasche zu fischen. Das die Kleine nach zwei Minuten aus dem Seitenfenster geworfen hat und das der Fahrtwind jetzt an die Scheibe neben ihnen geklatscht hat. Dort klebt es wie eine stumme Anklage Ihres Versagens und wie eine Verheißung auf die kommenden 14 Tage? Ich garantiere Ihnen, diesen Urlaub werden Sie niemals vergessen – es ist an Ihnen, dafür zu sorgen, was Ihnen in Erinnerung bleiben wird.

Bitten Sie Ihren Partner, sofort anzuhalten. Bergen Sie Ihre Trinkflasche (Sie müssen auf Ihre Gesundheit achten, die kommenden zwei Wochen müssen Sie für jedwede Strapaze fit sein.). Steigen Sie aus, denn Ihr Platz ist vorne. Neben Ihrem Mann und dort, wo Sie ihre Beine in eine halbwegs entspannte Haltung bringen können, damit Sie die zwölfstündige Fahrt nach Südfrankreich ohne bleibende Gelenkschäden überstehen. Auch wenn Emilia mault: Sie gehört in den Kindersitz. Festgezurrt und angeschnallt, zu ihrer eigenen Sicherheit. In dem Sitz hat sie übrigens auch genug Beinfreiheit. Sie kann mit ihren Puppen aus dem Koffer spielen und sie in die stachligen Kakteen fallen lassen.

Wenn Sie mich fragen, sollten Sie allerdings noch einen Schritt weitergehen – fahren Sie selbst. Hinten krakeelt Emilia. Schließlich sind Sie schon eine Dreiviertelstunde unterwegs. Emilia hat Hunger. Sie hat Durst. Ihr ist langweilig. »Wann sind wir endlich da? Ich muss pullern. Papa, ich will mit dir kuscheln.«

Thomas hält mit einer Hand das Lenkrad, während er mit der anderen versucht, Emilias Kopf zu tätscheln. Aber die Kleine wehrt ihn ab. Sie versuchen zu helfen. Bestechung mittels Schokolade, Emilia ist bockig. Vorne sitzen war viel schöner, findet sie. Und wegen des doofen Kaugummis, das an der Scheibe klebt, kann sie auch nicht richtig rausgucken. Auf der anderen Seite rausgucken, ist doof. Nee, ist klar. Thomas wird allmählich ungeduldig und fängt an zu schimpfen. »Du bist schon so groß, du kannst zwei Stunden still sitzen.«

Nein, kann Emilia nicht. Wenn sie könnte, würde sie. Sie schimpfen mit Thomas, dass er so unpädagogisch ist. Emilia heult. »Du sollst nicht mit meinem liebsten Papa schimpfen.«

Prima Ferien, alles voll gechillt. Bitten Sie Ihren Partner anzuhalten, und tauschen Sie die Plätze. Nehmen Sie endlich das Steuer in die Hand, und brausen Sie über die Autobahn. Blenden Sie Emilias Geheule und Thomas' Geschimpfe aus, und konzentrieren Sie sich auf die Stimme des Navis. »Fahren Sie an der nächsten Ausfahrt rechts, und halten Sie sich dann in südlicher Richtung.« Südlich klingt gut, klingt warm, klingt nach Sonne, Meer und Rotwein. »Hallo, ich rede mit dir.«

Äh, wer stört? Ach, Thomas will wissen, wo Sie die Brote und Süßigkeiten verstaut haben. Halten Sie bloß nicht an! Verweisen Sie auf die Kühlbox hinter dem Beifahrersitz, und fahren Sie weiter dem südfranzösischen Paradies entgegen. Käse! Strand! Amour! Nehmen Sie das Gejammer und Gemaule wahr wie Wellen, die auf Land treffen. So ein schönes Hintergrundrauschen! Lassen Sie sich eine dicke Käsestulle reichen, die Sie verschlingen. Dazu ab und an ein Schluck Kaffee aus der Thermoskanne, herrlich! Thomas liest Emilia 25 Kinderbücher vor, singt mit ihr alle Lieder, die sie in der musikalischen Frühförderung gelernt hat, spielt mit ihr »Ich sehe was, was du nicht siehst«, erzählt ihr Geschichten, noch eine und noch eine, bis er heiser ist und Emilia wieder anfängt zu klagen, wie langweilig und doof das alles ist – so vergehen die Stunden.

Irgendwann sind Vater und Tochter eingeschlafen. Stille kehrt ein. Das Auto und die Straße gehören Ihnen allein. Haben Sie endlich verstanden, warum meistens Männer am Steuer sitzen und die Frauen diejenigen sind, die nach so einer Reise mit Kindern völlig gestresst sind und schwören, so etwas nie wieder zu machen? Das wird Ihnen nicht mehr passieren. Thomas hat diesen supertollen Firmenwagen, der locker 200 Sachen macht. Da löst sich sogar das Kaugummi von der Scheibe und wird vom Reise-Nirwana verschluckt.

Wie Sie im Schwimmbad gekonnt vom 10-Meter-Brett springen (vor den Stiefkindern)

Draußen sind es fünf Grad, grauer Schneematsch liegt auf den Straßen und das schon seit Wochen. Ihre Idee, mit den lieben Stiefkindern ins Schwimmbad zu gehen, ist Gold wert. Da können sie sich endlich austoben, nachdem sie in den schier endlosen Weihnachtsferien in der Wohnung aus lauter Langeweile angefangen hatten, ihre Zimmer aufzuräumen. Was für ein Irrsinn. Gut, dass Sie eingeschritten sind und Niklas und Theo genötigt haben, Schwimmbrillen, Badehosen, Handtücher, Shampoo, Wasserflaschen (sogar mit Wasser gefüllt, Sie sind vorbildlich!) einzupacken. Die Fahrt mit der Straßenbahn war geprägt von Rangeleien zwischen den beiden und bösen Blicken der anderen Fahrgäste, als sich aus Theos Tasche nach einem beherzten Wurf auf seinen Bruder ein Strahl kaltes Wasser auf den Sitz ergoss. Flasche geplatzt, kann passieren! Sie haben die Nerven bewahrt, mit ihrem einzigen Handtuch alles wieder aufgewischt, dafür gesorgt, dass aus den bösen Blicken mitleidige wurden, weil ihre Stiefsöhne nicht einen Finger rührten, um Ihnen zu helfen, und stattdessen lieber Kringel in die beschlagene Scheibe gemalt haben. Mit anderen Worten: Der Sonntagsausflug hat sich bereits gelohnt. Die Jungs haben ihren Spaß und Sie haben Beschäftigung. Verständlich, dass Sie gewisse Aggressionen hegen.

Theo und Niklas haben längst vergessen, was eben in der Tram passiert ist. Sie planschen gerade fröhlich an einer älteren Dame vorbei, die quasi senkrecht an ihnen vorbeischwimmt. Sie hält den Nacken gerade, damit die Plastikbadekappe mit den gelben Blümchen keinen Spritzer abbekommt. Okay, hat leider nicht geklappt.

Als sie mit den Jungs schimpft, zeigt Theo ihr eindeutig einen Vogel, und Niklas patscht mit den Händen auf die Wasseroberfläche. Besser, Sie drehen sich um und genießen die Aussicht auf, ja, auf was? Egal, tun Sie so, als ob Sie allein da sind, und schlingen Sie sich in Ihr nasses Handtuch. Plötzlich zieht jemand daran. Die Oma will sich hoffentlich nicht beschweren? Sie könnten vorgeben, allein da zu sein oder taub oder nur französisch zu sprechen. Nein, es ist Niklas. Seine Augen leuchten vor Begeisterung. »Hast du die Durchsage gehört? Sie öffnen heute ausnahmsweise den 10-Meter-Turm. Springst du auch?«

Nein, leider tut sich vor Ihnen kein Loch auf, in das Sie aus null Meter Höhe hüpfen könnten, um zu verschwinden. Sie haben die Wahl: Wollen Sie als Angsthasen-Stiefmutter in die Annalen Ihrer Familie eingehen? Oder zeigen Sie Niklas und Theo, was ein echter Kreativsprung ist? Keine Frage, oder? Ach, Sie wollen wirklich da hoch?! Ich bin dabei und begleite Sie (im Geiste, ich leide nämlich unter Höhenangst.) Sagen wir so: Die Luft da oben ist ziemlich dünn. Ich habe gelesen, beim Sprung vom Zehner kommt man unten mit 50 Kilometer pro Stunde an. Ganz schön schnell – da wird das Wasser fast so hart wie Beton. Nein, ich will Ihnen keine Angst machen. Das ist nur meine Vernunft, die sich kurz ihren Weg bahnt. Das brauchen Sie jetzt nicht als Stiefmutter in Mission.

Sehen Sie, wie Niklas und Theo unten stehen? Sie haben den Kopf in den Nacken gelegt, die Münder stehen offen. Wenn Sie das hier überleben, trauen die beiden sich nie wieder, Ihnen zu widersprechen. Sie werden die Heldin des 10-Meter-Turms sein, für immer und ewig. Dafür lohnt sich das bisschen Gefahr. Ich meine, haben Sie schon mal gehört, dass jemand bei so einem Sprung ums Leben gekommen ist? Zugegeben: Ich habe immer dieses Bild von dem Springer vor Augen, der einen Salto macht und bei der Abwärtsbewegung mit dem Hinterkopf auf das Brett schlägt. Blutige Angelegenheit. Das kann Ihnen nicht passieren. Sie wollen doch wohl keinen Salto machen, oder? Mit den Füßen voraus, das ist die sicherste Methode, sagen Experten, um Prellungen, Brüchen und zerstörten Trommelfellen zu entgehen.

Ja, genau, winken Sie Ihren beiden staunenden Stiefkinder ruhig zu. Wer weiß, wann man sich wiedersieht und wo. Im Krankenhaus? Im Himmel? Ihre Hände zittern. Vielleicht sollten Sie Ihre Lage überdenken? Noch können Sie die Stufen wieder hinabsteigen. Ist nicht so schlimm, wenn Sie Schiss gekriegt haben. Hinunterzugehen und den beiden das zu gestehen ist viel mutiger, als zu springen. Sie atmen etwas schwer, wenn ich mir die Anmerkung erlauben darf. Und bitte pressen Sie Ihre Lippen nicht so zusammen. Das gibt Ihnen so einen verkniffenen Zug. Ich kann verstehen, dass Sie sich etwas beweisen wollen. Ich weiß nur nicht, ob der Zehner dafür die richtige Methode ist. Sie hätten auch etwas anderes ausprobieren können. Etwas, wobei Sie nicht Ihre Angst überwinden müssen. Kerzen ziehen oder den Jakobsweg gehen.

Ich soll endlich den Mund halten, damit Sie sich konzentrieren können? Bitte, ich sage nichts mehr. Sehe schweigend dabei zu, wie Sie an den Rand treten, die Luft anhalten und springen. Wie ein Pfeil hinunterschießen und mit einem krachenden Bauchplatscher auftreffen und anschließend in den Fluten versinken. Ich sehe, wie Niklas und Theo sich über den Beckenrand beugen. In ihren Augen flackert kurz Angst auf. Da tauchen Sie schon wieder auf, reichlich blass mit einem angestrengten Lächeln. Theo jubelt, Niklas hält die Arme verschränkt. Die Oma mit der Blümchenbadekappe tritt zu ihm und fragt: »Ist das eure Mutti?«

Und beide nicken stumm. Vergessen Sie Ihre schmerzenden Eingeweide und freuen Sie sich. Ihr todesmutiger Sprung hat Sie zwar fast das Leben gekostet, doch das Resultat lässt sich sehen: Davon werden Niklas und Theo bis an ihr Lebensende sprechen – Respekt! Die Wärmflasche heute Abend für Ihren Bauch haben Sie sich redlich verdient. Ich persönlich nehme jetzt die Stufen, um wieder Boden unter die Füße zu kriegen. Sie haben nicht im Ernst geglaubt, dass ich Ihnen hinterherspringe.

Wie Sie im Kino Gekrümel und Geknister überleben

Es ist dieser Moment, in dem es im Kino so still ist, dass es sich anfühlt, als ob man sich Watte in die Ohren gestopft hat. Auf der Leinwand küsst George Clooney die schöne Rothaarige, deren Namen Sie sich nicht merken können. Aber das spielt auch keine Rolle. Wer interessiert sich schon für die Rothaarige mit dem Plastikbusen und dem superflachen Bauch, der ist bestimmt abgesaugt. Nur der George, der schaut so schön, so liebevoll, so unglaublich nett, so alles. Viel wichtiger ist es jetzt, dass Sie die Tränen der Rührung unterdrücken. Denn neben Ihnen sitzt Mia, Ihre Stieftochter, da dürfen Sie sich keinesfalls eine Blöße geben.

Sie halten die Luft an, damit Sie nicht heulen, und schauen weg. Einmal George küssen, das wäre es. Sie fühlen seine vollen Lippen auf den Ihren, fast, aber nur fast, ist es wie ein klitzekleiner zuckersüßer Betrug an Mias Vater – und dann das: Jemand scheint Ihnen die Watte aus dem Ohr gerissen zu haben. Es knistert und raschelt so laut, dass Sie George und seine Gespielin nicht mehr beim Liebesgesäusel hören. Nein, Ihre Fantasie spielt Ihnen keinen Streich. Es ist Mia, die sich voller Hingabe die Chips in den Mund stopft, die Sie ihr vorhin für einen wahnwitzigen Preis an der Kinokasse gekauft haben. Jetzt schlürft sie noch Cola dazu. Es ist nicht zum Aushalten.

Finden auch die umsitzenden Kinobesucher und maulen. »Ruhe!«, »Das ist nicht zu fassen.«, »Hallo, essen kannst du zu Hause.« Die rührselige Stimmung ist mit einem Mal dahin. Mia versteht offenbar nicht, dass sie den Unmut des voll besetzten Saals auf sich zieht. Nun reißt sie die Lakritzrollentüte auf und fragt laut: »Willst du eine?«

Nein, wollen Sie nicht. Sie wollen Herzschmerz haben und in Clooney-Träume versinken wie in ein warmes Schaumbad. Von hinten tippt Ihnen jemand auf die Schulter? Als Sie sich umdrehen, erkennen Sie im Halbdunkel, dass der Mann ein Schlangen-Tattoo hat, das vom Hals aufwärts über die linke Wange bis in die Stirn reicht. Das Reptil züngelt zwischen den Augenbrauen, genau dort, wo ein silbern funkelndes Piercing die Nasenwurzel durchbohrt. Zeit zu gehen? »Könnten Sie Ihrer Tochter sagen, dass Sie endlich die Klappe halten soll?«

Sie wissen, was jetzt kommt? Kauend dreht Mia sich um, öffnet den Mund und schließt ihn wieder. Ihr angstgeweiteter Blick sagt alles. Stumm packt sie Chips und Lakritze weg. Endlich herrscht Ruhe. Normalerweise hätte sie an dieser Stelle ihren Standardsatz abgelassen: »Das ist nicht meine Mutter.«

Ihr Herz hätte schmerzhaft gepocht, obwohl Mia recht hat. Es hätte dennoch wehgetan. Und zwar auf eine Art, die kein Clooney-Kuss jemals heilt. Das ist der Grund, warum Sie sich nicht durchsetzen (können oder wollen). Warum Mia bei der schönsten Liebesszene im Film knistern und kramen, schmatzen und kauen darf, wie es ihr gefällt. Während Ihnen der Kinobesuch versaut ist. Nein, ich rate Ihnen nicht, sich ein Schlangen-Tattoo stechen zu lassen. Auf körperliche Unversehrtheit sollten Sie als Stiefmutter achten. Fakt ist aber, dass dieser bunt bemalte Kinobesucher eine natürliche Autorität besaß, die im Dunkel des Saals kühl strahlte wie der Mond am Firmament. Er hat Mia zum Schweigen gebracht, während Sie wie ein verhuschtes Weib nebenan saßen und von einem schlabbrigen Kuss dieses Hollywood-Beau geträumt haben, der nebenbei Werbung für Kaffeemaschinen macht. Ehrlich, da ist was nicht in Ordnung.

Warum haben Sie Mia überhaupt mitgenommen und nicht Ihre beste Freundin? Mit der hätten Sie heulen können, bis Ihr Tränen-Reservoir für das nächste halbe Jahr aufgebraucht gewesen wäre – um sich anschließend der nüchternen Erziehung von Mia zu widmen. Mit der Kleinen hätten Sie in den neuen Conni&Co-Film gehen können. Mit all den vorbildlichen Müttern und Vätern, die ihren Kindern Popcorn-Tonnen und 2-Liter-Cola-Becher kaufen und im Kino-Krümel-Paradies versinken. Für dieses Mutter-Tochter-Ding »Wir gehen in einen Liebesfilm und heulen zusammen« sind Sie beide noch nicht reif. Dass Sie jetzt demonstrativ in Mias Chipstüte greifen und voller Genuss und Gekrümel und Gekrache die Dinger in sich reinstopfen, als gäbe es kein Morgen – das ehrt Sie. Keiner sollte sich von Schlangen-Tattoo-Man sagen lassen, wann er still zu sein hat. Und der Film ist heute für Sie und Mia eh gelaufen. Wenn der Typ frech wird, ziehen Sie ihn an seinem Nasenring durch den Kinosaal und lassen ihn Gedichte aufsagen.

Noch ein Tipp am Rande: Im Supermarkt neben dem Kino kosten Chips und Cola nur ein Drittel. Vielleicht kaufen Sie da ein und schmuggeln Lakritzschnecken, Bonbons und Würste in der Handtasche ins Kino – es ist zwar nicht legal, schont aber den Geldbeutel reziprok zur Anzahl der Stiefkinder.

Wie Sie am Meer im Wellenbad der Gefühle nicht untergehen

Sie sitzen am Strand, die Sonne geht im Meer unter, das Salz auf Ihrer Haut prickelt, und die lieben Stiefkinder bauen seit Stunden Sandburgen oder sammeln Muscheln. Schlicht: ein Traum. Genau, und das wird es auch bleiben, jedenfalls wenn Sie mit Ihrem Clan Ferien am Meer verbringen. Sie haben doch wohl nicht geglaubt, das könnte schön, harmonisch oder gar erholsam werden? Ich bitte

Sie. Mittlerweile sollten Sie verstanden haben, dass in dieser Konstellation und mit Ihnen als Stiefmutter das Wort »Erholung« aus dem Sprachschatz getrost und – falls noch nicht geschehen – umgehend gestrichen werden kann.

So sieht die grausame Realität aus: Um Kosten zu sparen, haben Sie die Kanaren abgewählt und sich für die Ostsee entschieden. Es regnet seit fünf Tagen und Nächten ohne Unterlass. Die Asbesthütte, in der Sie hausen, dünstet Gerüche aus, die die Vermutung nahelegen, dass sich irgendwo eine Ratte im fortgeschrittenen Stadium des Verwesungsprozesses befindet. Möglicherweise unter dem bräunlichen PVC-Boden vor der Küchenzeile. Ersparen Sie sich eine genauere Untersuchung, Erkenntnisse könnten Ihre Gemütslage nur verschlechtern. Einzige Rückzugsmöglichkeit ist das anderthalb Quadratmeter große Bad, das nur durch eine zwei Millimeter dicke Pressspantür von den übrigen zwölf Quadratmetern Wohn- und Schlafraum getrennt wird. Kommen Sie jetzt endlich vom Klo runter, Sie können sich sowieso nicht auf Ihren Krimi konzentrieren – bei dem Lärm. Es ist ein Albtraum. Für alle Beteiligten, aber für Sie im Besonderen.

Bis zur Abreise sind es nur noch elf Tage, also 264 Stunden oder um ganz genau zu sein: 15.840 grässliche Minuten. Voller Geschrei, Gemecker, Gejammer, Sandkörnern im Bett, in den Taschen, in den Handtüchern, Spaghetti mit Tomatensoße im größten aufzutreibenden Topf, mit dem unaufhörlich laufenden Fernseher, Gejohle und Geschnarche, Eisflecken auf Pullovern, aufgeschlagenen Knien und platten Fahrradreifen. Und das alles garniert durch Regen. Landregen. Platzregen. Gewitterregen. Getröpfel. Gepladder. Pfützen, die sich über das ganze Areal der Asbesthüttenanlage ausbreiten. Alles ist nass. Die Schuhe, die Jacken, die Schirme (oh, Sie haben immerhin an Schirme gedacht. Gratulation, Sie erhalten umgehend eine Urkunde für die fortgeschrittene Stiefmutter.), die Pullover und Strandtaschen, die Handys und Fotoapparate, Decken, Matten, Buddelsachen. Alles ertränkt im Regen. Nur die Kinder nicht. Sie halten gemeinsam mit Ihnen durch. Ausflüge gehen gerade nicht. Das Auto hat vorerst seinen Geist aufgegeben, weil ein Marder den Benzinschlauch durchgebissen hat. Es steht den Rest der Woche in der Werkstatt, die den fünffachen Preis für die Reparatur verlangt. Schließlich befinden Sie sich auf einer Insel, da ist alles etwas teurer. Ihre Lage ist echt aussichtslos, wenn ich das so sagen darf. Sie sitzen fest, mit Mann und Kindern zusammengepfercht auf 13 Quadratmetern bei trübem Wetter und 15 Grad. Gerade haben Sie die 245. Partie Mau-Mau souverän für sich entschieden, während Ihnen die Spaghetti bereits aus den Ohren herauswachsen. Sie akzeptieren, dass Nils anfängt, aus lauter Langeweile die Tapete von der Wand abzuknibbeln. Die schlägt wegen der Feuchtigkeit solche Falten, dass er wirklich nicht anders kann. Am liebsten würden Sie ihm helfen. Als erwachsene Frau reißen Sie sich bitte zusammen. Schlüpfen Sie in Ihre Gummistiefel und Ihre Regenjacke und lüften Sie sich bei einem Spaziergang am Strand. Den Schirm lassen Sie in der Hütte. Wir haben Windstärke sieben bis acht, da werden Sie nur weggeweht. Ach, das wäre Ihnen das Liebste. Nicht doch, türmen tun nur die feigen Stiefmütter.

Sie bleiben bis zum letzten Tag. Ich kann verstehen, dass Sie sich am liebsten in die Fluten stürzen wollen. Konnte keiner ahnen, dass das Wetter im Juli beschließt, dass es Zeit für eine Sintflut ist. Und Sie mittendrin mit zwei quengelnden Gören und einem Mann, der die meiste Zeit auf der Toilette verbringt. Sie haben ihn im Verdacht, dass er dort den *Kicker* auswendig lernt. Der vorgebliche Durchfall ist eine reine Schutzbehauptung. Wo soll der auch herkommen, wo sie alle seit drei Tagen dasselbe, sprich: Spaghetti mit Tomatensoße, essen. Ich verstehe Ihren Frust. Eigentlich hätte alles so schön sein sollen, siehe Kapitelanfang. Welche Alternativen haben Sie jetzt? Hören Sie als Erstes auf zu heulen. Das bringt keinen weiter. Ach, das sind keine Tränen, sondern Regentropfen. Gut so! Wischen Sie sich die Regentropfen aus dem Gesicht und denken Sie nach.

Wenn Sie nicht mehr wollen, stürzen Sie sich in die Fluten, dann hat das Elend ein Ende. Wollen Sie nicht? Dann versuchen Sie es mit Trampen, damit Sie endlich von der verfluchten Insel herunterkommen, auf dem Festland scheint bestimmt die Sonne. Wollen Sie auch nicht? Dann ergeben Sie sich in Ihr Schicksal. Wie das aussieht? Noch 263 Stunden und 22 Minuten im Kreis Ihrer Lieben bei Spaghetti und Mau-Mau. Im nächsten Jahr buchen Sie bitte eine Insel mit Sonnenscheingarantie, versprochen?

Als Sie zurück in die Hütte kommen, ist das Hallo groß. Nein? Das liegt sicherlich daran, dass Nils hinter der abgepopelten Tapete die tote Ratte gefunden hat.

Wie Sie im Garten über abgeknickte Äste stolzieren und wohlig im Pool baden (den die Kinder aufgestellt haben)

Der Garten meiner Freundin Gudrun ist eine Oase der Gepflegtheit. Ihr Rasen ist grüner als grün. Moos und Löwenzahn hat sie vor Jahren einen gnadenlosen Kampf angesagt und gewonnen. Ähnlich rigoros geht sie gegen Schnecken und Blattläuse vor. Darum stehen ihre Kletterrosen Jahr für Jahr in voller Blüte, rosa, rot, gelb und lila – sie leuchten in wunderbaren Farben. Von ihrem Teehaus, das Efeu berankt, windet sich ein schmaler Weg am künstlich angelegten Teich (ohne Frösche, die machen so einen Krach!) zur asphaltierten Terrasse. Große Blumentöpfe umrahmen die wetterfesten Sitzmöbel. Die Aussicht auf die Gartenpracht ist grandios. Hier haben wir schon manche Stunde bei Prosecco und Gesprächen über das Leben und die Liebe verbracht. Gudruns extragrünen Daumen habe ich immer bewundert, genauso wie ihren Fleiß. Mit dem sie jedes Unkraut, das vorsichtig sein Köpfchen aus den Ritzen der Terrassenplatten gehoben hat, unbarmherzig herausgerissen hat. Nur so ließ sich die Perfektion erreichen, die Gudruns Garten auszeichnet wie keinen anderen.

Heute ist alles anders. Ich bin irritiert. Auf dem Rasen liegen abgeknickte Äste des Nussbaums. Außerdem sind mehrere Stellen eindeutig braun. Sehe ich da sogar Löcher in dem einst perfekten Grünteppich? Trotzdem lächelt Gudrun, als sei sie die Glückseligkeit in Person. Was ist da los? Ich stelle sie zur Rede. Sie winkt ab. »Weißt du, das ist mir nicht mehr so wichtig, seit ich Karlheinz kennengelernt habe.«

Hä? Was hat Karlheinz mit den Löchern im Rasen, den welken Rosen und den umgekippten Terrassen-Blumentöpfen zu tun? Ich verstehe es nicht. Glückselig lächelnd erklärt Gudrun mir, dass Karlheinz eine Tochter und einen Sohn hat, die regelmäßig zu Besuch sind und ihren Garten in eine Irrenanstalt unter freiem Himmel verwandeln. »Leben«, nennt Gudrun das und schwärmt davon, dass Luana und Leopold (über die Auswahl dieser Vornamen muss ich noch mal gesondert mit Gudrun diskutieren) ihre Osterferien bei ihr verbracht haben. Voller Freude und Übermut seien sie über den Musterrasen gehüpft, die Pergola am Teehaus hochgeklettert und hätten ihre dreckigen Füße in den geklärten Teich gesteckt. Und das soll lustig sein? Offenbar – anders lässt sich Gudruns fortwährendes Strahlegesicht nicht erklären. Wenn der Rasen handeln könnte, würde er seiner Besitzerin das sprießende Unkraut ins Gesicht werfen, davon bin ich überzeugt. »Und die abgebrochenen Äste?«, frage ich, um dem Baum zur Seite zu stehen. »Ach«, winkt sie ab. »So ein Nussbaum ist nicht totzukriegen. Luana hat mit Karlheinz eine Hängematte aufgehängt. Als sie heruntergekracht ist – Karlheinz muss wirklich ein paar Pfunde abnehmen – jedenfalls, da sind ein paar Zweige abgeknickt. Nicht so schlimm.«

»Nicht so schlimm?« Ich höre selbst, wie schrill ich plötzlich klinge. Ich kann mir nicht vorstellen, was Karlheinz, Luana und

Leopold mit Gudrun angestellt haben, dass sie auf einmal so lässig ist. »Sag mal, was ist das da hinten eigentlich?«

Hinter dem Geräteschuppen schimmert es bläulich. Ich ahne Schlimmes. »Na, komm mit. Ich zeige es dir«, antwortet Gudrun und steht auf.

Sie hat plötzlich eine andere Haltung. Früher war sie immer gebeugt, auf der Suche nach Unkrautbefall und Nacktschnecken. Jetzt stolziert sie mit geradem Rücken über die abgeknickten Äste, den Blick nach vorn gerichtet wie eine Großgrundbesitzerin, die weiß, wie großartig sie ist. Ob das mit Karlheinz zu tun hat? Nun erkenne ich, was da hinter dem Schuppen steht. Ein Pool, wow. »Genial, oder?«, sagt Gudrun und legt ihre Hand auf den Rand. Der Geruch nach gechlortem Wasser lässt Kindheitserinnerungen aufleben. Am liebsten würde ich direkt hineinspringen und eintauchen in die Welt, als ich sieben Jahre alt war. Wir hatten zwar nur ein Planschbecken, aber egal. Ich verstehe, dass Gudruns Garten zu einem Kinderparadies geworden ist, in dem die Wuchshöhe der Kletterrosen nur noch eine untergeordnete Rolle spielt. »Wo hast du diesen Karlheinz eigentlich her?«, frage ich.

»Das erkläre ich dir, wenn wir im Pool sitzen«, sagt Gudrun. Sie leiht mir einen Badeanzug, und wenig später treiben wir auf den ausblasbaren Poolsesseln durch das Wasser. Die Sonne scheint mir auf den Bauch. Nanu? Während ich so an meinem Weinglas nippe, höre ich eigenartige Geräusche. Fast hört es sich an, als ob ein Frosch quakt. Meinen fragenden Blick beantwortet Gudrun, ohne zu zögern. »Leopold hat Kaulquappen hineingesetzt. Ist das nicht niedlich? Wir haben jetzt drei Frösche. Vier Goldfische habe ich auch noch dazugesetzt. Herrlich, so ein Feuchtbiotop!«

Ich nicke. Was soll ich auch anderes tun. Das ist die Invasion der Stiefkinder. Wenn sie einmal Viecher mitbringen, sind sie so schnell nicht wieder loszukriegen. Gudrun scheint es zu gefallen. Denn die drei dürfen nächsten Monat bei ihr einziehen. Ich werde mich an das neue Kinderabenteuer-Spielplatz-Gartendesign gewöhnen müssen. So weit gefällt es mir gut, wie geht es Ihnen? Es wird Zeit herauszufinden, wie man als Singlefrau einen Karlheinz auftut. Man könnte ihn mit diversen Aufgaben im Garten betrauen.

Wie Sie beim Wandern immer frisch voraus laufen und die Kinder den Proviant tragen

Sie machen vor nichts halt, nicht mal vor einer Wanderung mit Ihrer neuen Familie? Super! Es geht nichts über eine teambildende Maßnahme wie Wandern, Klettern oder Ins-Museum-Gehen. Warum Sie sich ausgerechnet für einen Ausflug in der unberechenbaren Natur entschieden haben? Sie werden es wissen. Eine gute Stiefmutter hat alles im Griff: den Mann, die Kinder, die Wanderroute. Zeigen Sie bloß nicht zu schnell Mitleid mit Ihren Mitstreitern. Etwas Ehrgeiz muss schließlich mit von der Partie sein, und 20 Kilometer sind für den Anfang wirklich nicht zu viel verlangt, auch wenn außer Ihnen keiner im Training ist. Wichtig ist eine gute Vorbereitung: Nichts ist schlimmer als jammernde Kinder. Hunger, Durst, blutig aufgeschlagene Knie, Schnakenbisse, Allergieschübe gegen Waldlaub, Regen, Sonne – was in den kommenden zwölf Stunden nicht alles passieren kann. Aber Sie sind vorbereitet. Wasserrationen, Brote, Schokolade, Pflaster, Desinfektionsspray, Sonnencreme, Regenjacken, Cortisontabletten, Tabletten gegen Übelkeit, Durchfall und Erbrechen, Picknickdecke, Handtücher, Wanderkarte, Wechselklamotten für die Kinder, Kaugummis, Windeln für die Jüngste, Feuchttücher, Pixibücher für die Rast, Äpfel, Karotten, Kekse. Da kommt eine Menge Kram zusammen, wenn ich es mir recht überlege. Das passt auf keinen Fall alles in den Rucksack des Mannes, und Sie sollten als Stiefmutter auf jeden Fall Rückenfreiheit haben.

Sie führen Ihre Reisegruppe sicher in den Wald und hoffentlich irgendwann wieder hinaus. Klare Ansagen helfen Ihnen an einem Tag wie diesem enorm weiter. Dazu gehört, dass jedes Kind seine Sachen selbst tragen muss (außer die kleine Mia selbstverständlich, die trägt Papa vorn im Tragetuch, hinten hat er sich den Rucksack mit den Babysachen umgehängt. Na bitte, geht doch.). Fünf Kilo sind vertretbar. Außerdem werden die Rucksäcke bei jeder Rast leichter. Nehmen Sie keinesfalls Rücksicht auf Befindlichkeiten, und weisen Sie Beschwerden (Warum muss ich deine Sachen tragen? Das ist unfair!) umgehend zurück. Sie haben die Reiseleitung und die Wanderkarte, an dieser Verantwortung tragen Sie schwer genug. Machen Sie das Ihren Stiefkindern unmissverständlich klar, ehe Sie als Gruppe in den Wald marschieren.

Sie sollten übrigens ein gewisses Tempo vorlegen, damit aus Ihrem Ausflug keine Nachtwanderung wird, auch wenn Sie dafür durch Ihre Stirnlampe durchaus gerüstet wären. Sie denken, ich veralbere Sie? Da täuschen Sie sich, ich bin aus Erfahrung klüger geworden. Sie waren nicht dabei, als ich mit Mann und drei durstigen Kindern im Dornengebüsch einer Schlucht auf La Gomera stand. Ja, die Sonne brannte heiß. Nein, der Mann fand mit seinem Handykompass nicht heraus, in welche Richtung wir gehen sollten, weil der Akku längst schlappgemacht hatte. Ja, Kind zwei warf sich heulend in die kratzigen Zweige und weigerte sich, noch einen einzigen Schritt zu tun. Nein, Kind drei kletterte zwar aus der Schlucht hinauf (unter Einsatz seines jungen Lebens), fand aber keinen Weg zurück. Eigentlich war die angepeilte Wanderung nicht mehr als ein Spaziergang vom Auto zu einem nahe gelegenen Restaurant. Deswegen hatten wir weder Wasser noch etwas zu essen dabei. Konnte keiner ahnen, dass wir uns gnadenlos verirren würden, bis wir in besagter Dornenschlucht landeten. Über unseren Köpfen die sengende Sonne, zu unseren Füßen Geröll und Fluginsekten, deren Gefährlichkeit durch lange Stachel am Unterleib unterstrichen wurde.

Damals habe ich mir geschworen, dass ich nie wieder unvorbereitet mit meiner Familie auf unbekannten Wegen wandeln werde und dass ich nie darauf vertrauen werde, dass zufällig jemand in einem Tal auf einer spanischen Insel vorbeikommt und uns nach Hause führt. Vergessen Sie es! Vertrauen Sie nur auf sich selbst, und rüsten Sie sich für jeden erdenklichen Notfall. In jenem Urlaub (wir haben ihn übrigens alle überlebt, überraschenderweise) traten wir eine weitere Wanderung an. Dieses Mal wies ich die Kinder an, Wasserflaschen mitzunehmen. Angesichts der bitteren Erfahrung gab es kein Gemaule, nur artige Kinder, die ihre Flaschen füllten. Als sie selbige nach zweistündiger Wanderung durch die Berge (meine Güte, was haben wir Höhenmeter gemacht) austrinken wollten, war das Gejammer umso größer: Denn natürlich ist Wasser aus dem Hahn in Spanien nicht zum Trinken geeignet. Es schmeckte scheußlich verdächtig nach faulen Eiern. Hätten Sie daran gedacht?

Ich gebe zu, bei der nächsten Wanderung waren wir dezimiert. Kind zwei weigerte sich den restlichen Urlaub, sich mehr als fünf Meter von der Poollandschaft zu entfernen, Kind drei litt unter hartnäckiger Diarrhö und war nicht einsatzfähig. Dabei waren wir wirklich gut vorbereitet, mit Kompass, Wasser und ordentlichem Proviant ging es zum schönsten Wasserfall von La Gomera. Bis heute wollen die Daheimgebliebenen uns nicht glauben, dass wir dort oben Til Schweiger getroffen und mit ihm unsere Salami und ein Bier geteilt haben. Aber das ist eine andere Geschichte, die erzähle ich Ihnen vielleicht später. Nach dieser Erfahrung ist die spanische Wildnis für meine Familie jedenfalls endgültig abgehakt. Unsere nächste Reise geht nach New York, koste es, was es wolle.

8. KAPITEL

WIE SIE IHRE ROLLE ALS STIEFMUTTER VOLL ERFÜLLEN ...

Eine Stiefmutter ist auch nur ein Mensch, oder? Sie kann laut und energisch sein, schüchtern oder höflich, fürsorglich oder kumpelhaft. Sie müssen also gar keine Rolle spielen, sondern dürfen sein, wer und wie Sie sind. Ist das nicht eine großartige Neuigkeit? Dafür haben Sie jetzt mehr als die Hälfte des Buches gelesen, damit ich Ihnen sage: Sie sind okay so, wie Sie sind. Allerdings können Sie Ihr Auftreten so optimieren, dass auch Ihre Stiefkinder erkennen, dass Sie mit Ihnen echt Glück haben. Also, aufgepasst!

Wie Sie als »die Strenge: Dududu!« siegen werden

Lassen Sie sich Ihre Chance nicht entgehen: Endlich können Sie meckern, schimpfen und maßregeln – endlich sind Sie (Stief-) Mutti. Keiner erwartet etwas anderes von Ihnen, als dass Sie mit stets erhobenem Zeigefinger in der Gegend herumlaufen und die Kinder zurechtweisen: »Iss ordentlich! Mach deine Hausaufgaben! Geh dir die Hände waschen! Hast du den Müll immer noch nicht heruntergebracht? So geht das nicht weiter.« Wenn Sie noch eine Schippe obendrauf legen wollen: »Das erzähl ich heute Abend deinem Vater!« Oder noch besser: »Darüber informiere ich deine Mutter.«

Ja, so machen Sie sich beliebt und verschaffen sich Respekt. Das ist der Beginn einer gesunden Beziehung zwischen Stiefkind und Stiefmutter. Petra ist so eine, sie ist in null Komma nix in ihre maßregelnde Rolle hineingeschlüpft, als hätte sie nie etwas anderes getan. Wenn wir uns treffen, erzählt sie mir immer von ihren neuesten pädagogischen Erfolgen: »Ich habe Linus beigebracht, Erwachsene mit einer leichten Verbeugung zu begrüßen.« Meinen Einwand, das sei vielleicht etwas altmodisch, wischt sie weg. »Na und? Darum geht es gar nicht.«

»Worum geht es denn?«, wage ich zu fragen.

»Darum, dass ich ihm gutes Benehmen beibringe.«

Ich halte lieber den Mund, sonst versucht sie das bei mir auch noch. Wenn Linus nicht macht, was Petra für richtig befindet, gibt es Schimpfe. Sie führt sich auf, als ob sie seine Mutter sei. So, jetzt ist es raus. Ach, werden Sie sagen, ist sie das etwa nicht? Darf eine Stiefmutter nur die dreckige Wäsche waschen, putzen und kochen, aber auf keinen Fall auch mal schimpfen, wenn es nottut? Wie gesagt, lassen Sie sich Ihre Chance nicht entgehen. Die Kinder werden voller Freude mit Ihnen leben. Endlich sagt ihnen jemand, wo es langgeht. Auch der Vater, Ihr Mann, ist sicher begeistert, dass Sie ihm die Erziehungsarbeit abnehmen.

Das ist es, was Ihre Rolle als Stiefmutter ausmacht: böse sein, schimpfen, wo es nur geht, auf jeden Fall: streng sein und unerbittlich. So hat eine Stiefmutter zu sein. Wenn das Kind lustlos im Essen rumpanscht – schimpfen. Wenn das Kind sich nicht waschen will – meckern. Wenn das Kind zu spät nach Hause kommt – Strafmaßnahmen ankündigen und gnadenlos durchziehen. Wenn das Kind schlechte Noten hat – na, was wohl? Meckern, schimpfen, Strafmaßnahmen. Führen Sie Ihren neuen Haushalt wie eine militärische Brigade mit Ihnen als Kommandeurin an der Spitze.
Antreten ist morgens um 6.30 Uhr. Frisch gewaschen mit gekämmten Haaren und tadelloser Uniform, äh, Kleidung. Dulden Sie keine Respektlosigkeiten oder Widerworte. Ahnden Sie jeden Verstoß wie eine Gehorsamsverweigerung mit empfindlichen Strafen (sechs Wochen Handy-Einzug, Verbot von Seriengucken und Ähnliches) und seien Sie ungeheuer nachtragend. So wird es in Ihrer Familie kuschelig. Ihr Zusammenleben ist geprägt von gegenseitigem Respekt, Treue und Ehrlichkeit. Jeder weiß, wo sein Platz ist. Sie sitzen am Tischende und haben alles im Griff. Patzer beim Abendessen, wie ein Blumenkohlröschen rollt von der Gabel oder ein Kind wagt

es, seinen Ellenbogen auf den Tisch zu legen, werden mit strengen Blicken gerügt. Gespräche im Keim erstickt, weil sie die Disziplin untergraben. Lassen Sie bloß nicht zu, dass jemand lacht.

Humor ist das Schlimmste für Sie, am Ende geht der Witz noch auf Ihre Kosten, schrecklich. Nicht auszudenken, was das für die Moral der Truppe bedeuten könnte.

Petra hat ihrem Stiefsohn Linus das Lachen abgewöhnt. Manchmal denke ich, sie macht aus ihm eine Art Butler in Kindergestalt. Er hat natürlich die besten Noten, liest Bücher und spielt täglich 20 Minuten Klavier. Was für ein mustergültiges Kind. »Dank strenger Erziehung«, vergisst Petra nicht zu betonen. Bei meinem letzten Besuch habe ich versucht, Linus zu provozieren. Ich habe ihm ein Witzebuch geschenkt. Er hat sich höflich bedankt und mir dann Tee gebracht, ohne Witz, auf einem Tablett hübsch angerichtet mit Milchkännchen und Kandiszucker. Danach hat er sich in sein Zimmer zurückgezogen, um seine Mathe-Hausaufgaben zu machen. Das Buch hat er auf dem Beistelltisch im Wohnzimmer liegen gelassen. Ob aus Furcht, er könnte beim Lesen lachen müssen, oder aus Desinteresse, weiß ich nicht.

Als Petra und ich zusammensaßen, hat sie mir erzählt, dass Linus nicht mehr so oft kommt wie früher. Er will lieber mehr bei seiner Mutter wohnen. Petra sagt, das liegt daran, dass Linus' Mutter sich nicht durchsetzen kann. Sie lässt ihm alles durchgehen: dass er mit Löchern in den Socken zur Schule geht, dass er in Deutsch nur auf einer schlechten Zwei steht und sogar, dass er statt Klavier Trompete lernen will. Wo kommen wir, also Linus und Petra, denn da hin?

Bestimmt hat sie recht, darum nicke ich brav. Linus, der Verräter, weiß eine gute Erziehung eben nicht zu schätzen. Ganz im Gegensatz zu Petra. Sie will sich künftig ganz auf Jessica konzentrieren, ihre Stieftochter.

Wie Sie als »die Nette: Das kriegen wir schon hin« punkten

Larissa ist Johannas beste Freundin. Die beiden teilen wirklich alles miteinander: Essen, Bücher, Klamotten. Doof nur, dass Johanna 30 Jahre jünger ist als ihre Stiefmutter Larissa. Ansonsten würden sie in dieselbe Klasse gehen. Larissa ist so was von nett. Darum vertraut Johanna ihr alles an, die schlechten Schulnoten, dass David voll süß ist, aber leider Mundgeruch beim Küssen hat, dass Papa unfair ist und immer schimpft und dass sie beim Geräteturnen nicht mitgemacht hat, weil sie es hasst und nicht weil sie – wie sie gelogen hat – ihre Tage hatte. Sehr interessante Informationen, die Larissa da bekommt, nur weil sie sich an ihre Stieftochter Tag für Tag als beste Kumpeline ranwanzt wie ein Katerchen am frisch gestrichenen Jägerzaun im Vorgarten als Quell der steten Freude der Nachbarn.

Larissa ist immer gut gelaunt, adrett gekleidet mit Bluse, Rock und Perlenohrringen. Sie riecht immer wie eine Blumenwiese und nimmt ihre Aufgabe als Stiefmutti sehr ernst. Darum geht sie drei Mal die Woche Johannas liebstem Hobby nach – Shopping, solange das Geld reicht. Und darüber hinaus. Als nette beste Freundin lässt sie gern was springen, ist schließlich gut für die Beziehung zwischen ihnen beiden Mädchen, wie sie gern scherzhaft erzählt. Larissa kichert dann und klingt dabei wie Johanna, wenn sie kichert. So nahe sind sie sich, dass sich Bruno, Larissas Vater, langsam Sorgen machen sollte.

In nur drei Monaten ist aus Larissa, der Sekretärin, die er bei einem Firmen-Event abgeschleppt hat, Larissa, die beste Freundin seiner Tochter geworden. Neuerdings hat sie sogar ihre Perlenohrringe abgelegt und sie durch silberne Totenköpfe ersetzt. »Die sind voll in, Johanna hat auch solche. Und sie passen gut zu meinen Jogginghosen.«

Seinen Einwand, dass sie so nicht zur Arbeit gehen könne, wischte sie – kichernd wie Johanna – weg. »Sei nicht so spießig, man könnte meinen, du bist schon über 40.«

Bruno biss die Zähne zusammen, weil er bereits stramm auf die 50 zugeht. Das musste er ihr nicht unbedingt auf die Nase binden. Huch, erst jetzt entdeckte er, dass auf Larissas bis dato makellos gepudertem Näschen ein Pickel spross. Ein Rückfall in die Pubertät?! »Aus Solidarität mit Johanna«, erwiderte Larissa und stolzierte, so gut man eben in Jogginghose stolzieren konnte, davon.

Nebenbei hielt sie ihr Handy dicht an die Lippen und brummelte vor sich hin, ganz so, wie sie es von Johanna gelernt hatte. Sie setzte eine Sprachnachricht ab, vermutlich beschwerte sie sich bei ihrer besten Freundin über das Verhalten ihres Freundes. Bruno war die seltsame Verwandlung nicht geheuer. Ganz davon abgesehen, dass er eigentlich froh gewesen war, nur eine Tochter zu haben. Nun schienen es zwei geworden zu sein. Andererseits war es schön, dass Johanna so eine gute Freundin gefunden hatte, die ihr mit Rat und Tat beiseite stand. Oder etwa nicht? Egal, was passierte, stets sagte Larissa: »Das kriegen wir hin.«

Dank ihres formidablen Einsatzes bei der Anfertigung von Hausaufgaben, Referaten und Powerpoint-Präsentationen hatte Johanna auf einmal ein solides Zweier-Zeugnis. Das war zum letzten Mal in der ersten Klasse so gewesen. Sogar die Fünf in Mathe war Geschichte, weil Larissa ein echtes Ass in Kurvendiskussion ist. Ein dicker Pluspunkt für Larissa und ein wichtiges Kriterium, das auch Bruno verdeutlichte, was für eine wichtige Bezugsperson und herausragende Stiefmutter seine neue Freundin abgab. Und sagen wir so: Wenn Larissa nackt ins Bett kroch und sich an ihn kuschelte, war es egal, dass sie den ganzen Tag in Schlabberhosen und mit Totenköpfen in den Ohrlöchern herumgelaufen war. Oder?

Nanu, was war denn das? Um Larissas Bauchnabel rankte eine rosarote Rose, auf deren Blütenblättern ein J und ein L eintätowiert waren. Im Halbdunkel schien es fast, als ob sie bei jedem Atemzug weiter wuchs, größer und größer wurde, den Busen bedeckte, die Schultern. Hastig löschte Bruno das Licht der Nachttischlampe. In Gedanken zählte er die Jahre bis zu Johannas Abitur. Konnte er so lange mit zwei besten Freundinnen unter einem Dach hausen, zum Wohle des Abischnitts?

Merke: Wenn du die beste Freundin deines Stiefkindes wirst, kann es sein, dass die Beziehung zu deinem Partner endet. Denn der will kein weiteres Kind, sondern eine Frau auf der anderen Seite des Bettes. Überdenken Sie also noch mal, wie viele Jahre zwischen Ihnen und dem Bonuskind liegen – und ob Sie wirklich bereit sind, Ihre hübschen Kostümchen gegen Jogginghosen auszutauschen.

Die Totenkopf-Ohrringe sind wirklich cool, die dürfen Sie behalten. Ja, eine Sprachnachricht dürfen Sie noch verschicken, um Ihrer ehemals besten Freundin ein Memo zu schicken. Aber dann ist Schluss mit dem Unfug. Pudern Sie sich die Nase und verwandeln Sie sich wieder in die Frau, die Sie waren.

Wie Sie als »die Liebende: Mein geliebtes angenommenes Kind« überleben

Es gibt nichts Schöneres als so ein Stiefkind, findet Franziska und betüddelt von früh bis spät Bastian. Dem gefällt sein neues Leben so weit gut. Jeden Morgen steht der warme Kakao am Bett, wenn er die Augen aufschlägt. Sein Zimmer ist aufgeräumt, bis auf die eine

Ecke am Fenster, da darf Franziska nichts machen. Das hat er ihr verboten, und da hält sie sich selbstverständlich dran. So ein Stiefkind braucht seine Privatsphäre, außerdem will sie es sich mit ihm nicht verscherzen. Rasch schlüpft Bastian in Hemd und Hose, die sie ihm bereitgelegt hat. Ein toller Service – alles riecht immer frisch wie der junge Frühling. Weil alles so toll ist, lässt Bastian Franziskas herzliche Umarmungen stoisch über sich ergehen. Einzig die liebevollen und überaus schlabbrigen Küsse auf seine Wangen wischt er sich jedes Mal ab. Franziska merkt das gar nicht, weil sie ihm einen schönen und erfolgreichen und wunderbaren und großartigen Tag wünscht und sich schon waaaaahnsinnig darauf freut, wenn sie heute Nachmittag zusammen Lego spielen, puzzeln, Hausaufgaben machen, Kuchen backen und so weiter und so fort.

Draußen hüpft Bastian erleichtert die Straße entlang, kickt einen Stein ins Gebüsch und hält Ausschau nach seinem Klassenkameraden Marcel. Bis Franziska ihm den Arm um die Schulter legt. Sie hat es sich anders überlegt und begleitet ihn auf seinem Weg zur Schule. Ist viel schöner so, nicht wahr? Bastian nickt, was soll er anderes tun? Hoffentlich biegt Marcel nicht gleich um die Ecke und sieht ihn mit seiner Stiefmutter im Schlepptau, der die Liebe aus jeder Pore trieft. Peinlich! Leider tut Marcel ihm nicht den Gefallen, heute die Schule zu schwänzen. Sein Grinsen ist breiter als der Schulhausmeister, schöner Mist. Franziska kriegt nichts mit, sondern freut sich überschwänglich, dass sie eeeendlich Bastians Kumpel kennenlernt. »Du bist der mit der Mutter, die vor fünf Monaten ausgezogen ist, richtig? Wenn du dich allein fühlst, kannst du immer gern zu uns kommen. Stimmt doch, Bastian, oder?«

Marcel vergeht sein Grinsen. Seine Mundwinkel zucken. Bastian weiß, was das bedeutet, aber er sieht gar nicht ein, dass er Franziska warnt. Das hat sie sich selbst eingebrockt. Als Marcel gegen Franziskas Schienbein tritt, ist das nur eine logische Folge ihrer übertriebenen Liebe, die nicht mal vor einem wie Marcel, den sie gar nicht kennt, haltmachen würde. Stiefmütter wie Franziska sind eine Plage. Sie suchen sich gezielt Männer mit Kindern, um die armen Geschöpfe anschließend mit ihrer Liebe so zu überhäufen, dass sie entweder ersticken oder gewalttätig werden.

Wenn Sie zu dieser Spezies gehören, schaffen Sie sich lieber einen Hund an. Er wird Ihnen treu ergeben sein, im Gegensatz zu Stiefkindern. Die nutzen Ihre Schwäche nur aus und werfen Sie ihren Freunden zum Fraß vor, wenn sie Ihre überbordenden Liebesbeweise nicht mehr ertragen.

Alternativ lernen Sie, Ihre Liebe zu tarnen. Geben Sie die Nüchterne, die Raubeinige, die Zurückhaltende, vor allem: die Souveräne. Damit können Kinder umgehen. Mit Küsschen, Umarmungen, Herzen und Bussis nicht. Tarnen Sie Ihre Liebe in Form von leckerem Essen, spannenden Ausflügen und ab und an einem kleinen Geschenk. Das reicht. Den Rest Ihrer Liebe können Sie Ihrem Partner schenken. War er nicht der Ursprung der neuen Lebenskonstellation? Stimmt, da war noch was. Der Mann, der Vater. Sollten Sie ihn unterwegs vergessen haben: Es ist an der Zeit, sich zu erinnern und ihm zu zeigen, dass Sie nicht nur der Kinder wegen mit ihm zusammengekommen sind.

Sollten Sie zu der Fraktion der Frauen gehören, die immer davon geträumt haben, einen Stall voller Kinder zu haben: Bitte schön, Sie haben Ihr Ziel erreicht. Das bedeutet aber nicht, dass Ihre Kinder den Traum hatten, eine Stiefmutter wie Sie zu bekommen. Die ihre Erfüllung darin findet, die lieben Kleinen mit ihrer Liebe zu erdrücken, bis sie platt sind wie Flundern. Wenn Sie sich mal wieder nicht beherrschen können, denken Sie an Bastian und Marcel. Franziskas Schienbein blutete übrigens und musste mit drei Stichen genäht werden. So richtig verstanden hat sie nie, was da passiert ist. Sie hat nichts falsch gemacht, oder? Die Beziehung zu Bastians Vater, wie war noch mal sein Name?, ist zerbrochen.

Plötzlich hatte er eine andere. Eine, die nicht mal wusste, wie man ein Legoschiff baut, und sich überhaupt nicht für die Urzeit-Krebse interessierte, die Franziska mit Bastian im Salzwasser-Aquarium gezüchtet hatte. Wahrscheinlich sind sie einen qualvollen Tod gestorben, nachdem Franziska sie zurücklassen musste.

Manchmal steht sie vor Bastians Schule, und Bastian läuft in großem Bogen um sie herum, weil er Angst vor ihren Tränen hat. So weit dürfen Sie es wirklich nicht kommen lassen. Ach so, Franziska hat einen neuen Freund. Er wohnt ganz in der Nähe und hat einen Sohn. Marcel.

Wie Sie als die »Schüchterne: Wir sollten mal reden, vielleicht. Oder?« alles auf die Reihe kriegen

Gehören Sie zu den Stiefmüttern, die sich im Grunde ihres großen Herzens vor ihren Stiefkindern fürchten? Vor ihrer Ablehnung, ihrem Hass, vor Verachtung und Antipathie oder – noch schlimmer – vor ihrer Gleichgültigkeit. Susanne ist so eine. Sie traut sich kaum, an Arnes Zimmertür zu klopfen. Sie könnte ihn stören. Nerven. Oder Schlimmeres: von seinen Computerspielen abhalten. Eine Katastrophe. Darum schleicht sie lieber auf leisen Pantoffeln durch die Wohnung und verhält sich wie eine Einbrecherin. Sie schafft es nur unter Aufbietung ihrer stärksten emotionalen Kräfte und der größtmöglichen Unterzuckerung, die Kühlschranktür zu öffnen und ein Stückchen Käse zum Verzehr herauszunehmen – könnte sein, dass Arne ausgerechnet dieses Stückchen gern gegessen hätte.

Ich schwöre, seit Susanne Stiefmutter ist, ist sie mindestens fünf Zentimeter geschrumpft. Weil sie sich den ganzen Tag klein und immer kleiner macht, der Rücken gebeugt, die Haltung devot, die Zehen schmerzen vom Herumschleichen. Sie ist echt nicht zu beneiden. Was ist hier los? Arne ist zwölf und hat schon manche Freundin seines Vaters mit Gleichmut ertragen. Seine Einstellung: Die hält es eh nicht lange mit ihm aus. Aber mit Susanne ist es anders, das spürt er.

Plötzlich lacht sein Vater wieder, so wie früher, als er noch mit Mama zusammen war. Er rasiert sich, war beim Friseur und geht jetzt drei Mal die Woche joggen. Alles wegen dieser Susanne. Sie ist nett, redet zwar nicht viel, aber sie macht, dass sein Vater wieder ins Kino geht und sich ein cooles neues Rad gekauft hat und eins für Arne gleich mit. Eigentlich ist alles okay, abgesehen davon, dass Susanne stört. Als Vater-Sohn-Gespann waren sie unschlagbar. Papa hat von der Arbeit erzählt, wenn er nach Hause kam. Sie haben zusammen gekocht und Hausaufgaben gemacht, Fernsehen geschaut und morgens zu zweit gefrühstückt.

Und jetzt? Steht Susanne morgens in Vaters Bademantel in der Küche und kocht diesen furchtbar aufdringlich stinkenden Kräutertee, der gut für Arnes Akne sein soll. Das hat sie ihm aber so nicht gesagt, sondern Papa hatte ihm das heimlich gesteckt, als er ihn mit dem Auto zur Schule brachte. »Ist das nicht nett von Susanne? Sie macht sich so viele Gedanken um dich.«

Ja, und? Soll sie doch, Arne hat sie nicht darum gebeten. Er braucht Susanne nicht, und er will seinen Vater nicht teilen.

Susanne spürt Arnes Ablehnung, die wie eine Betonwand zwischen ihnen steht. Sie fürchtet sich vor Stress, Streit, Trennung. Nach der Scheidung ist sie so konfliktfreudig wie ein Bambi im Angesicht eines Wolfs. Sie wünscht sich nichts mehr als Glück und Harmonie, selbst gemachte Marmelade zum Frühstück und einen freundlichen Zwölfjährigen am Tisch. Tatsächlich verbrennt sie sich die Zunge an dem Kräutertee, den sie voller Nervosität in sich hineinschüttet, während Arnes Vater sich hinter der Zeitung versteckt und Arne schweigend auf einem Brot (ohne Marmelade, nur mit Butter) herumkaut. Glückliche Familie hatte Susanne sich anders vorgestellt, ganz anders. Und obwohl sie alles probiert, um

Harmonie und gute Stimmung aufkommen zu lassen, wird die Lage immer angespannter.

Wer sucht bei sich die Schuld? Susanne natürlich. Typisch Frau und Stiefmutter, die volle Verantwortung reinziehen, ohne Wenn, Aber und Gejammer. Hervorragende Einstellung, mit der schon andere als Heilige verehrt und als böse Stiefmutter vom Hof gejagt wurden. Vielleicht könnte Susanne damit anfangen, Marmelade einzukochen? Das war ihr Vorschlag, nicht meiner. Im Übrigen nicht der beste, denn Arne isst am liebsten Nutella. Tja, Pech gehabt. Nur weil drei Menschen zusammen am Frühstückstisch sitzen, heißt das noch lange nicht (sehr, sehr, sehr lange nicht), dass sie eine Familie sind.

Arne kämpft mit den Waffen eines Zwölfjährigen. Damit zielt er direkt auf das Herz seines Vaters. Susanne hat all dem nicht viel mehr entgegenzusetzen als ihr süßes Bambi-Gehabe. Kann sein, dass sie Arnes Vater damit eine Weile über die dramatische Lage hinwegtäuscht. Arne hingegen wird immer stärker, ohne viel mehr zu tun, als missmutig zu gucken und sich, wann immer möglich, in seinem Zimmer zu verschanzen. Sie verstehen richtig: Das hier ist ein Kampf, der nicht offen, sondern versteckt ausgetragen wird. Und bei dem Susanne nicht viel mehr Chancen ausgerechnet werden können als Bambi, das vor dem Wolf davonläuft.

Sie schlagen vor, Susanne soll türmen? Warum soll sie mit einem Zwölfjährigen einen ungleichen Kampf austragen? Zumal der Vater offenbar nicht wirklich für seine Liebe kämpft. Trotzdem sollte Susanne auf den Tisch hauen und ihr Stück Käse in der Versorgungskette einfordern. Wo kommen wir Stiefmütter denn da hin, wenn wir uns wie ängstliche Bambis verirrt im dunklen Wald aufführen? Ein bisschen mehr Selbstbewusstsein hat noch nie geschadet und ein ordentlicher Streit auch nicht.

Deswegen muss Susanne nicht gleich den ganzen Gouda in sich reinstopfen. Aber sie darf ihre Tränen trocknen und deutlich verkünden, dass sie Hunger hat – auf Käse und nach einer Familie, in der sie so laut durch die Wohnung trampeln darf, wie es ihr gefällt.

Wie Sie als »die Verzweifelte: Wir müssen reden! Jetzt! Sofort!« die Nerven behalten

Anja befindet sich in einem fortgeschrittenen Stadium der Verzweiflung. Morgens, wenn sie aufwacht, möchte sie am liebsten die Augen sofort wieder zumachen oder direkt losheulen. Von Clemens, ihrem Partner, fühlt sie sich nicht ernst genommen, und von den drei Stiefkindern Michelle, Gustav und Neo gemobbt. Im Hintergrund spinnt auch noch die Mutter der Kinder ihre Intrigenfäden, in denen Anja sich regelmäßig verheddert. Die Lage ist also ernst. Ein Gespräch ist fällig. Findet Anja und außer ihr niemand in der Familie. Wenn sie ein Problem hat, kann sie mit ihrem Therapeuten darüber sprechen, sagt Clemens. Er weiß sowieso nicht, was sie hat. Alles ist im grünen Bereich. Die Kinder stehen morgens brav auf und gehen zur Schule. Was will man sonst? Er muss sowieso dringend ins Büro und kommt erst sehr spät wieder. Michelle, Gustav und Neo schweigen. So machen sie es immer. Es ist die sicherste Methode, Anja in Rage und Verzweiflung zu treiben. Sie ist allein und isoliert.

Mittlerweile geht ihr Verfolgungswahn so weit, dass sie Mathilda, den Familienhund, verdächtigt, ihre Wanderschuhe versteckt zu haben. Unter uns gesagt, Anja hat die Kontrolle verloren, fatal in ihrer Situation. Das würde Ihnen nie passieren? Mir schon. So etwas hinterlässt nachhaltige Spuren in der Seelenlandschaft. Denn Stiefkinder sind hundsgemein, hinterhältig und wenig subtil, wenn es darum geht, ihre ungeliebte Bonusmutter aus dem Haus zu jagen. Immer wieder gern genommen sind eindeutige Botschaften, die mit Magneten an die Kühlschranktür geheftet werden, etwa über zu dicke Frauen, die ihre Fettwülste dringend reduzieren sollten, oder über preisgünstige 1-Zimmer-Wohnungen in weit entfernten Stadtteilen. Anja weiß genau, was die drei ihr damit sagen wollen. Clemens lacht nur darüber. »Das sind Teenager-Streiche, meine Güte.«

Er malt lachende Smileys auf die Zettel und holt sich dann die Leberwurst aus dem Kühlschrank. Nur so am Rande: Clemens ist auch nicht der Schlankeste unter Gottes Sonne, aber er ist der Vater, der von seinen drei scheinheiligen Kindern geliebt wird. Am nächsten Tag hat jemand die Smileys mit Teufelshörnern und einem Dreizack ausgeschmückt – das ist eine eindeutige Kampfansage, die bei Anja einen anhaltenden Heulkrampf auslöst. Natürlich erst, als sie allein in der Küche vor ihrer fünften Nutella-Stulle sitzt und Kamillentee in sich hineinschüttet, Nervennahrung plus Magenberuhigung.

Sie entwickelt einen Plan. Sie wird Michelle, Gustav und Neo zur Rede stellen, sobald sie von der Schule zurück sind. Ist doch egal, dass ihre Augen knallrot vom Heulen sind. Geduscht hat sie auch nicht, und das Schlabbershirt, das sie sich von Clemens ausgeborgt hat, hängt wie ein Sack an ihr herunter. Anja ist eine Stiefmutter von trauriger Gestalt. Sie serviert ihre Verzweiflung förmlich als Mittagessen für die drei Kinder, als sie am Küchentisch sitzen. Besser geht es nicht, oder?

Auch wenn Neo, Michelle und Gustav nicht so recht wissen, wo sie hingucken sollen, als Anja sie mit ihren Vorwürfen überhäuft und dabei hektisch mit dem Löffel in ihrer Kamillenteetasse herumrührt. Sie macht das genau richtig, immer alles schön in Fragen verpacken, die keiner beantworten kann oder will. »Warum seid ihr so gemein zu mir? Warum mobbt ihr mich? Was habe ich euch eigentlich getan? Warum hängt ihr diese unsäglichen Zettel an den Kühlschrank?« Dass sie darauf zufriedenstellende Antworten bekommt, steht außer Frage. Natürlich wird ihr Neo erklären, dass er das alles nicht so gemeint hat, Michelle wird sich mit ihr solidarisieren, so von Mädchen zu Mädchen, und Gustav wird sich glaubhaft und zutiefst entschuldigen. Und wenn sie nicht gestorben sind, dann sitzen sie noch heute am Küchentisch und reden miteinander.

Sie haben wohl zu tief in Ihren Kamillentee geguckt. Tatsächlich wissen Stiefkinder genau, was sie zu tun haben. Sie schweigen betreten. In der Hoffnung, dass Anja irgendwann fertig ist mit ihrem Vortrag und sie gehen lässt. Wenn ein Ende auf absehbare Zeit nicht naht, flüchten sie sich in Hausaufgaben. »Ich muss dringend für die Matheklausur morgen lernen.«

So schnell gibt Anja nicht auf, ha! Wenn sie jetzt nachsetzt, werden die drei ungemütlich. »Wir finden dich voll gemein. Wir haben gar nichts gemacht. Wie kommst du darauf, dass die Zettel von uns sind?«

Drei gegen einen, da hat die stärkste Stiefmutti keine Chance. Kein Wunder, dass Anja wieder heult. Damit erreicht sie bestimmt ihr Ziel. Plötzlich lieben Neo, Gustav und Michelle sie wie ihre eigene Mutter, und alles wird gut.

Ich empfehle Ihnen dringend, vom Kamillenteekonsum Abstand zu nehmen. Vielleicht hilft etwas Stärkeres? Pfefferminze? Eine neue Wohnung ganz für Anja allein? Mal im Ernst: Eine Stiefmutter muss ihre Stiefkinder nicht mögen, und umgekehrt steht es genauso. In Verzweiflungszustände sollte man sich nicht begeben, sie schaden dem Teint und dem Gemütszustand. Drum prüfe, wer zusammenziehe. Der Vorteil, den Sie haben, liegt klar auf der Hand. Sie können ihre künftigen Mitbewohner vorher kennenlernen (anders als bei leiblichen Kindern, da weiß man nie, was man selbst produziert) und entscheiden, ob man sich vor dem Bezug einer gemeinsamen Wohnung darauf einigt, dass Botschaften jedweder Natur nicht an den Kühlschrank gehängt werden.

Wie Sie als die »total Desinteressierte: Reden? Wozu?« überleben

Selina hat alle Vorstufen durch: Reden? Hat sie aufgegeben, weil die verbale Einbahnstraße sie zermürbt hat. Liebevoll, nett, wütend – alles probiert und an der gleichgültigen Miene von Stieftochter Jette kläglich gescheitert. Schreien, heulen, wehklagen? Alles gemacht, hat nichts gebracht. Wochenlang flossen die Tränen ins nasse Kissen. Selina fühlte sich als Versagerin. Bis sie eines Morgens ihre Tränen trocknete, das vollgeheulte Kissen in die Waschmaschine stopfte und dachte: Ach was, damit ist Schluss.

Fortan lässt Selina alles an ihrer eiskalten Schulter abprallen. Wenn Jette ihr zu nahe kommt, fröstelt die 13-Jährige, weil Selina die Aura von Sibirien umgibt, dessen Permafrostboden niemals wieder auftauen wird. Leidvolle Erfahrungen haben Selina zu dem gemacht, was sie geworden ist. Jette ist krank? Pech, da muss der Vater wohl mit ihr zum Arzt. Jette hat schlechte Noten? Auch Pech, da muss der Vater sich um eine Nachhilfe kümmern. Jette hat Hunger? Noch mehr Pech, weil Selina nur noch für sich selbst kocht. Jette will sich unterhalten? Na, dann kann sie ihr Smartphone vollquatschen, weil Selina ihre Ruhe braucht. Grabesruhe herrscht in der Wohnung, der Eisblock hält Mittagsschlaf. So sieht ein funktionierendes Patchworkfamilienleben aus, Selina hat es echt geschafft. Es gibt keine störenden Elemente mehr. Alles, was nervt, blendet sie konsequent aus. Also, Jette. Die muss allein zurechtkommen. Selina kümmert sich nur noch um sich selbst. Dienstags macht sie Aqua-Gymnastik, mittwochs geht sie zum Chinesisch-Kurs, außerdem arbeitet sie wieder Vollzeit als Chefsekretärin, und in den Herbstferien verreist sie mit ihrer besten Freundin auf eine Wellnessfarm.

Selina ist total glücklich, wie ihr Leben verläuft, alles tutti, wie sie ihrer Freundin beim Beauty-Drink im Schokoladenbad erzählt. Ihr Partner Volker ist auch so ein toller Typ. Er lässt ihr alle Freiheiten und geht ihr überhaupt nicht auf den Keks. Und mit Jette ist auch alles prima, die Kleine hängt halt sehr an ihrem Vater.

Seit Selina nicht mehr um ihre Liebe kämpft, ist alles plötzlich so einfach geworden. Sie schmiert keine Pausenbrote mehr, muss keine Armbänder mehr mit ihr basteln, bis sie eine Allergie gegen die Plastikperlen kriegt. Jedes Wochenende schläft sie aus, während Volker mit Jette ins Hallenbad oder zum Kletterwald fährt. Tja, entspannt ist das Leben als eiskalte Stiefmutter, der alles den trainierten Rücken runterrutscht. Einmal rumdrehen und weiterschlafen. Kann sein, dass das nicht ganz Ihrer Vorstellung von der glücklichen Rama-Familie entspricht, aber so ist das Leben. Wenn es Ihnen nicht passt, ziehen Sie eben wieder aus. Keiner hat gesagt, dass es Spaß macht, Stiefmutter zu sein. Keiner hat behauptet, dass Stiefkinder ihre Stiefmütter mögen müssen. Der umgekehrte Fall gilt ebenso. Keiner hat gesagt, dass Stiefmütter ihre Stiefkinder mögen müssen.

Valerie geht die Sache anders an, sie hat ihre Stiefkinder Annelie und Tristan nie in ihr Herz geschlossen. Da hatte nur einer Platz: Knut. Darum betrachtet sie ihre Stiefmutterrolle als Job, in dem Emotionen wenig zu suchen haben.

Einmal die Woche holt sie die Kleinen vom Kindergarten ab und geht mit ihnen auf den Spielplatz, exakt eine Stunde lang. Auf dem Nachhauseweg gibt es eine Kugel Eis (nie mehr!), und damit hat sie – ihrer Meinung nach – ihre Aufgabe erfüllt. Was soll ich Ihnen sagen? Sie finden Valerie herzlos? Muss eine Stiefmutter ihre Stiefkinder nicht lieben wie ihre eigenen, sie umsorgen, Tag und Nacht um ihr Wohlergehen besorgt sein? Nö, muss sie nicht, wenn Sie mich fragen. Jede darf ihre Position selbst bestimmen und ausfüllen – und wenn kein Interesse besteht, besteht eben keines.

Kann sein, dass Knut eine Ersatzmutter für seine Kinder gesucht hat, dann ist Valerie sowieso nicht die Richtige. Lassen Sie sich nicht einreden, dass etwas mit Ihnen nicht stimmt, wenn Sie sich nicht für jeden Pups interessieren, den Ihre Stiefkinder lassen. Die lieben Kleinen haben schon Eltern, das sollten Sie nie vergessen. Sie haben nicht darauf gewartet, dass Sie als Phönix-Mutti aus der Asche der Einsamkeit hochsteigen, um sie zu retten.

Also, bleiben Sie auf der Yoga-Matte und absolvieren in aller Ruhe Ihre Übungen, ehe Sie sich Ihren Rücken verrenken, weil Sie unbedingt beweisen wollen, dass man mit Ihnen am besten Huckepack-die-Eisenbahn spielen kann. Heucheln Sie kein Interesse, wenn keines da ist. Oder versuchen Sie es mal, ich glaube, so schnell können Sie gar nicht die Flucht ergreifen, wie ihre Bonuskinder Sie als herzloseste aller Stiefmütter entlarven.

9. KAPITEL

WIE SIE DIE REAKTIONEN DER UMWELT AN SICH ABPERLEN LASSEN ...

Du bist jetzt also die böse Stiefmutter« – das ist eine Feststellung meines besten Freundes gewesen, keine Frage, als ich ihm erzählt habe, dass mein neuer Lover drei Kinder hat. »Wenn es Spaß macht«, hat er noch hinterhergeschoben und gegrinst.

Das war noch die freundlichste aller Reaktionen auf diese Nachricht.

Komisch, wo alle so furchtbar tolerant und verständnisvoll sind und Kinder liiieeeben. Nein, der Spaß hört auf, sobald eine Frau sich in einen Mann mit bereits vorhandenem Nachwuchs verliebt. In null Komma nichts verwandelt sie sich in eine böse Hexe, die fremde Kinder quält, in eine Ehezerstörerin (auch wenn die Scheidung Jahre zurückliegt), die sich die Kinder einer anderen geradezu einverleibt, in eine dumme Kuh, die ihre Vision von einer glücklichen Familie mit Kindern lebt, die sie nicht selbst aus ihren Lenden gepresst hat. Wie kann man nur?!

Diese Frage scheint den Großteil der Bevölkerung zu beschäftigen, und selten wird darauf verzichtet, dies auch lautstark zu kommentieren. Machen Sie sich also auf einiges gefasst, und wappnen Sie sich mit viel guter Laune oder verschlossenen Ohren.

Wie Sie die »Familie: Musst du dir das wirklich antun?«-Bemerkungen überleben

Das Entsetzen stand Janas Mutter ins Gesicht geschrieben, als sie ihr erzählte, dass sie sich in einen Mann verliebt hat, der zwei Kinder hat. Genau genommen drei, das dritte Kind ist schon erwachsen. »Muss das denn sein? Du hast doch schon so viel zu tun?«

Ich weiß genau, was hinter dieser Frage lauert, auch wenn Janas Mutter es nicht laut ausspricht: »Kann der Mann dich ernähren, wenn er schon andere hungrige Mäuler zu stopfen hat?« Gleichgültig in diesem Moment ist die Tatsache, dass Jana sich seit fast zwei Jahrzehnten ganz gut selbst ernähren kann. »Jetzt musst du dich um zwei Gören kümmern, die nicht mal deine eigenen sind.«

(Auch gleichgültig, dass Janas neuer Freund nicht von ihr erwartet, dass sie fortan das Hausmütterchen an der Herd- und Wäschefront spielt. Er kommt nämlich gut allein klar zwischen Spaghetti und Weichspüler.) »Und was ist mit dir: Wenn er schon zwei Kinder hat, könnt ihr kein eigenes mehr bekommen. Wer soll denn das alles bezahlen? Warum suchst du dir nicht einen Mann mit einem ordentlichen Einkommen, der sich nicht bereits mehrfach vervielfältigt hat?«

Ich habe auf all diese Fragen nur eine Antwort: Stiefmutter-Sein passiert. Am besten integrieren Sie Ihre gesamte Familie ebenso rasch in Ihr neues Leben wie die Kinder Ihres Freundes. Das geht ganz einfach: Tauchen Sie künftig nie mehr irgendwo allein auf. Erklären Sie Ihre eigene Mutter kurzerhand und offiziell zur Stiefomi, und übertragen Sie ihr sofort wichtige Aufgaben wie Geschenke zum Geburtstag der Bonuskinder kaufen oder die lieben Kleinen bei Schlechtwetter zum Burger-Essen begleiten. Achten Sie dabei nicht auf Protest oder Widerwillen – so eine Patchworkfamilie will schließlich gelebt werden, und zwar mit allen Angehörigen.

Ganz anders sah übrigens die Reaktion von Janas Vater aus, als sie ihm von meiner neuen Familie erzählte. Sein grimmiges Gesicht zeigte ihr, dass er äußerst unzufrieden mit ihrer Partnerwahl war. »Du hast immer ein großes Herz gehabt.«

Für ihn ist Jana eine Heilige, die ihr Leben wegwirft, um die Brut einer anderen großzuziehen. Kurz sonnte sie sich im Licht des Scheins über ihrem ehrenhaften Haupt, ehe sie auf den harten Boden der Realität auftraf. Denn ihr Freund kam in beiden Varianten nicht besonders gut weg. Er ist an dieser einzigen Zumutung, die seine Lebenssituation und seine Kinder darstellen, schuld. Und er mutet sie Jana zu, ohne einen Funken schlechten Gewissens, Entschuldigung, whatever. Ein mieser Hund muss das sein, wenn man meinem familiären Umfeld glauben möchte. Noch dazu einer, der schwanzwedelnd hinter den Frauen her ist.

Die Neugier kannte auch im erweiterten Familienkreis lange keine Grenzen, jahrelang begleiteten Jana diese Standardfragen: »Habt Ihr überhaupt noch Zeit für euch? Und für Sex? Sind die Kinder nicht laut, teuer, nervig? (Komisch, dass man das bei den selbst produzierten Kindern nie fragt.) Liebst du diese Kinder?« (Muss sie denn?)

Andere stellen keine Fragen, sondern geben gern und immer wieder ungefragt gute Ratschläge: »Da musst du streng sein, um dich durchzusetzen«, »Denen darfst du nichts durchgehen lassen, sonst tanzen sie dir auf der Nase herum«, »Die sind bestimmt von ihrer Mutter negativ beeinflusst«, »Wenn sie älter sind, machen sie dich fertig – das wird übel. Du solltest unbedingt an dich denken«.

Für die Umwelt ist Jana entweder eine Heilige oder eine doofe Kuh, ein Opfer oder ungeheuer mutig. So recht weiß keiner, was er mit ihr anfangen soll, deswegen gibt es auch diverse Rückzugsgefechte. »Bei dir ist im Moment sicher einiges sehr schwierig, da will ich nicht weiter stören«, »Du hast bestimmt jede Menge zu tun, ich melde mich in ungefähr hundert Jahren wieder«.

Machen Sie sich nichts daraus und gehen Sie Ihrer Wege. Sie haben schließlich Ihre eigene Familie. Auch wenn die Kinder störrisch, teuer, laut und unberechenbar sind – das sind Sie auch. Das haben wir in den vorhergehenden Kapiteln wunderbar geübt.

Je missmutiger die bucklige Verwandtschaft sich gibt, desto fröhlicher sollten Ihre eigenen Kommentare sein: »Sag, Tante Astrid, du konntest dir nicht aussuchen, dass ich deine Nichte bin, oder? Darum wirst du mich jetzt für den Rest deines Lebens nicht mehr los. Und zu mir gehören jetzt ein Mann und drei Rotzgören, die deine Schokotorte über alles lieben. Darum kommen wir nun öfter zu Besuch.«

Wenn Tante Astrid vorgibt, auf Kreuzfahrt zu gehen, laden Sie sich ein, sie zu begleiten. »So ein Tantchen soll nicht so viel allein sein.«

Stellen Sie sich vor, was für ein Riesenspaß das wird, vor allem, weil Tante Astrid alles bezahlt. So eine kinderlose Verwandte ist Gold wert! Während die Umgebung noch über Ihre Partnerwahl grübelt und lamentiert, sind Sie längst auf dem Weg in die Karibik. Tantchen wird sich mit der neuen Lebenssituation noch anfreunden. Sehen Sie sich auch schon am weißsandigen Strand mit Blick auf das türkisblaue Meer? Das Leben als Stiefmutter kann so schön sein. Lassen Sie sich von Ihrer Familie bloß nicht einreden, dass ein kinderloser Freund die bessere Wahl gewesen wäre. Mit dem wären Sie nicht auf die Idee gekommen, in See zu stechen.

Wie Sie die »Nachbarn: Wer gehört denn hier zu wem?!«-Fragen überhören

Und jetzt das: Sie stehen an der Haustür, und Ihr Nachbar von schräg gegenüber kommt mit entschlossenem Blick und großen Schritten auf Sie zu. »Sagen Sie, was ich Sie schon immer fragen wollte: Wer gehört hier eigentlich zu wem?«

Sie setzen zu einer langatmigen Erklärung an? Nicht doch! Machen Sie Ihren Mund wieder zu und denken Sie nach. Es ist ein urcigenes Bedürfnis des Menschen, seine Umwelt – sprich: Sie und Ihre Familie – in eine Schublade zu stopfen, damit Ordnung herrscht. Solange das nicht möglich ist, ist Ihre Umgebung mit Ihnen nicht im Reinen. Es besteht ein Ungleichgewicht an Wissen zwischen Ihnen und der Sie umgebenden Menschheit, sprich: dem Nachbarn, der nicht weiß, wie die Verhältnisse sind und in welche verdammte Schublade Sie passen.

Daher rate ich Ihnen zu folgenden Überlegungen: Darf Ihr Nachbar Ihnen so eine Frage stellen? Sind Sie ihm Rechenschaft schuldig, wer in Ihrem Haus ein und aus geht? Beantworten Sie alle Fragen mit Ja, dann nur zu: »Das sind Jens, Karina und Frederika, meine Kinder.«

»Ach, das sind Ihre Kinder? Die sehen Ihnen gar nicht ähnlich.«

»Das liegt daran, dass es keine genetische Verwandtschaft zwischen uns gibt.«

»Wie, was? Das verstehe ich nicht. Sind die … äh, also … adoptiert?!«

So ein Nachbar schreckt vor keiner Frage zurück, damit endlich wieder Ordnung in seinem Köpfchen herrscht. Spätestens jetzt sollten Sie vielsagend nickend und Ihrer Wege ziehen. Aber, bitte, wenn es Sie drängt, erzählen Sie ruhig alles haarklein aus Ihrem Leben. Damit bis zum Abend die gesamte Straße über Ihre Lebensverhältnisse Bescheid weiß. Ist schließlich kein Geheimnis. Meiner Erfahrung nach ist es gut, Neugierde entweder vollständig zu befriedigen. Das bedeutet, Sie fangen beim Kennenlern-Date vor fünf Jahren an und enden damit, dass Sie mit Ihren Kindern heute Schulhefte einkaufen gehen wollen. Oder Sie ersticken die Neugierde so nachhaltig, dass Ihr Nachbar niemals wieder wagt, Sie nach mehr als dem Wetter zu fragen. Gerne wende ich hierbei die Gegenfrage-Technik an, und die geht so:

Nachbar: »Sind das Ihre Kinder?«
Sie: »Wie kommen Sie darauf?«
Nachbar: »Na, ich habe Sie schon häufiger mit den Kindern gesehen. Deswegen frage ich.«
Sie: »Ja, nicht wahr?«
Nachbar: »Äh, also …«

Sie: »Äh, also?«
Nachbar: »Ja, also, sind das jetzt Ihre Kinder?«
Antwortmöglichkeiten:

1. Ja.
2. Jein.
3. Nein.
4. Weiß nicht.

Mir gefällt 4. am besten, also weiter.
Sie: »Ich weiß nicht. Was meinen Sie?«
Nachbar: »Also, ich hab mich nur gefragt, weil ich Sie schon öfter mit ihnen gesehen habe, aber früher nicht. Wie kommt denn das?
Sie: »Das habe ich mich auch schon gefragt. Warum ist das so? Wie geht es eigentlich Ihrer Frau, ich habe sie lange nicht gesehen?«

Haben Sie das Prinzip verstanden? Gar nicht schwer und doch sehr effektiv. Bleiben Sie immer höflich, irgendwann wird der gute Mann verstehen, dass er von Ihnen keine Befriedigung seiner Neugier erwarten darf. Das Chaos in seinem Kopf bleibt allerdings, und das könnte zu einer nachhaltigen Verschlechterung der nachbarschaftlichen Beziehungen führen.

Es bleibt Ihnen natürlich unbenommen, originellere Antworten zu geben. Einen maximalen Effekt erzielen Sätze wie: »Ich habe die Kinder entführt und sperre sie seitdem ein, heute üben wir Ausgang.« Oder: »Solange sie klein waren, haben sie in der Hundehütte im Garten gewohnt.«

Toll, wenn die Kinder mitspielen und enthusiastisch bellen und knurren. Oder: »Seit ich ihnen jeden Tag etwas zu essen gebe, sind sie unglaublich schnell gewachsen, nicht wahr?«

Oder: »Ich weiß auch nicht, warum die drei seit Monaten immer hinter mir herlaufen. Wollen Sie die Kinder kaufen?«

Oder: »Die Kleine ist die Nichte meines Stiefvaters mütterlicherseits, der Mittlere ist der Schulfreund eines Bruders meiner Großtante, und der Große ist der Sohn eines Enkels meines Schwagers aus vierter Ehe.«

Ich garantiere Ihnen, der Herr Nachbar wird eine Weile brauchen, um zu verstehen. Vermutlich hat er in Zukunft nicht mehr so viele Fragen, jedenfalls nicht an Sie.

Wie Sie Lehrer austricksen, wenn Sie die Entschuldigung für die Schule schreiben

Ina steckt in der Zwickmühle: Gerade als sie loswollte, um im Fitnessstudio den Kampf gegen ihr Bauchfett aufzunehmen, ist Tim nach Hause gekommen und hat sich heulend auf sein Bett geworfen. Nicht, weil er seine böse moppelige Stiefmutter Ina erblickt hat. Nein, es liegt an der Sechs in Mathe und daran, dass sein Vater voraussichtlich fürchterlich mit ihm schimpfen wird, wenn er davon erfährt. »Kannst du nicht die Arbeit unterschreiben?«, fleht er Ina an. »Dann kriegt Papa nichts mit, und ich streng mich beim nächsten Mal ganz doll an. Versprochen.«

Wer kann Tims traurigen Augen widerstehen? Ina jedenfalls nicht. Aber darf sie das überhaupt? Das ist nicht nur ein moralisches Problem im Hinblick auf ihre sonst überaus ehrliche Beziehung mit Albert. Sie erzählen sich wirklich alles, vor allem, wenn es um die Kinder geht. Zudem ist es ein rechtliches Problem. Macht sie sich nicht strafbar, wenn sie als Stiefmutter eine Klassenarbeit unterschreibt? Noch dazu bei der Bewertung. Ina erwägt, einen Kringel unter die Sechs zu malen, das muss reichen. Aber vielleicht glaubt der Lehrer, Tim habe die Unterschrift gefälscht. Dann gibt es erst recht Ärger. Als sie Tim vorschlägt, mit seinem Vater zu reden, kriegt er eine Heulattacke, die sein Bett in ein sinkendes Schiff verwandelt. Also keine gute Lösung. Noch dramatischer wird es, als Tim ihr gesteht, dass er die Sechs kassiert hat, weil er beim Abschreiben erwischt wurde. Das ist der Punkt, an dem Ina darüber nachdenkt, warum ihr Leben bloß so kompliziert geworden ist, seit sie Albert kennt. Wo zum Teufel ist er eigentlich, wenn seine Brut Mist baut? Und warum ist Ina nicht ins Fitnessstudio gegangen, wie sie es vorhatte, bevor Tim nach Hause kam und sie in den Sumpf seiner Untaten hineinzog? Stiefmütterlicher Instinkt. Ina setzt sich zu Tim aufs Bett und bittet ihn, die schrillen Töne beim Heulen abzustellen. Das gebietet ein Mindestmaß an Entgegenkommen, wenn er möchte, dass die Stiefmutter ihm rettend und hilfreich zur Seite steht. Am besten wäre natürlich, ohne zu zögern, Albert anzurufen. Er hat die Verantwortung. Aber Ina nimmt gern alles auf sich, wie es eine ordentliche Stiefmutti macht.

Sie tröstet Tim so lange, bis ihm auffällt, dass Ina ihn in den Arm genommen hat (pfui Teufel noch mal) – ein probates Mittel, um der Heulerei endlich ein Ende zu setzen. Damit Ina das nicht ein zweites Mal tut, gesteht er sofort, dass er in Mathe seit Monaten keinen Durchblick mehr hat, übrigens in Erdkunde, Physik und Chemie auch nicht. Deshalb muss er sich durchmogeln, oder er bleibt sitzen. Am liebsten möchte Ina sich die Ohren zuhalten, was geht sie der ganze Schulscheiß an? Zu spät, Tim ist ins Quatschen gekommen und erzählt ihr noch von der Mobbingaktion gegen die Musiklehrerin, in die er involviert war. Wenn Ina nicht aufpasst, fängt sie bald an zu heulen. Binnen Minuten ist aus ihrem allerliebsten Stiefsohn ein Junge aus zerrütteten Verhältnissen geworden, der am Rande einer Psychose entlangschlittert. Und wer ist schuld? Die Frage können Sie sich selbst beantworten.

Jedenfalls ist Ina bereit, so ziemlich alles dafür zu tun, die Lage zu bereinigen. Da ist eine Unterschrift die kleinste Übung. Nur dass Tim erwähnt, dass er auf keinen Fall morgen in die Schule geht. Das ist alles viel zu peinlich. Außerdem hat Kevin gesagt, dass er ihm fürs Abschreiben noch zehn Euro schuldet, und er hat doch gar kein Geld mehr. Hinzu kommt, dass die Sache mit der Sechs schon vor zwei Tagen passiert ist und Tim seitdem die Vormittage im Park verbracht hat und nicht im Unterricht. Spätestens jetzt sollte Ina die Flucht ergreifen und ihr Heil auf dem Laufband im Fitnessstudio suchen. Was macht sie stattdessen? Sie schreibt Tim eine Entschuldigung für die Schule. »Sehr geehrter Herr Baginski, mein Sohn Tim konnte in den vergangenen Tagen leider nicht am Unterricht teilnehmen, da er an einer starken Erkältung litt. Sein Fehlen bitte ich zu entschuldigen. Mit freundlichen Grüßen, Ina Hecht«.

»Aber das kann ich so nicht abgeben«, moniert Tim und drückt schon wieder ein paar Tränen aus den Augen. »Du bist nicht meine Mutter.«

»Doch, kannst du«, erwidert Ina. »Es ist überhaupt nicht nötig, deinen Lehrer auszutricksen.«

Ach, wirklich? Sie hat recht! Und das ist jetzt ausnahmsweise ein ernst zu nehmender Ratschlag von meiner Seite: Als Ehefrau von Albert hat Ina das sogenannte kleine Sorgerecht. Einfach so? Ja, einfach so. Allerdings nur, weil Albert das alleinige Sorgerecht für Tim hat. In »Angelegenheiten des täglichen Lebens« wie Unterschriften und Entschuldigungen darf Ina mitentscheiden – im Einvernehmen mit dem leiblichen Elternteil. Für weitere Rechtsfragen konsultieren Sie bitte den Anwalt Ihres Vertrauens. Mit Albert muss Ina noch reden. Das überlässt sie in diesem Fall Tim, damit der Gute lernt, was es heißt, für seine Untaten die Verantwortung zu übernehmen. Natürlich wird sie ihm dabei helfen. Ina geht in die Küche und schmiert sich ein dickes Nutellabrot, fürs Fitnessstudio ist es jetzt sowieso zu spät.

Wie Sie beim Arzt reagieren: »Was, Sie haben die Krankenkassen-Karte vergessen?« Bin ich die Mutter oder was?

Wo wir schon dabei sind: Zum Arzt dürfen Sie Ihr Bonuskind natürlich auch begleiten. Ist das nicht toll? Hier können Sie sich hervortun als absolut vorbildliche Mama, die sich um ihr ach so krankes Kind kümmert. Großartig, besser geht es gar nicht! Wenn Sie sonst nichts zu tun haben. Die Bindung zwischen Ihnen und der kleinen Saskia wird durch dieses gemeinsame Erlebnis noch tiefer und stärker, Sie werden sehen!

Ist es nicht absolut wunderbar, zwischen all den schniefenden und hustenden Menschen zu sitzen in dem Bewusstsein, dass Sie noch mindestens zwei Stunden darauf warten müssen, dass der Arzt Ihnen und Saskia die Gnade einer mehrminütigen Audienz erweist? Vielleicht hätten Sie es besser zu Hause mit den üblichen Hausmittelchen (Fernsehen, Bananenbrei mit Schoko-Eis, Kakao) probiert. Nun ist es zu spät, die Viren der übrigen Wartezimmer-Patienten haben längst von Ihrem mütterlichen Körper Besitz ergriffen. Spätestens in drei Tagen liegen Sie mit Fieber und Grippe im Bett, so viel steht fest. Von daher dürfen Sie, solange Sie noch nicht unter Schüttelfrost leiden, gelassen in den zerfledderten Zeitschriften blättern und lesen, was aus Heidi Klums Kindern geworden ist und warum ein Psychologe dazu rät, im November keine Arztpraxis aufzusuchen. (Das kann ich Ihnen auch sagen: weil Sie nach der Grippe so geschwächt sind, dass der alljährliche Weihnachtsplätzchen-Back-Marathon für Sie dieses Mal zum Desaster wird.)

Wenn Saskia quengelig wird, zücken Sie die Kräuterbonbons, die sie so gern mag, und geben ihr gleich drei. Viel hilft viel, Zucker macht in diesem Fall vorübergehend glücklich und lindert die leichten Halsschmerzen, über die sie heute Morgen so überzeugend geklagt hat. Sehr gut, dass Sie auch daran gedacht haben, die Trinkflasche mit warmem Tee zu füllen. Vorbildlich geradezu, wie Sie sich auf diesen Arztbesuch vorbereitet haben. »Frau Schenk, können Sie bitte kommen«, ruft die Arzthelferin Sie auf. Natürlich kommen Sie gern, jetzt sind Sie endlich dran, richtig? Erwartungsvoll bauen Sie sich an der Theke auf. »Wir brauchen noch die Krankenkassenkarte Ihrer Tochter.« Auweia, das sind gleich zwei Wörter, die Sie nicht hören wollen: Krankenkassenkarte und Tochter. Welches davon räumen Sie zuerst aus dem Weg?

Möglichkeit Nummer eins: Sie stammeln etwas davon, dass Saskia gar nicht Ihre Tochter ist und dass es Ihnen furchtbar leidtut, dass Sie die Krankenkassenkarte zu Hause vergessen haben, und was man da jetzt tun kann, die arme Kleine ist so schrecklich krank und braucht dringend einen Arzt. Diese Lösungsvariante können Sie vergessen, denn die Arzthelferin wird genauer nachhaken: »Sie sind gar nicht die Mutter? Dürfen Sie denn dann überhaupt mit Saskia zum Arzt gehen? Und ohne Karte gibt es sowieso keine Behandlung. Es sei denn, Saskia ist privat versichert, und das ist sie wohl nicht, oder?« So schnell wie Sie aus der Praxis rausfliegen, können Sie Saskia keine Kräuterbonbons in den Mund stecken. Alles Warten und die Grippe in drei Tagen waren völlig umsonst.

Möglichkeit Nummer zwei: Sie geben Saskia als Privatpatientin aus und stellen Ihre Familienverhältnisse nicht im Detail klar. Das wird teuer, ist aber effektiv, weil der Arzt plötzlich für Sie Zeit hat, und zwar jede Menge. So gut ist Saskia noch nie untersucht worden, seit sie als Kassenpatientin geboren wurde. Sogar ihr Herz hört er ab, denn man kann nie wissen. So eine Erkältung kann sich schnell zu einer Herzmuskelentzündung auswachsen. Alles klar! Die Rechnung können Saskias Eltern bezahlen, darum müssen Sie sich nicht mehr kümmern. Sollte es Proteste seitens Ihres Partners geben, erinnern Sie ihn daran, dass er sicherlich die beste Behandlung für sein einziges geliebtes und krankes Kind haben wollte, und die gab es nun mal nur zum 3,5-fachen Satz.

Möglichkeit Nummer drei: Sie stellen klar, dass Sie keinesfalls die Mutter sind (die blöde Kuh hat nicht daran gedacht, Ihnen die Krankenkassenkarte mitzugeben), und stellen sich als Babysitterin vor. Sie behaupten, Saskia habe vermutlich Streptokokken und neige bei hohem Fieber – das sie heute Morgen hatte – zu heftigen und teilweise lebensbedrohlichen Krampfanfällen. Aber selbstverständlich laufen Sie direkt los, um die Karte zu holen, kein Thema. Nur Saskia müsste eben warten, weil sie den weiten Weg hin und zurück in ihrem Zustand wirklich nicht mehr schafft. Das ist die effektivste Methode, wie Sie sich und Saskia aus dem sauerstoffleeren Wartezimmer direkt in den Behandlungsraum katapultieren. Und wenn aus den Streptokokken bei der Untersuchung eine leichte Angina wird, ist das nicht Ihre Schuld. Sie sind schließlich weder die Mutter noch die Ärztin.

Wie Sie »Passanten: Das hab ich gleich gesehen, dass das nicht Ihre Kinder sind« zur Rede stellen und die Schamesröte ins Gesicht treiben

Kennen Sie das auch: Sie sind als glückliche Familie unterwegs, mit Mann und Kindern, und fühlen sich toll. Alles ist so harmonisch wie schon lange nicht mehr beziehungsweise noch nie. Die Sonne scheint, das sonst so widerborstige Stiefkind läuft brav an Ihrer Hand, als hätte es nie etwas anderes getan. Vergessen sind die ewigen Diskussionen und Streitereien, das Geschrei und Lamentieren.

Die anderen beiden Kinder spielen jauchzend Fangen und Hüpfen, ihr Gekicher ist Musik in Ihren Ohren. Was könnte es Schöneres geben als diesen wundervollen Sonntagnachmittag im Park.

Endlich zahlt sich aus, dass Sie seit Monaten, nein, Jahren in diese Familie investiert haben. All die schlaflosen Nächte, all die Sorgen, Ängste, das Zurückstecken – hier und heute zahlt es sich aus. Endlich sind Sie da angekommen, wo Sie schon immer sein wollten: im Stiefmutter-Himmel, der paradiesisch in den buntesten Farben voller Glück und Harmonie leuchtet. Alles ist perfekt. Breiten Sie Ihre Picknickdecke aus, holen Sie Apfelschnitze, klein geschnittene Möhren, Bio-Apfelsaft und Vollkornbrote heraus, dazu den Prosecco, den haben Sie sich heute wirklich verdient. Prost auf Ihre glückliche Familie! Kennen Sie diese Momente, in denen Sie vergessen wollen, was alles hinter ihrem Familienverbund steckt, wie die leibliche Mutter, das Patchworken, der Stress?

Kennen Sie den Wunsch, für ein paar Stunden die Illusion zu haben, alles ist unkompliziert und gut? Kein Mensch würde vermuten, dass diese Kinder nicht ihre selbst gemachten sind? Sieht Fred nicht ein klein wenig aus wie Sie, er hat dunkle Haare und Augen. Die hätte er gut von Ihnen erben können. Und das stolz hervorgereckte Kinn von Chiara könnte von Ihnen sein, es hat wirklich Ähnlichkeit mit Ihrem eigenen. Komisch, wie man als Stiefmutter plötzlich nach Übereinstimmungen sucht, die objektiv betrachtet gar nicht da sein *können*. Ist es der Wunsch, der einer plötzlich aufkeimenden Liebe zu den Kindern entspringt? Oder nur das schlichte Verlangen nach Normalität? Nüchtern betrachtet ist es auch erwiesen, dass Hundebesitzer ihren Hunden ähneln (oder umgekehrt), warum sollte das nicht auch bei einer Stiefmutter und ihren Stiefkindern möglich sein? Zieht Gerti nicht genauso wie Sie ihr linkes Bein leicht überstreckt beim Gehen nach vorn? Doch, doch, ich habe es auch gesehen, wahrscheinlich hat sie sich das bei Ihnen abgeguckt. Wer Sie nicht kennt, würde ganz sicher vermuten, dass Gerti Ihre leibliche Tochter ist, was auch sonst? Wäre das nicht schön?

Vielleicht nicht immer (zugegeben, wenn sie jeden Abend zickt, weil sie sich nicht die Zähne putzen will, obwohl nicht zu übersehen ist, dass in den Zwischenräumen Karius und Baktus seit Längerem das Regiment übernommen haben – dann, ja dann, kann sie getrost zu ihrer Mutter abzwitschern), aber ab und zu schon. Es würde das Leben viel leichter machen. Gerti würde unbeschwert auf Ihren Schoß hüpfen, sich bei Ihnen ausheulen, Ihnen vertrauen – all diese Dinge, die Sie sich als Stiefmutter hart erarbeiten müssen, ohne zu wissen, ob es jemals klappt. Und ohne darauf Anspruch erheben zu können. Da ist die natürliche Mutter immer klar im Vorteil. Sie ist diejenige, die Gerti nach der Geburt in den Arm gelegt bekommen hat, und das Band zwischen den beiden wird ein Leben lang halten, egal was passiert.

Ganz im Gegensatz zu dem Band zwischen Ihnen und Gerti, es ist lose und dünn wie ein Nähfaden, der an jeder kleinen Unstimmigkeit droht zu zerreißen. Da dürfen Sie sich auf der Picknickdecke die Realitäten anders ausmalen, weiß ja keiner außer mir, und bei mir stoßen Sie auf vollstes Verständnis. Jeder darf mal schwach werden, auch Sie! Stellen Sie sich vor, Gerti, Fred und Chiara wären Ihre leiblichen Kinder und Joe Ihr Ihnen angetrauter Ehemann (Da wäre noch was zu machen, wenn Sie unbedingt wollen.). Sie leben seit ungefähr 1.000 Jahren glücklich miteinander und wollen es auch weitere etwa 500 Jahre so weiter halten. Herrlich! Herzlichen Glückwunsch zu Ihrem Traumschloss samt Zubehör. Hören Sie wie ich, dass es gerade gewaltig rappelt? Nein? Dann sperren Sie Ihre Ohren auf. An Ihre Oasendecke ist gerade ein Mann mit Vollbart getreten und hat angefangen zu meckern: »Die drei da, die gehören zu Ihnen, oder?«

Sie nicken beherzt, klar, das sind Ihre Lieben.

»Wieso kümmern Sie sich nicht darum, wenn Ihre Kinder anderen Leuten auf die Nerven gehen?«

Schauen Sie sich ruhig irritiert um. Gerti, Fred und Chiara werfen gerade mit Steinen um sich, die sie aus der Teichumfassung klauben. Sie landen auf dem Rasen, genau dort, wo eine blonde

Frau ihr Bikini-Oberteil richtet. »Meine Freundin wurde fast am Kopf getroffen«, setzt der Barttyp nach.

Das geht nun wirklich zu weit. Gut, dass Sie erst einmal Ihr Glas austrinken, bevor Sie sich huldvoll erheben und von Ihrer Wünschewolke herabsteigen. Wäre auch zu schön gewesen, so ein Nachmittag prall gefüllt mit blöden Träumen. Wo ist eigentlich der Vater der drei ungezogenen Gören abgeblieben? Ach, der spielt mit ein paar Kumpels Volleyball und überlässt es Ihnen, die Wogen zu glätten? Viel Spaß!

»Gerti, Chiara, Fred: Schluss jetzt.«

Die drei hören Sie gar nicht und erfreuen sich weiter am Steinweitwurf? Prima! Jetzt können Sie beweisen, was Sie draufhaben. Aber dass Fred sich zu Ihnen umdreht und einen Stein in Ihre Richtung wirft, damit haben Sie nicht gerechnet. Verständlich, dass Sie die Nerven verlieren und schreien: »Bist du bescheuert oder was? Hör sofort auf, sonst kriegst du richtig Ärger mit mir!«

Fred feixt mit seinen Geschwistern, streckt die Zunge raus und ruft: »Du hast mir gar nix zu sagen, nääänänänänänäääää.«

»Oh doch, das habe ich, Freundchen.«

Ja, packen Sie ihn ruhig am Arm, so ein bisschen Körperkontakt hat noch keinem geschadet. »Au, du tust mir weh«, protestiert Fred. »Ich will zu meinem Papa.«

Die Bikinifrau mischt sich ein. »Ich finde, deine Mama hat recht, so geht das nicht. Ihr könnt nicht einfach Leute mit Steinen bewerfen. Das ist lebensgefährlich.«

Fred starrt die Bikinifrau entgeistert an. »Das ist nicht meine Mama. Die würde so etwas nie machen. Das ist nur die Freundin von meinem Vater.«

An Ihrer Stelle würde ich nicht in Tränen ausbrechen, wenn der Bikini-Freund-Barttyp hinterherschiebt: »Ich habe gleich gesehen, dass das nicht Ihre Kinder sind.«

Schließlich meint er es nur gut. Ich meine, jedenfalls sind Sie nicht dafür haftbar zu machen, dass Chiara gerade den Jägerzaun zum Spielplatz ramponiert, als sie darüberklettert. Und dass Gerti von oben bis unten mit Tümpelschlamm beschmutzt ist, geht Sie auch nichts an. Da kann der Vater sich heute Abend drum kümmern. Vollkommen richtig, dass Sie Ihre Proseccoflasche nehmen und sich unter einen schattigen Baum verziehen. Die können Sie heute alle mal kreuzweise. Es gibt noch andere Träume, die wir Frauen und Stiefmütter träumen können, zum Beispiel von einer ruhigen 3-Zimmer-Wohnung ganz für uns allein.

Wie Sie der Musikschullehrerin begegnen: Was, die müssen aber mehr üben?! Das bringt den Kanarienvogel um.

Jedes anständige Kind sollte ein Instrument lernen. Das gilt selbstverständlich auch für Stiefkinder. Den Einstieg bietet obligatorisch die Blockflöte, anschließend locken Geige, Klavier, Gitarre oder Klarinette. Wunderbar, wenn man mehrere Kinder hat – da kann man an Weihnachten mit Hausmusik planen. Blöd nur, dass vorher geübt werden muss. Täglich, am besten eine halbe Stunde Minimum, Etüden, Fingerübungen, Stücke, kurzum: Die Beschallung jeden Nachmittag ist nicht nur ein Graus für Sie, sondern für alle Hausbewohner. Schräges Schaben auf den Violinensaiten, beherztes Klimpern auf den Tasten, Ziehen und Zurren an der Gitarre. Aller Anfang ist schwer, das beweisen Instrumentenanfänger seit Jahrhunderten. Darum ist auch die Weisheit »Übung macht den Meister« mindestens genauso alt wie der schlechte Ruf der Stiefmutter. Berücksichtigt wird dabei allerdings nicht, dass Übung eine Qual ist für die Umgebung, für die es noch keine adäquate Redewendung als Hilfestellung gibt. Sie geht auch nicht darauf ein, dass nicht in jedem Bonuskind ein kleiner Mozart steckt. Meist wissen die Nachwuchsmusiker das selbst viel besser als ihre Eltern. Doch die wollen nicht auf sie hören, egal, wie sehr sie sich vor Musikstunden und dem Üben zu Hause drücken.

Elenas Stiefsohn quälte sich mehrere Jahre durch den Oboen-Unterricht. (Über ein »Macht hoch die Tür« ist er leider nie hinausgekommen. Er spielte es zu jedem Weihnachtsfest am Tannenbaum, es war der erprobte und stets traurigste Auftritt vor der Bescherung.) Er erzählte jedem, der es hören wollte, und auch allen anderen, seine Eltern zwängen ihn, ein Instrument zu spielen. Es klang immer so, als sei die Oboe ein Folterinstrument, mit dem er regelmäßig gequält werde. Der Misserfolg gab ihm schließlich recht, seitdem ruht das Instrument in seinem Kasten, und an Weihnachten wird nur noch gesungen. Es ist also nicht unbedingt in Ihrem Interesse, wenn die Kinder Woche für Woche zum Musikunterricht traben und dann noch jeden Tag üben müssen. Mal ehrlich: Kein Mensch will das Geschrammel hören.

Manche behaupten, das Erlernen eines Instruments helfe bei der Vernetzung des Gehirns. Mir allerdings verklebt es regelmäßig die neuronalen Nervenbahnen, sobald ich an die musikalischen Gehversuche der Kinder denke, aber um mich als leidende Stiefmutter geht es nicht. Haben Sie festgestellt, dass Ihr Kind klüger geworden ist, weil es Flöte spielt? Instrumentenfanatiker sagen, dass die Kinder sensibilisiert werden, besser hinzuhören, und lernen, gemeinsam zu spielen und auf andere (Instrumente) Rücksicht zu nehmen.

Aha, meine Familie hat das Hausmusikprojekt erfolglos mehrere Jahre lang probiert. Wir hatten im Angebot: Saxofon, Klarinette, zwei Mal Klavier, zwei Mal Querflöte, ein Mal Geige. Das Ergebnis: Zwölftonmusik in Reinkultur, die jeder Kreatur, die Ohren hat, ein Schaudern über den Rücken gejagt hat. Sogar die Katzen haben sich verkrochen. Trotzdem waren wir uns nicht zu schade, unsere Musikalität am ersten Weihnachtstag im großen Kreise der Angehörigen und Freunde unter Beweis zu stellen. Danach haben wir beschlossen, unsere Musikgruppe aufzulösen, angesichts der mangelnden Begeisterung aller Beteiligten. Aber zurück zu den musizierenden Sprösslingen.

Meine Freundin Maja arbeitet von zu Hause aus. Darum hört sie jeden Nachmittag, wie ihr Stiefsohn Robin die Harfe (ja, wirklich, die hat ihm seine Mutter ausgesucht, weil sie früher auch immer Harfe lernen wollte und nie dazu kam) malträtiert. Robin ist mittlerweile 16 Jahre alt und hat die Hände eines Bauarbeiters – also genau die richtigen Voraussetzungen für dieses zarte Instrument. Mittwochs hat er Einzelunterricht, freitags spielt er in einem Quintett. So eine Harfe ist begehrt. Schließlich gibt es fast niemanden, der Lust hat, dieses über 40 Kilogramm schwere Monstrum in der Gegend herumzuschleppen. Und die 47 Saiten sind für Robin noch immer ein unbeherrschbares Mysterium. Wenn er spielt, klingt es wie das jämmerliche Jaulen eines Rudels verlassener Hunde. Trotz ausführlicher Übungsstunden und zum Leidwesen von Maja. Jeden Mittwoch und jeden Freitag erbarmt sie sich und fährt ihn im VW-Bus, der extra für den Harfentransport angeschafft wurde, zur Musikschule. Sie hofft, damit Absolution für ihre Hassschübe zu erhalten, die sie an den übrigen Tagen ereilen, wenn Robin übt. Vergangene Woche hat die Harfenlehrerin Frau Schmusil meine Freundin Maja zur Rede gestellt. »Robin kommt einfach nicht weiter. Er hat kein Gefühl für die Saiten und die Tonarten. Er muss unbedingt mehr üben.«

Ein Albtraum wird wahr. Wenn Robin noch mehr übt, zieht Maja aus. Sie kann nicht arbeiten, wenn das Rudel verlassener Hunde jeden Tag noch länger wehklagt. Hinzu kommt, dass Majas Kanarienvogel bei jeder Übungsstunde in Schockstarre verfällt (Wirklich wahr: Er plumpst von der Stange und liegt steif bis in die Krallen auf dem Boden.) und erst wieder zum Leben erwacht, wenn Robin die Harfe in die Ecke stellt. Offenbar assoziiert auch der Vogel das Zupfinstrument mit Engeln und befindet sich temporär im Himmel auf Wolke sieben, sobald Robin an den Saiten zerrt. Maja ist zu allem entschlossen. »Wenn Robin noch mehr übt, bringt er den Kanarienvogel um. Das lasse ich nicht zu.«

Sie achtet nicht mehr auf das verwirrte Gesicht von Frau Musil. Maja befiehlt Robin, das verhasste Instrument stehen zu lassen. »Wir gehen jetzt Pizza essen und reden darüber.«

So wurde Robins Harfenisten-Karriere bei Pasta und Rotwein beendet. Er ist auf Schlagzeug umgestiegen. Die Ausrüstung dafür steht fest installiert bei seiner Mutter, was für ein Glück für Maja.

10. KAPITEL

WIE SIE ALS STIEFMUTTER DAS ZEPTER IN DER HAND HALTEN …

Eins sollten Sie sich in Ihrer Lebenssituation vor Augen halten, wenn sie Ihnen droht zu entgleiten (also ungefähr alle zwei Stunden): Wenn Sie nicht handeln, werden Sie behandelt, und zwar mies. Nur wenn Sie das Zepter fest in der Hand halten, haben Sie eine ehrliche Chance, nicht von der Horde tobender Stiefkinder niedergetrampelt zu werden. Wenn Sie am Boden liegen und heulen, fragen Sie nie, warum das ausgerechnet Ihnen passiert. Fragen Sie lieber, warum Sie es zulassen, dass Ihnen das passiert – und sorgen Sie selbst dafür, dass es das letzte Mal war. Ein paar Tipps als Rüstzeug, wie das geht, halte ich natürlich für Sie bereit.

Wie Sie Ihre Stiefkinder erziehen: So machen sie Männchen

Genauso wie es unterschiedliche Muttertypen gibt, gibt es auch verschiedene Stiefmuttertypen. Ich unterscheide zwischen den Ich-will-geliebt-werden und den Ist-mir-so-was-von-piepegal-was-die-Gören-von-mir-halten. Dazwischen gibt es natürlich Mischtypen à la Wäre-nett-wenn-wir-uns-alle-verstehen und Ich-weiß-nicht-was-hier-meine-Rolle-ist. Die Unentschlossenen haben es am schwersten.

Sandra ist so eine, die ihre Funktion in dem neuen Familienverbund seit Jahren sucht. Grund genug für Rasmus, ihren neun Jahre alten Stiefsohn, jeden Tag in der Wohnung Basketball zu spielen. Als Korb dient alles, was bei einem Wurf zu Bruch geht. Darum hat Sandra ihre kostbare Gläsersammlung ins Schlafzimmer geräumt (Für das Meißner Porzellan ihrer Oma kam jede Rettung zu spät, aber Scherben bringen bekanntlich Glück, nicht wahr?). Darum verbringt Sandra einen Großteil ihrer Freizeit auch im besagten Schlafzimmer zwischen ihren geliebten Gläsern und zahlreichen zerfledderten Büchern (Die sind einer Phase von Rasmus zum Opfer gefallen, in der er Bücherweitwurf gespielt hat. Er ist halt ein sportliches Kerlchen.). Nur manchmal wagt sie sich aufs Basketballfeld, und dann schwankt sie zwischen »Der Junge weiß es nicht besser« und »Das lass ich mir nicht bieten«. Klar, dass Rasmus gern Körbe wirft, die seltsamerweise immer genau da stehen, wo Sandra ist, die schon aus reiner Gewohnheit den Kopf einzieht. Wenn sie wütend wird, pflaumt sie Rasmus an: »Lass das endlich.«

Kein Grund für den Sportbegeisterten aufzuhören. So macht das Körbewerfen gleich noch mehr Spaß. Wenn Sandra ihrem Partner Pascal ihr Leid klagt, rät er ihr durchzugreifen. Was das bedeuten soll, kann er ihr nicht näher sagen. Er geht lieber Rasen mähen. Also zieht Sandra weiter den Kopf ein und sagt sich, das alles sei nur eine Phase.

Ich sage: Kann sein. Kann aber auch nicht sein. Fakt ist, dass die Körbewerfphase von Rasmus seit zwei Jahren anhält und dass – falls Sandra nicht eingreift – nach dieser Phase eine andere kommt, etwa die Ich-geh-nicht-mehr-in-die-Schule-Phase oder die Ich-rauche-einen-Joint-wann-ich-will-Phase oder (auch immer beliebter) die Ich-streiche-die-Wände-meines-Zimmers-pechschwarz-Phase. Denn wer wie Sandra bereits in der Basketballphase den Kopf einzieht, der wird nie wieder hocherhobenen Hauptes durch die Wohnung gehen, so viel ist sicher. Von allein wird Rasmus den Ball sicher nicht in die Ecke legen, dafür macht das Spiel mit seiner Stiefmutter viel zu viel Spaß. Ihre Haare wehen immer so schön nach hinten, wenn der Ball direkt an ihrem Kopf vorbeisaust. Was bleibt Sandra also übrig?

Wenn Sie bisher aufmerksam gelesen haben, ist es für Sie bestimmt nicht schwer, die richtige Lösung zu finden. Hier ein paar Vorschläge:

a) Sandra zieht aus.
b) Sandra kauft sich einen Helm, der es ihr ermöglicht, unbeschadet in der Wohnung herumzulaufen, wenn sie das möchte.
c) Sandra schreit Rasmus so lange an, bis er sich völlig traumatisiert in sein Zimmer zurückzieht und auf Computerspiele umsteigt.
d) Sandra trainiert heimlich Basketball und zeigt Rasmus, wie sie einen Dreier vom Flur aus in die Badewanne wirft.

Es gibt hier kein Richtig oder Falsch. Wichtig ist, dass Sandra sich nicht alles gefallen lässt, sondern handelt. In diesem Fall hat Sandra sich eingestanden, dass sie geliebt werden will. Was bedeutet, dass sie sich gegen das Ausziehen entschieden hat. Dafür mag sie Pascal und Rasmus viel zu gern. Auf die Unversehrtheit ihres Körpers sowie von Hab und Gut will sie allerdings nicht verzichten. Unter uns Pastorentöchtern: Für diese Erkenntnis hat sie ihrem Therapeuten jede Menge Geld gezahlt, bei mir bekommen Sie diese Einsicht gratis serviert. Gerne! Nichts zu danken! Sie glauben gar nicht, wie stark ich Ihren Leidensweg abkürze.

Jedenfalls hat Sandra eine Weile zwischen Lösung b und c geschwankt, sich vorgestellt, Rasmus in der Lautstärke eines Düsenjets mitzuteilen, was sie von seiner Scheiß-Basketball-Phase hält. Wegen ihres schlechten Gewissens angesichts ihrer fäkalen Wortwahl erwog sie, sich einen Helm mit Mikrofon-Funktion zuzulegen. Wäre es nicht ungeheuer praktisch, so ein Ding auf dem Kopf zu tragen? Es schützt nicht nur gegen Ball-Einschläge, sondern auch bei Hagel, Regen oder sonstigen Wetterkapriolen. Okay, das ist Unfug. Sandra hat nur versucht, das Für und Wider gründlich abzuwägen. Wie schon gesagt, sie ist der unentschlossene Charakter. Letztlich blieb nur noch Lösung d übrig.

Sie kündigte ihrem Therapeuten und suchte sich einen Trainer, der sie binnen weniger Wochen fit machte. Positiver Seitenaspekt: Sandra ging drei Mal die Woche zum Sport. Es ist nicht zu verachten, was Stiefkinder im eigenen Leben so alles bewirken können.

Als sie vor Rasmus' Augen den ersten Dreier versenkte, genoss sie seinen entgeisterten Blick genauso wie das gute Gefühl, etwas geleistet zu haben. Ein Badewannen-Dreier, wow, welche Stiefmutti kann das von sich behaupten? Haben Sie es mal probiert? Gar nicht so einfach! Ich bin bislang immer gescheitert. Und Rasmus stand da wie versteinert mit dem Ball in den Händen. Es sah fast so aus, als ob er Männchen machen würde.

Wie Sie Ihren Mann als Mann und Vater erziehen: So macht er Männchen

So ein Mann, der Kinder hat, ist ein schwieriger Fall. Das hat man Ihnen sicher allenthalben gesagt. Dabei ist das Quatsch. Jeder Mann ist ein schwieriger Fall. Und ein Mann, der Vater ist, hat durchaus seine Vorzüge. Sie müssen sie nur suchen, finden und ausbauen. Also eigentlich wie bei jedem Mann, egal, ob Kinder vorhanden sind oder nicht. Abstoßend finde ich in diesem Zusammenhang übrigens Begriffe wie »Anhang« oder »Altlast« für die Kinder sowie »gebrauchter« oder »Secondhand-Mann«. Von dieser Denkweise sollten Sie sich schleunigst frei machen. Mag sein, dass heutzutage angesichts von immer mehr Vermittlungsbörsen der Eindruck entsteht, es handele sich bei potenziellen Partnern um Objekte, für die Sie zahlen und die anschließend wie eine schicke Blumenvase ins Interieur ihres durchgestylten Wohnzimmers zu passen haben. Vergessen Sie es!

Sie müssen aber auch nicht gleich ins andere Extrem verfallen und ihre Bonuskinder bei jeder sich bietenden Gelegenheit als

Geschenk des Himmels anpreisen. Nehmen Sie es, wie es ist. Ihr Partner hat Kinder. Sie vielleicht auch? Wie auch immer, so sind die Fakten. Nun heißt es, die Ärmel hochkrempeln und dafür sorgen, dass es allen – auch Ihnen – gut geht. Natürlich dürfen Sie den neuen Mann an Ihrer Seite niemals so nehmen, wie er ist. Seien Sie eine Frau und machen Sie sich an ihre ureigene Aufgabe: Erziehen Sie den Mann, bis er brav Männchen macht. Wenn es das ist, was sie wollen. Einen Mann, der Männchen machend und vasenähnlich auf Ihrer Couch sitzt und gut aussieht, umrahmt von seinen Kindern. Großartige Installation.

Nur, wenn Sie mich fragen, und ich befürchte, das tun Sie, muss ich Ihnen sagen, dass diese Installation langweiliger ist als ein dreistündiger Museumsbesuch mit Ihrer neuen Familie. Sie antworten, von Langeweile kann gar nicht die Rede sein, wenn die Kinder von früh bis spät in der Gegend herumwuseln, Krach machen, schmutzen und Ansprüche stellen. Da wäre es ganz nett, sie ausnahmsweise samt Vater als stumm-stille Installation auf dem Sofa sitzen zu haben? Versteh ich doch, aber versuchen Sie sich an den ersten Abend mit Ihrer neuen Errungenschaft zu erinnern. Damals, als Sie sich beim Candle-Light-Dinner bei dem gemütlichen Italiener um die Ecke verliebt in die Augen geschaut haben (bis Ihrem Traummann die Gabel aus der Hand gefallen und in die Pasta geplatscht ist, sodass die Soße nicht nur ihn, sondern auch Ihr schweineteures neues weißes Kleid bespritzte).

Haben Sie da davon geträumt, dass er sich in eine Installation verwandelt? Dass Sie jetzt Ja sagen, liegt nur an dem Aspekt mit der Gabel und der 80 Euro teuren Reinigung Ihres Kleides. Das ist unfair mir gegenüber. Sie sagen, so war das seitdem immer? Ständig lassen der Mann und die Kinder etwas fallen und richten damit meist irreparable Schäden an? Möglich. Bei mir heißt das Kollateralschaden. Sie nennen das Vermögensvernichtung? Weil die Sache mit dem Gabel-Fallenlassen genetisch bedingt ist. Ich verstehe, davon wird mir häufig berichtet. Kann der Vater mit seinem

Besteck nicht fachgerecht umgehen, was soll man da vom Nachwuchs erwarten? Es sind diese Eigenheiten, auf die Sie bei einem Mann und Vater unbedingt zu Anfang achten sollten. Denn wie der Vater, so die Kinder.

Wenn Sie Wert legen auf werterhaltenden Umgang mit der Kleidung, die Sie am Tisch tragen, ist der Typ Gabelfaller eventuell nicht der Richtige für Sie. Wenn Sie damit leben können, bei Tisch eine Kittelschürze zu tragen (als Schutz), könnte es lustig werden mit drei Besteck-Legasthenikern.

Anja kämpft dagegen mit einer typisch männlichen Verhaltensweise, die sich potenziert, wenn ihre drei Stiefsöhne da sind: Morgendliches Duschen gepaart mit Musik in einer Lautstärke von geschätzten 100 Dezibel. Die gibt der Gettoblaster der Jungs locker her. Warum Männer morgens, wenn jede normale Frau in Ruhe ihren Kaffee genießen will, das Bad und somit die gesamte Wohnung in eine Discohölle verwandeln müssen? Anjas Mann sagt, er braucht das zum Wachwerden. Anja ist auf Ohrenstöpsel umgestiegen. Es dauert nur anderthalb Stunden, bis der Spuk vorbei ist. Und schließlich ist sie nicht ganz unschuldig daran, dass die Beschallung überhaupt noch möglich ist. Denn vor Kurzem hat ihr Mann den Gettoblaster beim Transport vom Bad ins Arbeitszimmer fallen lassen (er gehört auch zu dieser Kategorie Männer), sodass der CD-Spieler defekt war. Hätte Anja alles auf sich beruhen lassen: So schnell wäre kein neues Gerät ins Haus gekommen. Faulheit siegt nämlich. Aber die Gute hat das Höllengerät zur Reparatur gebracht. Ihrem Mann zuliebe.

Sie haben das Stichwort aufgenommen? Liebe? Machen wir es nicht zu schmalzig, aber ihr Mann hat durchaus zur Kenntnis genommen, was sie damit auf sich genommen hat. Wenn Sie das beherzigen, macht Ihr Mann bestimmt auch Männchen, falls Sie sich das unbedingt wünschen. Oder schaffen Sie sich einen Familienhund an, der macht es für ein Leckerli quasi umsonst.

Wie Sie den Kindern richtig Angst einjagen (wenn es sein muss)

Eins können Sie sich als Stiefmutter keineswegs erlauben: zimperlich sein. Wenn Sie glauben, Sie kommen als Weichei und Warmduscherin gut bei Ihren Kindern an, bitte sehr, probieren Sie es aus. So wie Angela. Sie ist seit zwei Jahren mit Peer zusammen, der Zwillinge mit in die glückliche Beziehung gebracht hat: Wanda und Wolke sind eine Wucht. Im wahrsten Sinne: Die beiden Teenager sind seit ihrem dritten Lebensjahr übergewichtig. Weil sie als Zwillinge bei der Geburt nicht das Standardgewicht auf die Waage gebracht hatten, sondern jeweils 400 Gramm zu leicht waren, hegten und fütterten die Eltern die Babys so lange, bis den beiden das natürliche Gefühl für Sättigung abhandengekommen war. Fortan aßen sie alles, was ihnen auf ihrem langen Weg durch den Tag begegnete.

Bis Angela sich den hungrigen Mäulern in den Weg stellte. Mit einer Botschaft, die den beiden den Schaum vor den Mund trieb: Diät. Natürlich traute sich Angela als Neue von Peer nicht, Wanda und Wolke zu sagen, was Tatsache war: dass sie zu dick sind, dass sie bewegungsfaul sind, dass sie beide jeweils 20 Kilo abnehmen müssen, um eine Figur zu bekommen, die wie eine Figur aussah und nicht wie ein Michelin-Männchen.

Nein, Angela probierte es auf die softe Tour. Statt Pommes und Currywurst rot-weiß, das traditionelle und tägliche Familienessen, servierte sie gedünstetes Gemüse an Rucola-Salat. Schlimmer konnte es für Wanda und Wolke kaum kommen, sie rebellierten noch am selben Abend. Wanda heulte vor Hunger, und Wolke drohte damit, zu ihrer Mutter zu ziehen. Peer gab nach und ging mit den

Zwillingen Döner holen. Angela versuchte es mit guter Pädagogik und erklärte den widerspenstigen drei, wie viele Kohlenhydrate und Fett sich gerade auf ihren Hüften ansammelten. Peer, Wanda und Wolke ließen sich nicht den Appetit verderben, zurück blieben nur ein paar Zwiebelringe und das triefende Papier.

Angela gab nicht auf. Sie entsorgte am nächsten Morgen alles in der Küche, was ihr ungesund erschien: Schokopudding, Ketchup, Fertigpizza, Eistee und Chips, gesalzene Erdnüsse, Lakritz, Kekse – alles landete im Müll. Angela dekorierte hübsch drei Äpfel und zwei Birnen in einer Schale auf dem Küchentisch und füllte den Kühlschrank mit Gurken, Paprika und Magerquark. Das Wutgeschrei dröhnte durchs Haus, als die hungrigen Zwillinge von der Schule zurückkamen. Angela bekam es mit der Angst zu tun und gab nach: Sie lud Wolke und Wanda zum Italiener ein und sah dabei zu, wie riesige Pastahaufen in Windeseile in den hungrigen Mündern verschwanden.

Abends redete Angela mit Peer. Er war der Meinung, dass die Mädels toll aussähen, egal, wie viel sie auf die Waage brächten. Kurz erwog Angela aufzugeben, damit Frieden am heimischen Essenstisch einkehrte. Warum kümmerte sie sich nicht einfach um ihre eigene Figur und ließ die beiden Mädchen in Ruhe? Als am selben Abend eine Treppenstufe unter Wanda nachgab und sie schreiend in der Lücke hing, bis Peer sie ächzend herauszog, änderte Angela ihre Einstellung. So ging es definitiv nicht weiter.

Am nächsten Morgen stellte sie die Zwillinge vor die Entscheidung: Diät, oder der Mallorca-Urlaub in den Sommerferien fällt aus. Um ihre entschlossene Haltung zu unterstreichen, lagen auf den Tellern statt Marmelade-Brötchen zwei wirklich hübsche Bikinis in den vorgesehenen Zielgrößen. »Sind die für Kleinkinder?«, fragte Wolke. Wanda beäugte das Oberteil, als ob es eine giftige Schlange sei, und erklärte: »Da mach ich nicht mit.«

»Bitte«, erwiderte Angela, »deine Entscheidung. Alternativ kannst du nach Rumänien ins Ferienlager fahren.«

Mehr sagte sie nicht. Ihre entschlossene Haltung reichte, um Wanda einen Schrecken einzujagen. Mallorca, ohne sie? Undenkbar. Rumänien? Dracula-Land? Schock!

Sie fragen sich, warum Angela sich als Stiefmutter berufen fühlte, sich so sehr reinzuhängen. Geht sie das überhaupt was an, ob Wanda und Wolke übergewichtig sind? Darf sie den beiden mit Urlaubsentzug drohen? Mit ihren Ängsten spielen, damit die Fettrollen in der Körpermitte endlich verschwinden?

Ausnahmsweise überlasse ich Ihnen die Bewertung der Situation. Ich gebe nur zu bedenken, dass Wanda und Wolke nach einem halben Jahr bei Gurke, Radieschen und Feldsalat bemerkten, dass sie beim Treppensteigen erst im zweiten Stockwerk anfingen zu schnaufen. Früher hatte der Gedanke an körperliche Bewegung schon ein Stöhnen hervorgerufen.

Tatsächlich hatte Angela bei Nicht-Gelingen ihrer Diät-Mission noch weitere schreckliche Maßnahmen in Erwägung gezogen, wie die Mädchen in Jogginghosen bis zum Klassenraum zu begleiten, einen gemeinsamen Diät-Schlachtplan mit der leiblichen Mutter zu entwerfen oder (das war die fieseste Idee) die Schminkutensilien der Zwillinge einzuziehen. Zum Glück für alle war das dann nicht mehr notwendig, sonst wäre nach Ansicht von Wanda und Wolke eine Zombie-Apokalyse wahr geworden. Der Gedanke an derartige drastische Vorgehensweisen verdarb den beiden nachhaltig den Appetit.

Überlegen Sie: Wo tut es den lieben Kleinen am meisten weh? Wie können Sie die Kinder am besten erschrecken? Indem Sie das WLAN ausschalten? Oder sie auf Süßigkeiten-Entzug setzen? Jedes Kind hat einen Schwachpunkt. Den gilt es zu erkennen und gnadenlos auszunutzen. Seien Sie, was Ihnen sowieso jeder sagt: die böse Stiefmutter aus dem Märchen. Scheuen Sie sich nicht, über Grenzen zu gehen. Wenn Sie so weit sind, strahlen Sie eine Autorität aus, die grell leuchtet wie ein Blitz am finsteren Nachthimmel – furchterregend! Wie von Zauberhand werden plötzlich Hausaufgaben erledigt, Abendbrottische gedeckt, Spülmaschinen ausgeräumt und Müll entsorgt. Was so ein wenig Grusel alles auslösen kann …

Wie Sie den Kampf um die Fernbedienung für sich entscheiden

Machen Sie sich nichts vor: Wer die Macht über die Fernbedienung für den Fernseher hat, der ist Chef im Haushalt. Darum: Es sollte Ihr vordringliches Ziel sein, hier die dauerhafte Verfügungsgewalt zu erlangen. Sie finden, dass die lieben Kleinen im Sandkasten so brutal beim Kampf um Schaufel, Backförmchen und Eimer vorgehen? Ach was, schauen Sie sich lieber etwas von der entschlossenen Vorgehensweise der Kinder ab, um sie für Ihre vermeintliche Sofa-Idylle zu nutzen, wenn es allabendlich um die Auswahl des Fernsehprogramms geht. Bloß nicht die Fernbedienung loslassen oder freiwillig hergeben – dann haben Sie nicht nur für ein paar Stunden verloren, sondern Ihre Vormachtstellung im Rudel in Gefahr gebracht.

Bei uns heißt die Fernbedienung aufgrund ihrer besonderen Bedeutung im Familiengefüge deshalb schlicht »die Macht«. So gibt es kein Vertun: »Die Macht« ist die plastikgewordene Verkörperung Ihres Zepters, das dürfen Sie auf keinen Fall aus der Hand geben. Und wenn, dann nur aus taktischen Gründen, falls Sie der Meinung sind, ein Familienmitglied hat sich verdient, für zwei Sekunden das Zepter an sich zu nehmen.

Anders sieht es natürlich aus, wenn die Fernbedienung mal wieder verschwunden ist (bei uns jeden Abend). Daran können keinesfalls Sie schuld sein, sondern immer nur die anderen. Das sollten Sie auch konsequent so äußern, damit es keinen Zweifel gibt. Schuld sind vorzugsweise die Stiefkinder. Wenn die Macht in den Ritzen der Couch steckt (in 80 Prozent der Fälle), vom Fensterbrett unter den Heizkörper gefallen ist (zehn Prozent Wahrscheinlichkeit), in ein Kinderzimmer getragen wurde (fünf Prozent) oder dauerhaft verschwunden bleibt (fünf Prozent), tragen in null Prozent der Fälle Sie als Stiefmutter dafür die Verantwortung.

Sollte irgendjemand der Versuchung erliegen, Sie zu beschuldigen, ziehen Sie die Fernbedienung ab sofort an jedem Abend ein und rücken Sie das gute Stück erst wieder raus, wenn Sie fernsehen wollen. Die anderen können gern die Knöpfe direkt am Gerät bedienen, da haben sie auch mehr Bewegung. Das ist viel gesünder, als faul und bräsig auf der Couch zu liegen. Natürlich ist es auch eine Möglichkeit, jedem Kind einen eigenen Fernseher im Kinderzimmer zur Verfügung zu stellen.

Wo bleibt dann aber Ihre allabendliche Machtposition und der damit verbundene Spaß zu entscheiden, dass *Germany's Next Topmodel* heute nicht auf dem Programm steht und die Dokumentation über den Untergang der russischen Zarendynastie für alle (ich betone: für alle) viel interessanter ist? So ein bisschen Bildung hat noch keinem geschadet. Dulden Sie keinesfalls, dass sich jemand diesem international ausgerichteten und didaktisch wertvollen Fernsehabend entzieht.

Sollte es Diskussionen geben, erlauben Sie den übrigen Familienmitgliedern gern, Wünsche zu äußern. Entscheiden tun Sie, dank der Macht in Ihrer Hand. Herrlich, so ein Stiefmutterleben, oder? Blöd nur, dass die Batterien leer sind, ausgerechnet jetzt, wo Sie dieses todlangweilige Fußballspiel wegschalten wollen (Champions-League-Finale? Was ist das?), zugunsten der Gartensendung, die heute Kräutergärten und Läuse in Stauden behandelt. Sollte sich einer aus Ihrer Familie trauen zu lachen, verbannen Sie ihn gnadenlos aus dem Wohnzimmer. Natürlich nicht ohne ihn vorher zu verpflichten, für Batterie-Nachschub zu sorgen. Strafe muss sein.

Beherzigen Sie bitte auch, dass eine Fernbedienung weder ein Schlaginstrument noch ein Wurfgerät ist.

Stellen Sie sich vor, Sie würden allein leben. Jeden Abend läge die Fernbedienung genau dort, wo Sie das Teil am Vorabend korrekt abgelegt haben, nämlich auf dem Couchtisch. Keiner würde Ihnen »die Macht« streitig machen. Keiner würde lamentieren, dass aber bei Vox diese supertolle Gruftiserie läuft und später noch *Promidinner* mit Prominenten, von denen Sie noch nie etwas gehört haben. Was für ein stinklangweiliges Leben Sie führen würden zwischen *Rosenheim-Cops* und *In aller Freundschaft*.

Deswegen nehmen Sie den Kampf um die Fernbedienung auf, als sei es Ihr letzter. Wenn Sie sich »die Macht« dauerhaft sichern, werden Sie auch bei anderen Diskussionen als Siegerin hervorgehen, zum Beispiel bei Fragen der Urlaubsgestaltung oder beim Autokauf. Nein, Sie müssen die Fernbedienung nicht ständig mit sich herumtragen. Jetzt legen Sie »die Macht« beiseite, sonst wirken Sie manisch. Das ist echt peinlich. Etwas mehr Souveränität, bitte, das sollten Sie im Lauf der Lektüre dieses Buches mittlerweile gelernt haben.

Wie Sie Ihr Frühstück immer ans Bett geliefert bekommen: mit und ohne Männchen

Katrin hat es gut: Jeden Morgen steht ihr Liebster freudestrahlend am Bett mit einem Tablett. Darauf zu finden sind ein Becher Kaffee mit perfekt aufgeschäumter Milch sowie ein Honigbrötchen und ein Croissant frisch vom Bäcker. Das besorgt Stiefsohn Malte immer. Es geht nichts über ein gutes Frühstück. So beginnt der Tag als Stiefmutter wie im Paradies. Beneidenswert! Wie macht Katrin das bloß? Und warum stehen Sie jeden Morgen vor sechs Uhr auf, decken den Frühstückstisch, kochen Kaffee und Tee und schmieren Brote? Warum ertragen Sie missmutige Kinder und einen übellaunigen Mann, noch bevor die Sonne über den Horizont gekrochen ist?

Ich vermute, Sie wollen sich einbringen, Ihren neu dazugewonnenen Angehörigen zeigen, wie sehr Sie sich in der Gemeinschaft einbringen. Da kann man wirklich problemlos morgens um fünf als Erste aus den warmen Kissen kriechen und voller Motivation für einen behaglichen Start der anderen in einen neuen tollen Tag sorgen. Stimmt doch, oder? Na klar, opfern Sie sich ruhig auf. Übersehen Sie gekonnt, dass keiner außer Ihnen bemerkt, was für einen selbstlosen Einsatz Sie tagtäglich bringen. Hiermit belobige ich Sie (eine muss es endlich machen) und überreiche Ihnen feierlich ein Blatt mit 50 aufgedruckten Fleißbienchen.

Was Sie damit anfangen können? Nichts. Hängen Sie sich das Papier über Ihr Bett oder an die Pinnwand im Flur neben die Stundenpläne der Kinder. Vielleicht erkennt dann eine der undankbaren Gören, dass sie Ihnen den unverzichtbaren Kakao am Morgen verdankt. Hat Ihnen übrigens schon mal jemand das Frühstück am Bett serviert? Ach, Sie wollen nicht darüber reden? Geben Sie es zu, davon geträumt haben Sie schon? Dabei ist es geblieben – bis heute? Ich verstehe, dass Sie sich schwer damit tun, von anderen etwas einzufordern. Da ist man sofort die Egomanin, die sich nur um sich selbst kümmert. Das geht doch nicht in so einer Konstellation. Viel einfacher ist es zu tun, was es zu tun gibt. Und innerlich zwar unzufrieden zu sein, aber zu wissen, dass man die Gute ist – weil man eben so viel tut.

Bitte lesen Sie sich den vorgehenden Satz noch einmal in Ruhe durch. Diese Logik versteht nur eine Frau, schätze ich. Gern können

Sie Ihrem Mann das vortragen. Ich schätze, er zeigt Ihnen einen Vogel und verschwindet schleunigst in seiner Werkstatt, weil er Unheil wittert. Machen Sie bloß nicht den Fehler, mit Ihrer Familie über all das reden zu wollen. »Lasst uns darüber reden, wie wir die Aufgaben gerecht verteilen. Damit ich auch einmal das Frühstück ans Bett gebracht bekomme.«

Sie hören den verzweifelten Tonfall in Ihrer Stimme selbst, nicht wahr? Machen Sie sich nicht lächerlich. Sie hören bereits die Antwort Ihrer Stieftochter Michelle. »Hä? Wer bringt mir denn das Frühstück ans Bett? Ich muss auch immer aufstehen und in die Küche gehen.«

Es ist Ihre Entscheidung, ob Sie darauf setzen, dass nun eine fruchtbare Diskussion entsteht, die Sie zu Ihren Gunsten zu Ende führen. Ich höre einfach weiter zu.

Sie: »Es ist nicht zu viel verlangt, die 25 Schritte vom Bett bis zur Küche zu gehen.«

Michelle: »Für dich aber. Hast du gerade gesagt.«

Sie: »Das ist was ganz anderes. Ich wünsche mir halt, dass ihr mal was für mich tut.«

(Anmerkung der Autorin: Schön, dass Sie Ich-Botschaften senden. Bringt nur leider nix, Michelle hat Ihre rhetorischen Raffinessen längst in der Schule durchgenommen und wird sie gleich zerpflücken als das, was sie sind: plumpe Manipulationsversuche.)

Michelle: »Ich wünsche mir nichts. Ich will nur meine Ruhe. Wieso muss ich immer irgendwelche Aufgaben erfüllen? Ich hab keinen Bock mehr. Die Schule ist anstrengend genug. Früher, als ich mit Papa allein gewohnt habe, gab es keine Probleme.«

(Anmerkung der Autorin: Aua autsch. Jetzt schwingt Michelle die ganz große Keule. Mal sehen, wie Sie der Wucht des Schlags ausweichen wollen. Ich befürchte, Ihre morgendliche Wurststulle im Bett können Sie sich von der Backe schmatzen.)

Sie: *(bemüht, die Tonlage zu halten und freundlich dreinzublicken)* »Wir sind jetzt eine Familie, und ich finde es schön, wenn wir uns gegenseitig helfen und uns das Leben so angenehm wie möglich gestalten – gemeinsam!«

Michelle: »Dazu soll ich deine Dienerin werden und dir das Frühstück ans Bett bringen? Nee, echt nicht.«

(Anmerkung der Autorin: Geben Sie's auf! So funktioniert das nicht.)

Sie: »Ich gebe es auf. So funktioniert das nicht.«

Michelle: »Sag ich doch!« *(verschwindet in ihrem Zimmer und schließt die Tür geräuschlos)*

Tja, was soll ich sagen? Schmieren Sie sich Ihr Brot halt morgens selbst, ist doch nicht so schlimm. Hören Sie auf zu lamentieren, Sie haben es gerade selbst verbockt. Fragen wir lieber Katrin, wie sie es geschafft hat, ihre Familie davon zu überzeugen, ihr das Frühstücksparadies zwischen Federbett und Kissen jeden Morgen aufs Neue zu bereiten. Katrin lacht. »Stell dir vor, ich stehe morgens früh auf. Das will keiner! Die schlechte Laune, die ich in die Küche mitbringe, ist unerträglich. Für alle. Da lassen sie mich lieber im Bett liegen und bringen mir später mein Frühstück. Dafür kriegen sie mich abends in Topform und ein schönes Abendessen gratis dazu. Das ist der Deal.«

»Das ist alles?«, frage ich entgeistert. »So einfach?«

Eine Genießerin nickt und schweigt. Ich habe Hunger, hatte heute noch gar kein Frühstück. Und Sie?

Wie Sie einen gemeinsamen Restaurantbesuch überleben: mit Männchen bei Bedarf

Wenn schon aus dem Frühstück im Bett nichts wird, ist es bestimmt schön, gemeinsam ein gutes Essen im Restaurant zu genießen. Denkste! Für mich ist es die Hölle auf Erden. Die Augen der Öffentlichkeit sind nur auf Ihren Tisch gerichtet, der binnen weniger Minuten aussieht, als ob eine Horde Elefanten ihre Rüssel hin- und hergeschwungen hätte: umgeworfene Gläser zwischen achtlos hingeworfenen Servietten, Flecken jeder Couleur auf der weißen Tischdecke, Gabeln stecken in angeknabberten Schnitzeln, Mayonnaise klebt an Stuhllehnen.

Kein Wunder, dass die Gäste die Köpfe schütteln. Nicht zu überhören ist das missmutige Gezischel einer älteren Dame mit sorgfältig ondulierten graublauen Haaren: »So etwas hätte es früher nicht gegeben. Die Kinder heutzutage haben keine Manieren.«

Und wer ist schuld? Fragen Sie nicht so unschuldig. Es kann nur Ihre Schuld sein, wessen denn sonst? Oder sehen Sie weit und breit die Mutter der Vielfraße irgendwo herumsitzen? Nein? Na bitte, dann tragen Sie die Verantwortung für das hemmungslose Fressgelage, das Sie hier abhalten. Warum sausen denn die beiden Kleinen gerade zwischen den Tischen herum und rauben den anderen Restaurantbesuchern mit ihrem Kampfgeheul den letzten Nerv, während der Große in seinem Kartoffelsalat herumpanscht, sodass die Gurkenstücke in der Luft herumfliegen? Warum sind Sie bloß auf diese bekloppte Idee gekommen, mit der Familie in ein gediegenes Restaurant zu gehen?

Das haben Sie sich anders vorgestellt. Sie gehören noch immer zu den naiven Stiefmüttern, die glauben, Sie könnten sich mit ihren

Kindern in der Öffentlichkeit präsentieren. Böser Fehler. Aber Sie haben es so gewollt, dann sollten Sie diesen Abend jetzt auch in Würde zu Ende bringen.

Erst einmal befehlen Sie den beiden Kleinen, sich an den Tisch zu setzen, weil sie sich nicht in einem Indoor-Spielplatz, sondern in einem Restaurant befinden. Befehlen Sie Ihnen, Messer und Gabel in die Hände zu nehmen und fachgerecht – so wie Sie es seit Jahren mit ihnen zu Hause üben – damit umzugehen. Versprechen Sie ihnen notfalls einen Nachtisch, wenn es nicht anders geht. Die süße Verführung hat schon manchen kleinen Kannibalen ruhig gestellt. Sie können natürlich auch mit einer schnöden Drohung arbeiten: Wer nicht Männchen macht, kriegt kein Eis, basta! Seien Sie konsequent und unerbittlich. Nur so lernen die Kinder, dass erstens mit Ihnen im Restaurant nicht gut essen ist und zweitens Sie nur ihre hungrigen Bäuche vorübergehend hinreichend füllen können, wenn sie sich wie Kinder benehmen, die in der Zivilisation aufwachsen.

Meine liebste Methode (ich denke, Sie kennen mich inzwischen so gut, dass Sie wissen, worauf es hinausläuft) ist die Schockwellenproduktion beim Nachwuchs. Wie das geht? Legen Sie Ihr Besteck beiseite und zeigen Sie den lieben Kleinen, dass eine Stiefmutter ihren Kindern in schlechten Tischmanieren in nichts nachsteht. Stopfen Sie die Pommes frites mit der Hand in den Mund, und schmatzen Sie so laut wie ein Schwein bei der Nahrungsaufnahme im Stall. Huch, Sie haben Ihr Glas umgekippt, und nun suppt die klebrige Apfelsaftschorle auf den Teller Ihres Sohnes? Zu blöd aber auch. Das sollten Sie mit einem lauten hysterischen Gelächter quittieren. Und sich anschließend den Tomatensalat schmecken lassen.

Ja, werfen Sie sich die Zwiebelringe ruhig in hohem Bogen in den Mund. Wirklich toll, dass Sie fast nie danebenzielen! Ich sehe, wir verstehen uns wirklich gut. Ihr selbstbestimmtes Verhalten führt übrigens dazu, dass Ihre Kinder still am Tisch sitzen und mit schreckensgeweiteten Augen Ihre Entgleisungen verfolgen.

Beobachten Sie aus den Augenwinkeln auch Ihr Umfeld. Es scheint ähnlich paralysiert zu sein wie Ihre Familie. Die Dame mit den graublauen Haaren ist zur Wachsfigur geworden. Bei Hashtag MannequinChallenge läge Ihre Restaurant-Performance in den Social-Media-Kanälen ganz weit vorn. Ihr Begleiter hingegen weicht von der allseits herrschenden Erstarrung ab und trinkt in hektischen Schlucken sein Bier, während er Sie ungläubig anstarrt. Es ist Ihre Entscheidung, wie lange Sie diese Show durchziehen.

Ein schöner Clou ist es, wenn Sie sich irgendwann den Mund mit der Serviette abwischen, zu Messer und Gabel greifen und anschließend ganz normal weiteressen. So, als ob nichts gewesen wäre. Ihre Beobachter werden an sich zweifeln, ob das eben Erlebte wirklich passiert ist oder ob sie das alles geträumt haben. Eines schwöre ich Ihnen: Ihre Stiefkinder werden sich in Zukunft benehmen. Denn nichts ist peinlicher als eine rülpsende und schmatzende Stiefmutter, die alle für die Mutter halten. Nie wieder werden sie riskieren, dass Sie eine ähnliche Fressattacke bekommen und durchziehen. Möglich, dass Restaurantbesuche in nächster Zeit flachfallen. Macht nichts. Das schont Geld und Nerven. Gehen Sie lieber mit Ihrem Liebsten aus und genießen Sie ein gutes Essen gepaart mit astreinen Tischmanieren. Was für ein Genuss!

Wie Sie dafür sorgen, dass Ihre Stiefkinder ihre Zubettgeh-Zeit unbedingt einhalten wollen: ganz ohne Männchen

Im Leben einer Stiefmutter ist eines heilig: Der Abend. Der stille Abend. Der Abend ohne Kinder. Vor der Glotze, in der Badewanne. Mit dem Mann im Bett. Auf jeden Fall, bitte buchstabieren Sie: O-H-N-E K-I-N-D-E-R. Der Abend gehört der Stiefmutter. Zum Abspannen, zum Erholen, zum Durchatmen und um sich eins klar zu machen: Es gibt ein Leben jenseits des stiefmütterlichen Daseins. Ein Leben, das zwar im Dunkel der Nacht ein Schattendasein führt. Aber es ist da. Immer wenn die Lichter in den Kinderzimmern ausgehen, knipsen Sie Ihre Nachttischlampe an und fühlen im matten Schein, dass Sie noch etwas anderes sind. Eine Frau. Wow! Nachdem Sie seit sechs Uhr auf den Beinen sind, stets im Einsatz für die Bonusbrut.

Heute war es besonders schlimm, weil erst Jennifer weinend von der Schule kam – die Sechs in der Chemie-Präsentation war ihr tatsächlich zu Herzen gegangen. Ihr ausführlicher Trost inklusive zweistündiger Shopping-Tour durch das nahe gelegene Einkaufszentrum hat die Stimmung merklich aufgehellt und Ihre Kreditkarte erodiert. Egal. Immerhin hat Jennifer Ihnen für die neue Lederleggins einen Dankeskuss auf die Wange gehaucht – ein denkwürdiger Moment. Der wurde allerdings durch die Tatsache verhagelt, dass Tobias von zwei Polizisten nach Hause gebracht wurde, weil er auf dem Scheunendach eines Bauern herumgeklettert und zu guter Letzt durch die Schindeln gebrochen war. Hose kaputt, Knie blutig, Anzeige wegen Hausfriedensbruch. Dazu die Fragen der blonden Polizistin: »Ach, Sie sind gar nicht die Mutter? Sie sind wohl auch nicht erziehungsberechtigt? Wer hat denn hier das Sagen?«

Und die künstlich aufgesetzte Schlechtes-Gewissen-Miene von Tobias, die plötzlich Risse bekam. Ja, da kann man darüber nachdenken, ob Kofferpacken und Ausziehen eine alternative Lebensform einleiten könnte. Aber Sie waren so tapfer und sind geblieben. Haben Tobias verarztet und ihm geholfen, sich eine Strategie für das Zusammentreffen mit seinem erziehungsberechtigten Vater zurechtzulegen. Sie haben ihm und Jennifer die geliebten Fischstäbchen mit versalzenen Erbsen serviert (»Mhm, die schmecken fast so gut wie bei Mama.« Jennifer, das undankbare Aas.).

Sie haben das wirklich gut gemacht. Sie haben dafür gesorgt, dass sich Tobias nur eine Gardinenpredigt anhören musste und abends alle zusammengesessen und *Galileo* zwecks der Fortbildung geschaut haben. Aber jetzt ist es nach 20 Uhr, und Ihre Primetime beginnt. Die haben Sie sich verdient.

Blöd nur, dass Tobi ausgerechnet jetzt einfällt, dass er dringend Ihre Hilfe bei den Englisch-Aufgaben braucht. Och, da legt er Ihnen das Heft hin. Er will nicht stören. Aber es wäre toll, wenn Sie die Fehler bis morgen früh sechs Uhr verbessert hätten, weil er nämlich dringend eine gute Note braucht. Sonst wird es eng mit der Drei auf dem Zeugnis.

Kaum ist er wieder raus, kommt Jennifer angetrabt. Ob Sie wissen, wo ihre Sporthose ist? Morgen sind Bundesjugendspiele, und da kann sie keinesfalls im Pinkdress antreten. Das ist so out. Wenn sie das anziehen muss, findet sie nie wieder im Leben einen Freund. Nein, sie übertreibt nicht. Bringen Sie die Süße nicht zum Weinen, dann verlässt sie Ihr Zimmer nicht vor zwei Uhr in der Nacht. Weil sie sich nicht mehr beruhigen kann. Hysterie ist Jennifers zweiter Vorname.

Und Ihrer? Ich sage es Ihnen. Ihr zweiter Vorname ist Entschlossenheit. Denken Sie immer daran: Der Abend gehört Ihnen. Schließen Sie Ihr Stiefmutterbüro um spätestens 20 Uhr. Kommunizieren Sie das deutlich und unmissverständlich. Nach dieser Zeit sind Anfragen jedweder Art sinnlos und werden mit großer zeitlicher Verzögerung beantwortet. Im Übrigen sind sie schriftlich zu stellen.

Wer nach acht Uhr abends noch wach ist, wird in die Erledigung der täglichen Hausarbeiten eingebunden: Klo putzen, Geschirrspüler ausräumen, Wäsche aufhängen, Müll runterbringen, Keller aufräumen, Fische füttern. Es gibt viel zu tun. Nur nicht für Sie. Verteilen Sie die Aufgaben zügig, und ziehen Sie sich danach zurück. Sie müssen die Kinder nicht beaufsichtigen, das schaffen sie ganz gut allein. Morgen sind die beiden sicher früher im Bett.

Lesen Sie endlich den neuen Krimi, den Sie sich gekauft haben, und träumen Sie sich weg in die schwedischen Fjorde. Dorthin, wo die Welt noch in Ordnung ist. Was immer Ihnen gefällt. Aber bestehen Sie auf diese Zeit, die nur Ihnen gehört. Britt hat es so geschafft, ihr Fernstudium endlich abzuschließen. Obwohl sie tagsüber zwei Stiefkinder und ein Baby umtreiben. (Okay, das Baby ist nicht an die Stiefmutterbürozeiten gebunden. Es darf schreien, solange es will. Welpenschutz!)

Stiefmama Anne hingegen guckt gern zwei Stunden lang Trash-Serien auf dem Rechner und ist hinterher herrlich entspannt. Währenddessen spielt Kalle mit seinem Vater Schach, Jungs-Quality-Time. Da muss sie nicht dabei sein. Alle sind glücklich, und Kalle geht nach seinem triumphalen Sieg ohne zu murren ins Bett.

Ab drei Uhr nachts steht Anne mit Stiefsohn Kalle im Bad und dreht die Wasserhähne auf. Damit er seinen Pseudokrupp-Anfall schneller überwindet. Sie atmet mit ihm tief ein und aus und erzählt ihm Geschichten von Häschen Blau, um ihn abzulenken. Sie nimmt ihn in den Arm, wenn er müde ist. Sie tröstet ihn, wenn er weint. Sie bringt ihn um fünf ins Bett, wenn er auf ihrem Schoß endlich eingeschlafen ist. Das Leben einer Stiefmutter ist unberechenbar. Umso wichtiger, auf die Zubettgeh-Zeiten zu bestehen, irgendeine Gewissheit im Leben muss es geben.

11. KAPITEL

WIE SIE FAMILIENFESTE ÜBERSTEHEN …

1. Wie Sie die Taufe … Herr Jesus, sei bei mir! überleben

Als Stiefmutter, das können Sie mir wirklich glauben, bleibt Ihnen nichts erspart. Sogar die Taufe eines Bonuskindes dürfen Sie miterleben. Gerade Grundschulkinder werden durch Ethik- und Religionsunterricht häufig erleuchtet und wünschen sich nichts mehr, als in einer Kirche aufgenommen zu werden. Seien Sie froh! Das ist besser, als wenn eine Profiboxerkarriere (Mädchen) oder eine Topmodellaufbahn (Junge) angestrebt werden. Ihnen bleiben blau geschlagene Augen und blutig gelaufene Füße ebenso erspart wie Schönheitsoperationen und Anabolikamissbrauch. Das sind Aussichten, die Sie sich bewusst machen sollten. Eine Taufe ist eine prima Sache.

Vergessen Sie Ihre Zweifel, und sehen Sie das Positive:

1. Ihr Stiefkind heult sich künftig beim lieben Gott aus und weniger bei Ihnen. Wenn es doch bei Ihnen aufschlägt, weil die Welt und der liebe Gott so ungerecht sind, verweisen Sie es mit sakraler Tonlage auf die Unergründlichkeit des göttlichen Willens.
2. Ihr Stiefkind hat eine Mission: Mittwoch und Freitag singt es im Kirchenchor (fürchterlich schief, aber Sie sind ja nicht dabei), und am Sonntag, wenn Sie mit Ihrem Liebsten noch süß schlummern oder kuscheln, betet sich der Nachwuchs durch die gesamte Litanei des Gottesdienstes.

Fragen Sie Ihr Bonuskind, es wird sich freuen und Ihnen alles ausführlich erläutern. Bis dahin ist es nur ein kurzer Weg: Die Taufe steht an. Mit dabei ist die ganze Familienbande: Eltern, Großeltern, Tanten, Onkel, Cousinen und Cousins. Kurz gesagt: Sie stehen auf verlorenem Posten, wenn Sie die Taufe nicht zu Ihrer persönlichen Mission machen. Und das sollten Sie sich keinesfalls entgehen lassen. Ach, Sie sind vor 20 Jahren aus der christlichen Gemeinschaft ausgetreten?

Seien Sie nicht so kleinlich, immerhin können Sie das Vaterunser perfekt runterleiern, als täten Sie das jeden Tag. Bravo! Das reicht, um eine christlich erleuchtete und voll engagierte Stiefmutter bei der Taufe abzugeben. Wichtig ist natürlich, dass Sie das schönste Kleid tragen. Bei Familienfesten von höherer Bedeutung sollten Sie unbedingt diejenige sein, die die beste Figur hat. Zeigen Sie, dass Sie nicht nur beten können, sondern auch noch klasse aussehen.

Sie finden das zu vordergründig? Quatsch, bei derartigen Familienfestivitäten geht es nur um Vordergründiges. Für Hintergründiges dürfen Sie gern nächste Woche einen Tag in der Bücherei verbringen und Shakespeare lesen. Diese Woche ist die Taufe dran, und Ihr Ruf als Stiefmutter steht auf dem Spiel.

Also noch mal die Checkliste: Vaterunser beten können, schönes Kleid, nicht zu tief dekolletiert, aber so, dass jeder sieht, dass Sie die tollste Stiefmutter aller Zeiten sind (Ich höre schon das Getuschel hinter Ihrem Rücken: »Für die würde ich Renate auch von der Bettkante schubsen«, »Kein Wunder, dass Matthias da gläubig geworden ist«, »Arme Liv, da kann sie wirklich nicht gegen anstinken. Ich glaube, ich trete auch wieder in die Kirche ein«).

Grinsen Sie nicht so selbstzufrieden! Nur gut aussehen und gottesfürchtig gucken reicht natürlich nicht. Wie sieht es mit einem anständigen Geschenk für den Täufling aus? Vergessen? Du meine Güte, Ihnen muss man aber auch alles sagen. Die Bibel mit Taufspruch kriegt er vom Vater, das goldene Kreuz mit Kette von der Mutter. Die Großeltern sorgen mit einem Sparbuch dafür, dass sich keiner über die anstehende Konfirmation und ihre horrenden Kosten Gedanken machen muss. Sie denken über ein buddhistisches Dalai-Lama-Buch nach? Als Ausgleich zu dem ganzen Christenkram? Damit können Sie bei mir landen, aber nicht bei einem erleuchteten Grundschüler mit Familienanhang.

Versetzen Sie sich in die Lage Ihres seit einem Jahr gottergebenen Bonuskindes – was wünscht es sich am meisten? Nein, nicht die neue Spielekonsole. Die kommt später, wenn der zweifelnde Pubertist den Konfirmandenunterricht als Gehirnwäsche bezeichnet und alles hinschmeißt, um aus voller Überzeugung und für Jahre Trotzkist zu werden. Jetzt geht es darum, ihn ernst zu nehmen. Schenken Sie ihm eine Reise nach Rom. Dort ist nicht nur der Vatikan samt Papst (Privataudienz wäre nicht schlecht), sondern auch die Dichte an chic ausstaffierten Kirchen so groß wie sonst vermutlich in keiner Stadt der Welt. Wenn ein solcher Ausflug Ihr Budget sprengt, reicht vielleicht auch ein Stapel Heiligenbilder (Panini für Gläubige), auf deren Rückseite Sie hübsche Sprüche notiert haben, etwa »Die Stiefmutti ist dein Hirte« oder »In finsterer Nacht steh ich dir bei«. Machen Sie sich vor der Taufe Gedanken über die Familienangehörigen, die dem wichtigen Ereignis beiwohnen. Wer von ihnen glaubt an Gott, wer nicht? Halten Sie für Small Talk die passenden Bemerkungen parat wie »Gut, dass der Kleine nun auf den rechten Weg gefunden hat« bis »Das ist eine Phase. Das geht vorbei«.

Lächeln Sie nur dezent erleuchtet und halten Sie dem Anlass entsprechend Ihre Hände gefaltet, als wollten Sie sofort losbeten. Nach diesem Event werden sich alle sicher sein, dass Sie einen großen Anteil an der wunderbaren Entwicklung Ihres Stiefsohnes haben. Wenn Sie sehr heilig rüberkommen wollen, haben Sie sich Ihre Konfirmandenbibel mitgebracht, die in den vergangenen Jahrzehnten in einer Schublade im Haus Ihrer Eltern verstaubt ist.

Nutzen Sie das gemeinsame Essen im Anschluss, um Ihre Position zu stärken. Legen Sie Ihre Bibel neben Ihr Weinglas und zitieren Sie gegebenenfalls daraus. Diese Taufe wird allen Teilnehmern im Gedächtnis bleiben. Mit Ihnen als Hauptperson. Toll, wie Sie sich in den Vordergrund spielen, herzlichen Glückwunsch! Der Herr wird es Ihnen zu gegebener Zeit danken. Sie sind auf dem besten Wege, die stiefmütterliche Version von Mutter Theresa zu werden.

Wie Sie die Einschulung in der ersten Reihe erleben

Es gibt kaum einen rührenderen Tag als den, an dem ein Kind eingeschult wird. Noch schaut es unschuldig, hält sich mit zittrigen Händen an der riesigen Schultüte fest und freut sich seines Lebens – inmitten der anderen Erstklässler, die bangen Herzens auf der Bühne sitzen und dem Vortrag der Schuldirektorin lauschen. Die Turnhalle ist überfüllt, denn nicht nur die stolzen Eltern sind gekommen, auch Omis und Opas, Tanten und Onkel, alle, die auch nur im Entferntesten etwas mit den Kindern zu tun haben, sind da.

Kein Wunder: Nach der ganzen Prozedur, der Rede, den fünf Schulchören, dem total süßen Theaterstück, aufgeführt von den Zweitklässlern, und dem Aufrufen der Namen der Neuzugänge (so individuell, klasse!), der Verteilung auf die Schneeflocken-, Tiger-, Kleeblatt- und Reh- (ja, wirklich!) Klasse gibt es schließlich das leckere Essen im besten Restaurant des Viertels. Das lassen sich auch die entferntesten Verwandten nicht entgehen. Aber so weit sind wir noch nicht. Sie sind zu spät. Was für ein Malheur! Natürlich haben Sie keinen Parkplatz gekriegt. Dass Sie Ihr Auto in der Feuerwehreinfahrt der Schule abgestellt haben, sollte Sie im Moment nicht bekümmern. Sie können jetzt keine Rücksicht auf die Befindlichkeiten anderer nehmen, schon gar nicht auf die Feuerwehr, die an so einem Tag sicher nicht ausrücken wird.

Es geht schließlich um die Einschulung von Klara, ein bedeutender Tag. Ein Einschnitt, vor allem weil Sie die kommenden zwölf Jahre (Minimum-Rechnung) um Viertel nach sechs (spätestens) aufstehen müssen, damit Klara pünktlich zur ersten Stunde kommt. Dieses Grauen überblickt die Kleine nicht. Noch glaubt sie, dass Schule eine prima Sache ist, weil sie endlich lernt, wie viel sie mit ihrem einen

Euro Taschengeld kaufen kann und warum der blöde Regen immer dann regnet, wenn sie keine Jacke dabeihat. Das hat Klara heute Morgen beim Frühstück gesagt und sehr zufrieden dabei gewirkt.

Wenn sie nur wüsste, was auf sie zukommt, die Ärmste! Schlechte Noten, doofe Lehrer, Geräteturnen, Hänseleien – das volle Programm der Sozialisierung in einer Peergroup, die Erwachsene für sie zusammengestellt haben. Sie haben Klara versprochen, dabei zu sein, wenn sie das unvermeidliche gelbe Käppi für ABC-Schützen überreicht bekommt. Wollen wir wetten, wie oft sie es tragen wird?

Ich sage ein Mal, nämlich auf dem Nachhauseweg.

Sie sagen drei Wochen? Na, dann haben Sie keine Erfahrung mit den bösen Jungs aus der zweiten Klasse, nehme ich an. Das Käppi wird nämlich schon morgen im Straßengraben landen, nachdem Darwin es Klara vom Kopf gerissen hat. Seine Worte: »Bist du gehirnamputiert oder wieso hast du gelbe Scheiße in den Haaren?«

Das ist der Moment, in dem Ihrer Stieftochter klar wird, dass Ihre Idee mit dem Selbstverteidigungskurs vielleicht doch nicht so schlecht gewesen war. Vorerst trabt sie ohne ABC-Käppi durch den Regen, wenigstens hat Darwin ihr nicht den Schulranzen weggerissen.

Aber so weit sind wir noch nicht. Im Moment sitzt Klara auf der Bühne, ihr Blick schweift durch die Reihen. Sie sucht Sie, ihre liebste Stiefmom. Und Sie stehen ganz hinten am Eingang der Turnhalle und verzweifeln, weil Sie nicht durchkommen. Es liegt an Ihnen, diese Problematik zu Ihrer und zu Klaras Zufriedenheit zu lösen. Keine Lösung ist es, stehen zu bleiben und zu hoffen, dass sich die Traube von Leuten um sie herum auflöst wie eine Fata Morgana. Sie könnten »Feuer« schreien. Das könnte Bewegung in die Angelegenheit bringen. Allerdings riskieren Sie tumultartige Zustände, die ein vorzeitiges Ende der Einschulungsfeier bedeuten würden. Zudem könnte jemand auf die Idee kommen, die Feuerwehr zu rufen, die dann – Sie erinnern sich – bei der Auffahrt an ihrem widerrechtlich geparkten Auto scheitern würde. Also, keine gute Idee.

Sie könnten auch rechts und links Ihre spitzen Ellenbogen ausfahren und sich mit latenter Gewalt Ihren Weg durch die Menge bahnen. Geht, macht aber keinen guten Eindruck, und den wollen Sie unbedingt machen – Klara zuliebe. Es bleibt nur eins: Werden Sie ein Programmpunkt, ein außerordentlicher, unvergesslicher. Ein so außerordentlicher unvergesslicher Programmpunkt, dass keiner sich traut, Sie zu stoppen oder hinterher zu fragen, ob das eigentlich geplant war.

Nutzen Sie die kurze Pause zwischen zwei Chor-Auftritten und rudern Sie mit hoch erhobenen Armen, während Sie langsam nach vorn gehen. Erheben Sie Ihre Stimme und setzen Sie zu einer rührseligen Rede an: »Im Namen aller Eltern möchte ich Ihnen allen und vor allem unseren wunderbaren Kindern danken. Was wir heute hier gemeinsam erleben, werden wir niemals wieder vergessen. Eben waren unsere Süßen noch die Größten im Kindergarten. Nun sind sie wieder die Kleinsten. Und wir alle, auch ich als Stiefmutter, mache mir die größten Sorgen. Wird es ihnen gut gehen? Werden sie sich wohlfühlen? Oder werden sie von den Älteren gemobbt, geschlagen, ausgeraubt?« (Gehen Sie vorbei an Klaras Mutter, die ziemlich weit hinten sitzt. Offenbar hat sie beim Plätze-Verteilungskampf frühzeitig aufgegeben. Sprechen Sie bitte weiter:) »Geben Sie es zu, Sie haben diese Gedanken in den vergangenen Wochen auch gehegt. Es macht keinen Sinn, sie vor den Kindern zu verbergen. Die Welt ist grausam. Das lernen sie spätestens jetzt, in der Schule. Wir lassen sie allein. Wir müssen sie allein lassen. Wissen Sie auch nicht, wie Sie das jemals verwinden sollen? Ist das richtig? Ist es fair? *(Schluchzen im Publikum)* Sollten wir unsere Kinder nicht lieber beschützen? Vor ungerechten Zensuren? Vor Gewaltexzessen und selbst ernannten Pädagogen?« (Sie begeben sich allmählich auf Glatteis und sollten versuchen, wieder den Bogen zu kriegen, sonst schaffen Sie es nicht in die erste Reihe, und das wird Klara Ihnen nie verzeihen.) »Darum sollten wir heute beschließen: Wir lassen unsere Kinder nicht allein. Wir beschützen sie, wir kümmern uns. Bitte treten Sie alle nach dieser Veranstaltung in den Unterstützerkreis der Schule ein. Die Formulare bekommen Sie bei der Vorsitzenden.«

Wedeln Sie diffus mit der Hand in Richtung Direktorin, während Sie die letzten Meter bis nach vorne zurücklegen. Wie erwartet bietet Ihnen ein freundlicher Herr seinen Sitzplatz an, sichtlich ergriffen von Ihrem Auftritt. Nicken Sie beim aufbrandenden Applaus freundlich in alle Richtungen, und schlüpfen Sie auf Ihren ergatterten Platz. Und nun halten Sie die Klappe und lassen Sie den Auftritt des nächsten Chores über sich ergehen. Okay, Sie dürfen Klaras Winken mit einem Grinsen beantworten. Aber jetzt: Ruhe bitte! Das ist Klaras erster Schultag.

Wie Sie den Geburtstag (Kuchen und Geschenke? Ich bitte Sie) zu einem unvergesslichen Fest machen

Sie sind eine vorbildliche Stiefmutter, das weiß ich. Sonst hätten Sie sich nicht die Mühe gemacht, bis hierher zu lesen. Es ist so weit: Ihr Bonuskind feiert Geburtstag, und Sie dürfen dabei sein. Bei uns war die Regelung von Beginn an so: Dort, wo das Kind gerade wohnt, feiert es auch seinen Ehrentag. Hat das Kind Geburtstag, während es in Ihrem Haushalt weilt, haben Sie das Zepter in der Hand. Seien Sie sich für nichts zu schade. Sorgen Sie dafür, dass der Geburtstagstisch allen die Tränen in die Augen treibt, bevor er unter der Last von Geschenken, Kuchen und Tischfeuerwerk zusammenkracht. Dann, und nur dann, haben Sie Ihr Ziel erreicht: Niemand wird jemals wieder vergessen, wie es ist, wenn Sie, die tollste aller Stiefmütter auf Erden, einen Geburtstag ausrichten. Mehr geht nicht.

Am besten fangen Sie bereits ein Jahr vorher mit den Planungen an. Gemäß dem Motto: Nach dem Geburtstag ist vor dem Geburtstag. Mit ein wenig Budget, das der Kindsvater bestimmt gern bereitstellt (das Kind wird nur ein Mal sechs, sieben, acht, neun ...), wird aus dem Tag der Tage ein rauschendes Fest.

Beginnen sollten Sie schon bei Morgengrauen. Vielleicht buchen Sie die Lieblingsboygroup für ein Ständchen vor dem Haus, damit die Nachbarn auch etwas davon haben? Jeder soll wissen, dass Sie sich nicht lumpen lassen.

Meine Freundin Selma hat das gemacht. Ihre Stieftochter Dilara ist aus dem Bett gefallen, als morgens um sechs Cro mit seiner Panda-Maske vor der Tür stand und *Einmal um die Welt* rappte. Genial! (Muss ja keiner wissen, dass Selma »Cro« über die Studenten-Arbeitsvermittlung für lau gebucht hat.) Dilara schwärmt noch heute von dem coolen Musiker, der ihr seine neue CD mitgebracht hatte und ihren Unterarm mit einem Autogramm heiligte. Wochenlang duschte die Kleine nur noch mit einer Plastiktüte, die sie sorgfältig um ihren Arm wickelte. Sehr zum Ärger ihrer Mutter, doch das war Dilara egal.

Natürlich ist Selma eine ausgezeichnete Kuchenbäckerin beziehungsweise hat sich zu einer ebensolchen entwickelt, seit Selma auf ihren kurzen Beinen in ihr Leben spaziert ist. Darum gibt es nachmittags keine Benjamin-Blümchen-Torte aus dem Tiefkühlfach, sondern höchstpersönlich von Selma gebacken und flankiert von einem ebenfalls gebuchten Benjamin Blümchen, der mit den 28 eingeladenen Kindern so originelle Spielchen wie Schokolade-Wettessen, Gespenstersuche in der ganzen Wohnung oder freies Klettern spielt.

Das freie Klettern findet beim nächsten Geburtstag nicht mehr statt. Warum? Weil Selma es nicht geschafft hat, William rechtzeitig vom Bücherregal herunterzubugsieren, bevor es mit dem Siebenjährigen umgekippt ist. Williams Kopf wurde dabei von einem historischen Atlas getroffen, der eindeutig bewies, dass er sowohl elastischer als auch haltbarer ist. Aus dem Loch in Williams Kopf quoll das Blut und versaute Benjamin Blümchen das fröhlich-blaue Kostüm, worauf dieser beleidigt abzog. Kurzfristig beschleunigte sich Selmas Pulsschlag. Der Krankenwagen bog schon nach vier Minuten mit lautem Tatütata um die Ecke, sodass William die anderen Kinder nicht weiter erschreckte.

Leider vergaß Selma auch, Williams Mutter von dem Vorfall zu informieren. Aber sie hatte wirklich wahnsinnig viel zu tun, als Benjamin Blümchen die Truppe nicht mehr beschäftigte. Darum entschied Selma, dass es besser sei, den Kindern weiteres Essen vorzusetzen. Was sie an diesem Tag nicht bedachte, war, dass Kindermägen nur eine begrenzte Dehnbarkeit aufweisen. Als Josie und Edda über der Badewanne, Mustafa über dem Klo und Chris über dem Waschbecken hingen, um die Torte, die Schokolade, die Pizza, die Pommes und die Würstchen auf schnellstem Wege wieder loszuwerden, war es zu spät.

Zum Glück erholen sich Kinder meist flott, sodass am Ende alle auf der drei Meter großen Hüpfburg herumwuselten und -sprangen und gar nicht bemerkten, dass es allmählich dunkel wurde.

Nur Williams Mutter störte zwischendurch, als sie ihren Sohn abholen wollte. Blöd, dass der Junge wohl noch immer in der Klinik und seine Mutter ungeheuer aufgeregt war, als sie von dem kleinen Missgeschick erfuhr. Aber es gelang Selma, sie zum Schweigen zu bringen und aus der Haustür zu bugsieren. »Besser, du fährst ins Krankenhaus und siehst nach ihm. Über den Schaden, den er in unserem Wohnzimmer angerichtet hat, insbesondere über die kaputte Ming-Vase, können wir später reden.«

Das 20-minütige Feuerwerk war dann ein krönender Abschluss. Alle standen da, die Köpfe in den Nacken gelegt, staunten über Raketen und Goldregen, der sich am Himmel ergoss. Kurzum: ein unvergesslicher Geburtstag. Als alle Gäste gegangen waren, nahm Selma bereits die Planung der nächsten Party in Angriff. Ob Justin Bieber auch buchbar wäre?

Nehmen Sie sich ein Beispiel: Denken Sie groß! Hier setzen Sie Maßstäbe. Ihr Stiefkind wird es Ihnen lebenslang danken. William darf nächstes Jahr leider nicht mehr zum Kindergeburtstag kommen. Seine Mutter ist so eine überängstliche Person. Wegen der Angelegenheit mit der Ming-Vase gibt es noch keine Einigung.

Wie Sie Weihnachten zu einem Fest der wahren Liebe machen ... warum der Tannenbaum so geschmückt wird, wie es sich für Sie gehört

»Oh du Fröhliche, oh du Selige, gnadenbringende Stiefmutti, äh Weihnachtszeit«: Es ist so weit, das Fest der Feste naht. Ist Ihnen auch schon ganz weihnachtlich um ihr stiefmütterliches Herz? Freuen Sie sich schon seit dem Sommer auf das Fest der Liebe im Kreise Ihrer bunten Truppe? Hurra, endlich geht es los. Sie dürfen die Kiste mit der Weihnachtsdeko aus dem Keller hochschleppen und die Wohnung in ein Meer aus Glitzer, Kerzen, rotwangigen Nikoläusen, grünen Holzäpfeln und blinkenden Lichterketten verwandeln.

Letzere lassen Sie am besten rund um die Uhr an, damit Ihr Stromanbieter bei der Jahresabrechnung auch ein Präsent von Ihnen erhält. Setzen Sie dem Kitsch bloß keine Grenzen. Alles ist erlaubt, wenn es um Weihnachten geht. Oder? Sie ahnen es sicher: leider nein.

Bei Weihnachten scheiden sich die Geister, vor allem in Patchworkfamilien, so meine Erfahrungen. Woran liegt das? Ich schätze, nicht nur Ihnen ist Weihnachten wichtig, auch den Kindern und dem Mann. Sie alle haben eine Weihnachtssozialisierung hinter sich, die es ihnen verbietet, dieses Fest anders (nämlich nach Ihren Vorstellungen) zu feiern. Jeder weiß, wie Weihnachten gefeiert wird, und jeder kämpft darum, dass alles so gemacht wird, wie er oder sie es für richtig hält.

Fangen wir beim Essen an: Wann gibt es die Gans? An Heiligabend oder erst an einem der beiden Weihnachtstage? Wie wird die Gans zubereitet? Mit Kastanien oder Backpflaumen, mit Semmelknödeln oder Kartoffelklößen? Was gibt es als Dessert? Gibt es überhaupt ein Dessert, oder ist das Völlerei? Das Problem ist: Weihnachten muss perfekt sein. Und ist es nie.

Wenn Sie Ihre Rituale durchziehen, besteht die Chance, dass Weihnachten zu 92 Prozent perfekt werden könnte. Das wäre ein sehr gutes Ergebnis. Das erzielen Sie aber nur, wenn Sie gnadenlos auf dem Ablaufplan bestehen, den Sie für richtig halten. Darum: Gehen Sie keinem Konflikt aus dem Weg. Nehmen Sie wochenlange Streitereien in Kauf. Beginnen Sie am besten im Oktober damit. So ist garantiert, dass Sie lange genug Vorlaufzeit haben, um alle Streitpunkte in der gebotenen Ausführlichkeit auszudiskutieren. Im Zentrum von Jules Debatten stand jahrelang der Tannenbaum. Der Glaubenskrieg startete bereits beim Kauf. »Sollen wir ihn im Wald selbst schlagen?«, fragte Jule.

»Unbedingt!«, jubelten die Kinder, und Yves, der Vater, war einverstanden. Was für ein unglaublich eindrucksvolles Event für die Kinder. Gemeinsam stapften sie bei Minusgraden durch den Schnee (Natur! Wald! Abgefrorene Zehen und verlorene Handschuhe! Toll!) Nach der Inspektion von etwa 100 möglichen Anwärtern auf den Titel »Weihnachtsbaum des Jahres« entschieden sie sich für eine gerade gewachsene Tanne. Yves zückte die Axt und schlug beherzt auf den Stamm. Es krachte. Das Holz splitterte. Yves rutschte ab und haute sich fast ins Knie. Nichts passiert, zum Glück. Die Tanne schwankte und fiel zu Boden. Geschafft!

Ruben und Cora tanzten und sangen »Oh Tannenbaum, oh Tannenbaum«. Dann berieten sie: Der Baum könnte sogar einen

Namen bekommen. Jule plädierte für Waldemar, aber die Kinder waren für Igor. Warum, konnten sie nicht erklären. Man einigte sich auf Igor Waldemar. Mein Rat: Ja, schließen Sie ruhig Kompromisse, an dieser Stelle ist das gut möglich. Schweigend schleppte Yves den Baum aus dem Wald zum Auto.

Blöd, dass die Familie nicht daran gedacht hatte, dass zwei Kinder, zwei Erwachsene und ein drei Meter hoher Tannenbaum nicht in den Mittelklassewagen passen. Mit vereinten Kräften hievten sie das Monstrum auf das Autodach (Grandios, so ein Gruppenerlebnis. So wächst die Familie zusammen.) und verschnürten es. Die Konstruktion hielt bis zur ersten Ampel, dann rutschte der Baum nach vorn und blieb auf der Windschutzscheibe liegen, sodass dem Fahrer die Sicht versperrt wurde. Yves fluchte, die Kinder und Jule lachten. Yves wurde wütend. Am Ende verstaute er den Baum im Auto, und Jule stand mit den nicht mehr lachenden Kindern am Straßenrand. Alle froren. »Ich bin gleich zurück«, rief Yves und fuhr mit Waldemar davon. Jule, Cora und Ruben machten sich zu Fuß auf den Weg, sind nur zehn Kilometer vom Wald bis nach Hause. Bis Yves den Baum ausgeladen hätte und zurückkäme, wird es eine Weile dauern. »Wer hatte die Idee mit dem Baumschlagen im Wald?«, fragte Ruben.

Sie einigten sich auf Yves, der sich in Abwesenheit nicht dagegen wehren konnte, schuld an der ganzen Misere zu sein. Zwei Stunden später waren sie alle wieder vereint und begutachteten Waldemar, der im Wohnzimmer stand. Yves hatte inzwischen die Spitze kappen müssen, weil der Tannenbaum viel zu groß war. Aber er war schön, seine Zweige waren so ausladend, dass von der Couch nichts mehr zu sehen war. Aber man muss auch nicht auf dem Sofa sitzen, nicht wahr?

Nun begann der Teil, an dem Kompromisse ausgeschlossen sind: Wie wird der Tannenbaum geschmückt? Jule war für Freestyle, und die Kinder schlossen sich an. Selbst gebastelte Strohsterne, Salzgebäcktaler, bunte Kugeln, Lametta satt und eine kindersichere

LED-Kerzen-Girlande sorgen für Weihnachtsstimmung. Nur nicht bei Yves. Er drohte mit Geschenke-Entzug, wenn der ganze Plunder nicht binnen drei Minuten wieder von Waldemar entfernt würde. Seine Dekoration ist traditionell, so wie seine Mutter es ihm vor 30 Jahren beigebracht hat: dunkelrote Glaskugeln, Lametta nur in einzelnen Streifen, grüne Schleifen und zwölf weiße natürlich echte Kerzen – fertig!

Jule und die Kinder waren entsetzt. Wo blieb da der Spaß? Der Weihnachtskitsch? Das Lametta? Jule schlug einen Halbe-halbe-Baum vor (rechte Seite bunt, linke Seite traditionell), aber Yves blieb hart. Der Schock war groß. Jule schlüpfte in ihren Wintermantel und ging ein paar Schritte um den Block. Weihnachten drohte auszufallen, weil sich die Familie nicht auf Waldemars Deko einigen konnte. Zum Glück hatte Jule die zündende Idee. Auf dem Weg kaufte sie einen zweiten Tannenbaum und schleifte ihn nach Hause. Verdammt schwer! Daheim stellte sie Salome neben Waldemar und schmückte ihn gemeinsam mit den Kindern.

Als Yves anfing zu meckern, dass er den Fernseher nicht mehr sehen konnte, schickte sie ihn in den Keller: Lametta-Nachschub holen. Er fügte sich, drei gegen einen. Da war er chancenlos, das sah er ein. Die Gans aßen sie am ersten Feiertag mit Kastanien und Backpflaumen – und zwar am Küchentisch, im Wohnzimmer war nicht genug Platz. Glauben Sie nicht, dass ich mir diese Weihnachtsgeschichte ausgedacht habe. So und nicht anders ist sie passiert.

Wie Sie Ihre Hochzeit mit dem Kindsvater überleben. Das ist die hohe Kunst der fortgeschrittenen Stiefmutter!

Das ist wirklich ganz großes Kino: Sie wollen den Mann Ihrer Träume, den Vater Ihrer Stiefkinder heiraten. Wirklich? Sie schrecken echt vor nichts zurück. Na dann, los! Wie haben denn die lieben Kleinen reagiert? »Oh nein, muss das sein?« oder »Na, endlich, wurde auch Zeit«?

Nicht, dass es eine Rolle bei Ihren Plänen spielen sollte. Aber es ist gut zu wissen, ob Sie die Kinder mit am Brauttisch oder lieber ganz hinten neben der Toilettentür positionieren. Und noch ein Tipp: Werden Sie jetzt bloß nicht rührselig und laden die Kindsmutter ein. Das würden Sie bereuen. Ihre Hochzeit ist Ihre Hochzeit ist Ihre Hochzeit. Bitte streichen Sie diesen Satz rot an, oder schneiden Sie ihn aus. Das ist okay, ich bin nicht beleidigt, dafür ist dieser Ratgeber da. Hauptsache, Sie merken es sich.

Denken Sie nicht eine Sekunde daran, dieses Fest im kleinen Kreis zu feiern oder in einem schlichten Kostüm – nur weil Ihr Zukünftiger schon mal verheiratet war oder Kinder mit einer anderen Frau produziert hat. Wer will das wissen? Er ist Ihr Mann und Ihr Bräutigam, und Sie sind die Braut, wow! Kaufen Sie das Kleid Ihrer Träume mit dem Spitzenbesatz und der drei Meter langen Schleppe. Nach all den Mühen, eine richtig gute (also richtig böse) Stiefmutter zu sein, haben Sie es sich verdient, einen Tag lang als Prinzessin mit Krönchen und Braut-Make-up für 380 Euro (das Make-up, die Krone war natürlich teurer) durch das raue Leben zu schweben.

Fragen Sie nicht, was das alles kostet: die Kutsche, der Friseur, das Catering, die Ringe. Fragen Sie nur, wie oft Sie so einen Tag erleben.

Ein Mal? Okay, vielleicht auch zwei oder drei Mal. Aber öfter aller weisen Voraussicht nicht. Darum: Nehmen Sie alles, was Sie sich wünschen. Schleier, Brautstrauß, den besten Hochzeitsfotografen, die teuerste Band, die edelste Schloss-Location, die Einladungskarten (6,80 Euro die Save-the-date-Karte plus 7,95 die dreiklapprige Ja-wir-heiraten-Karte. Bei 128 Gästen kommt da was zusammen. Egal!). Jeder soll sehen, dass Sie es geschafft haben: Sie werden eine verheiratete Stiefmutter. Allen miesen Unkenrufen zum Trotz.

Der Mann liebt Sie, die Kinder lieben Sie (Doch! Bestimmt!), die Welt ist bunt und schön und Sie sind die tollste *stepmom* und Verlobte aller Zeiten.

Geben Sie es zu: Dieser Ratgeber hat Ihnen dabei geholfen. Bitte schreiben Sie mir und schicken Sie mir ein Foto von Ihrer Hochzeit, wenn es so ist. Ich hänge Sie bei mir zu Hause an die Pinnwand für glückliche Stiefmütter und mache einen Strich auf der Liste. (Nein, ich verrate *nicht*, wie viele Striche ich schon gemacht habe.)

Zurück zu Ihrem Fest: Wichtig finde ich, dass Sie eine Rede halten, bei der Sie allen danken, die Sie auf dem steinigen Weg begleitet haben. Ihrer Freundin Doris, die Ihren jetzigen Angetrauten als »Loser« bezeichnet hat, weil dessen Gehalt für den Kindesunterhalt draufgeht. Ihrem Kumpel Dennis, der Sie für verrückt erklärt hat, weil Sie sich in einen Mann mit Kindern verliebt haben: »Wie doof kann man eigentlich sein? Der sucht bloß eine billige Putze und Köchin für seine Gören.«

Vergessen Sie nicht Ihre Mutter, die Sie die vergangenen fünf Jahre täglich vier Mal gefragt hat, ob Sie nichts Besseres finden als diesen »Hanswurst«, der seine Gene bereits verschleudert hat.

Werfen Sie anschließend rein zufällig Ihrer Lieblingskollegin Klaudia den Brautstrauß an den Kopf, damit ihr endlich dämmert, dass Ihr Angetrauter für Avancen nicht mehr zur Verfügung steht. Drücken Sie ruhig ein paar Tränen der Rührung, dass alles so gekommen ist, wie es ist – Ihre Familie ist so herrlich unperfekt wie jede andere auch. Darauf ein Glas Champagner.

Die Flasche können Sie getrost hinter sich werfen. Wie ich Sie kenne, haben Sie für ausreichend Getränke gesorgt. Danach knöpfen Sie Ihre Schleppe ab, werfen die Schuhe durchs Fenster und tanzen bis zum Morgengrauen – mit Doris, Dennis, Klaudia, Ihrem Ehemann und den lieben Beutekindern, die sich für den heutigen Tag sogar in Schale geworfen haben.

PS: Dass Sie die siebenstöckige Hochzeitstorte mit dem Echtgold-Überzug gewählt haben, haben Sie richtig gemacht. Lassen Sie es sich schmecken! Vertrauen Sie darauf: Sie werden diese Hochzeit überleben – genauso wie all die Tage mit Ihrer geliebten Bonusfamilie. Heute ist alles rosa, nur Ihr Kleid hoffentlich nicht.

Wie Sie Ihren Muttertag jedes Jahr so richtig genießen

Eine Stiefmutter ist auch eine Mutter. Ergo hat sie sich den Muttertag verdient. Eigentlich noch viel mehr als eine leibliche Mutter. Warum? Weil Sie es geschafft hat, Ihrem schlechten Ruf zum Trotz wieder ein Jahr im Kreise Ihrer Familie zu überleben. Weder haben Sie Ihrem Aschenputtel-Kind Linsen und Erbsen vor die Füße geschüttet, noch haben Sie Ihren Partner dazu überredet, Hänsel und Gretel im Wald auszusetzen und Ihrem sicheren Tod zu überlassen.

Nicht ein Mal haben Sie in den Spiegel geschaut und voller Neid gefragt, wer die Schönste im Land sei (das haben Sie nicht nötig, richtig?) – wohl hoffentlich nicht die ungeliebte Stieftochter namens Schneewittchen. Sie waren die überwiegende Zeit weder launisch noch ungerecht, weder tyrannisch noch egoistisch. Sie haben dafür gesorgt, dass die Patchworkfamilie zusammengehalten hat, allen

Widrigkeiten zum Trotz, die da heißen: Streitsüchtige distanzlose Ex-Frau, die wortlos auflegt, wenn Sie und nicht Ihr Mann ans Telefon gehen. Stets schlecht gelaunte Kinder, die sich in ihren Zimmern verbarrikadieren und nur zur Essensaufnahme herauskommen. Zwischen Kindern, Ex-Frau und neuer Liebe zerrissener Mann, der über seine neuerdings grauen Haare lamentiert und fünf Mal die Woche joggen geht. Zwei Gerichtsprozesse wegen Unterhaltsstreitigkeiten mit vorgeschalteten monatelangen Mediationen, an denen alle – auch die Ex – teilnehmen. Alle zusammen (außer der Ex) zwei Wochen Sommerferien auf dem Bauernhof. 200 Euro Stromnachzahlung, weil die Kinder bei der Abreise weder das Licht noch die Fernseher in ihren Zimmern ausgeschaltet hatten und der Kühlschrank nicht richtig geschlossen war. 150 Euro für den Schlüsseldienst, weil der Mann, der als Einziger die Haustürschlüssel mitgenommen hatte, dieselbigen im Kuhmist im Stall versenkt hatte.

Nein, auch nach dreistündiger Suche mit bloßen Händen haben Sie nichts weiter zutage gefördert als Kuhscheiße. 80 Euro für eine Maniküre, um Ihre von der Kuhscheißensäure angegriffenen Hände wieder in einen tageslichttauglichen Zustand zu versetzen. Drei Norovirus-Attacken sowie zwei Mal Scharlach und einmal Bindehautentzündung, alles eingeschleppt von den Kindern. Darum und wegen all der anderen Dinge, die Sie im vergangenen Jahr für Ihre Familie getan haben, haben Sie sich einen Orden verdient - zumindest aber einen schicken Muttertag.

Etwa die Hälfte aller Patchworkfamilien geht wieder in die Brüche. Sie haben es geschafft, auch im nächsten Jahr wieder zu beweisen, dass Sie über mehr Sozialkompetenz als Verstand verfügen. Ist das nicht großartig? Ein weiteres Jahr lassen Sie sich ignorieren, mobben und ärgern, stecken Sie voller Gleichmut und unverbrüchlich guter Laune ein, sind Sie das unermüdliche Muttertier, das sich um alle kümmert.

Aber heute sind Sie dran. Schauen Sie bereits gespannt aus Ihren Kissen und warten darauf, dass Mann und Kinder Sie mit Blumen und Kaffee am Bett erfreuen? Sie sind eine unverbesserliche Romantikerin. So sind Sie überhaupt in dieses Bett und diese Familie geraten, stimmt's? Bleiben Sie ruhig noch ein Minütchen liegen. Heute ist Muttertag, das haben Sie sich verdient. Nur eines muss ich Ihnen leider verraten: Es wird niemand bei Ihnen vorbeischauen.

Die Kinder sind unterwegs zu ihrer Mutter, und der Mann ist joggen gegangen. Nein, spekulieren Sie nicht darauf, dass er Ihnen frische Brötchen mitbringt. Warum sollte er auch? Er wird nachher die Mutter seiner Kinder anrufen – pflichtbewusst – und ihr gratulieren. (Wofür eigentlich? Für die beiden gewonnenen Unterhaltsprozesse? Oder zu ihrem neuen Lover, der mit ihr eine sechswöchige Kreuzreise in der Karibik plant, während die lieben Kleinen bei Ihnen und Ihrem Mann die Nebenkosten in die Höhe treiben?)

Sie haben die Wahl: Bleiben Sie liegen und warten Sie darauf, dass ein Prinz vorbeikommt und mit Ihnen als der heiligen Stiefmutter auf einem Schimmel gen Paradies reitet. Die Wahrscheinlichkeit, dass das passiert, liegt bei 0,00000000001 Prozent. Liegt also im Bereich des Möglichen. Bleiben Sie liegen und schlafen einfach noch eine Runde, alles andere ergibt sich später.

Stehen Sie auf, rufen Sie Ihre beste Freundin an, und verabreden Sie sich in dieser unverschämt teuren Wellness-Oase. Vergessen Sie nicht die anderthalbstündige Ganzkörpermassage bei Ronnie zu buchen, er hat magische Hände. Ungeheuer entspannend. Dieser Tag gehört Ihnen. Nutzen Sie ihn und lassen Sie es sich richtig gut gehen. Feiern Sie sich und Ihren Langmut, der mit so viel Charme, Chuzpe und Eigenständigkeit gepaart ist, wie man ihn selten findet. Darauf einen Prosecco. Vergessen Sie nicht, Ronnie für das nächste Jahr vorzumerken. Er ist an einem solchen Tag meist ausgebucht, weil zahllose Mütter Schlange bei ihm stehen, um ihre Gutscheine einzulösen, die sie von Mann und Kindern geschenkt bekommen haben.

Nur gut, dass Sie darauf nicht angewiesen sind. Gehen Sie lieber noch mit Ihrer Freundin in dieses neue Sushi-Restaurant. Wellness macht hungrig und durstig. Wenn Sie zu vorgerückter Stunde weinselig zu Hause eintrudeln und Ihr Mann Sie fragt, wo Sie waren, dann sagen Sie: »Ich habe Muttertag gefeiert, und du?« Gehen Sie mit dem guten Gefühl ins Schlafzimmer, dass Sie die Heldin der modernen Gesellschaft sind. Ohne Sie würde es diese Familie gar nicht geben. Klamotten aus, hinlegen. War ein langer Tag. Ich weiß auch nicht, warum das Bett plötzlich schlingert. Machen Sie das Licht aus, dann sehen Sie es nicht mehr. Gute Nacht!

12. KAPITEL

TIPPS

Wie Sie als Unberechenbare überleben!

Melanie steht jeden Morgen um 6.45 Uhr auf, bereitet das Frühstück vor, geht duschen, weckt um 7.05 Uhr die Kinder, isst mit ihnen, verlässt um 7.40 Uhr das Haus und geht zur Arbeit. Um 17.03 Uhr kehrt sie zurück, kümmert sich um Hausaufgaben und Abendessen, um Mann und Wäsche. Um 20 Uhr döst sie auf der Couch und lässt sich vom Fernseher berieseln. Um kurz nach halb elf wechselt sie ins Bett und schläft. So geht das von Montag bis Freitag. Gähn! Wie langweilig!

Melanie verliert nie die Nerven, hat Schulsachen wie Radiergummi, Buntstifte und Klebestift auf Vorrat gekauft und in gelben Kisten sortiert. Am Kühlschrank hängt eine Magnettafel, auf der fehlende Lebensmittel sortiert werden, die sie nach der Arbeit rasch besorgt. Kein Ding, geht doch schnell. Als Elternvertreterin organisiert sie Weihnachtsbasar, Osterfeuer und Ausflüge mit – vorbildlich!

Für ihre Stiefkinder Valentin und Ole ist das Leben herrlich einfach. Mittags, wenn sie nach Hause kommen, steht ein vorgekochtes Essen auf dem Herd. Melanie sei Dank. Ihre Wäsche finden sie stets ordentlich zusammengelegt im Schrank. Melanie, Super-Woman im Einsatz. Bei Schulfesten bringt Ole immer diesen unsagbar filigran klein geschnittenen Obstsalat mit, während Valentin mit 200 selbst gemachten Frikadellen brilliert. Wie Melanie das immer alles schafft? Das fragt sich schon lange keiner mehr. Weil sie funktioniert wie ein Uhrwerk, über das sich auch keiner mehr Gedanken macht.

Bis Melanie eines Tages ihre Koffer packt und ohne Vorankündigung ihren Job als Stiefmutter quittiert. Das Entsetzen bei Mann und Kindern war so groß, dass sie vergaßen, Melanie zu fragen, ob sie nicht bleiben wolle. So läuft es mit den Berechenbaren.

Darum mein Tipp: Geben Sie nicht den Stiefmutter-Roboter ab. Kaufen Sie sich alle Maschinen, die hilfreich sein könnten (Saugroboter, elektrischer Zwiebelschneider, Küchenmaschine mit 829 Funktionen), und gehen Sie anschließend zum Sport. Ihre neuen Helferlein sollten Sie nicht daran hindern, zu tun, was Sie nicht lassen können. Aber überlegen Sie sich Folgendes: Eine Stiefmutter, die nicht immer da ist, wird viel mehr wahrgenommen als eine, die ständig wie ein Hund mit dem Schwanz wedelt und um Anerkennung bettelt: Für die jede Woche frisch gemachten Betten. Für die wie jedes Jahr 30 Gläser eingekochter Marmelade. Für die gebügelten Jeanshosen und die demonstrative Dauerschleife guter Laune.

Eine Stiefmutter darf schlechte Laune haben, faul sein und sich mit einem spannenden Buch auf die Couch verziehen, wenn sie das möchte. Sie muss kein schlechtes Gewissen dabei haben, ist das nicht toll? Unmöglich, sagen Sie? Probieren Sie es aus. Was passiert, wenn Melanie den Elternabend absagt, weil sie lieber den neuen Tom-Hanks-Film im Kino sehen will? Bricht die Familie auseinander? Ist die Schullaufbahn von Ole und Valentin am Ende? Nö.

Könnte sein, dass ihr Vater sich um acht Uhr abends in die Schule bequemt, statt mit seinen Kumpels das Vorrundenspiel im Champions-League-Wettbewerb zu schauen. Könnte auch sein, dass Mann, Kinder und andere Eltern Melanie beim nächsten Mal fragen, ob sie zum Elternabend gehen könnte: Weil sie immer so ein tolles ausführliches Protokoll schreibt, das beim letzten Mal wegen ihrer Abwesenheit leider, leider ausgefallen ist. Weil es nicht die leckeren Dinkelkekse gab, die Melanie sonst immer spendiert. Und weil keiner Frau Lehmann, der Deutschlehrerin, wegen der vielen Hausaufgaben so eindrucksvoll ins Gewissen geredet hat, wie Melanie es sonst tut. Gut möglich!

Jetzt überlegen Sie gut, ob all Ihre Routinen wertgeschätzt werden. Jeden Morgen vor der Arbeit noch rasch die Wohnung durchsaugen? Den Kindern jeden Nachmittag vom sauer verdienten Geld eine diese unverschämt teuren Zeitschriften mitbringen?

Dienstags, donnerstags und freitags Mutti-Taxi spielen, obwohl die lieben Kleinen genauso gut mit dem Rad zum Musikunterricht fahren könnten? Lassen Sie das alles ausfallen und kümmern Sie sich stattdessen um Ihr eigenes Wohlbefinden. Ein Besuch beim Friseur, im Buchladen oder im Hallenbad bewirken Wunder.

Stellen Sie sich die Verzweiflung in den Mienen Ihrer Lieben vor, die der Erleichterung weicht, wenn Sie endlich wieder tiefenentspannt zu Hause einlaufen. Möglich ist natürlich auch, dass keiner Sie weinend an der Wohnungstür in Empfang nimmt, die Küche aufgeräumt ist und Ihre Familie lachend vor dem Fernseher sitzt und sich einen Loriot-Film anschaut. Sodass keiner bemerkt, wenn Sie ins Wohnzimmer treten. Sodass Sie offensichtlich keiner vermisst. Dann wird es Zeit, die nächste Eskalationsstufe zu zünden.

Wie Sie als Egomanin überleben!

Zentrieren Sie sich: Haben Sie sich die vergangenen Jahre einzig und allein auf Ihre Bonusfamilie konzentriert? Haben Sie ebenso dicke wie nutzlose Ratgeber studiert? Titel: »Stiefmutti werden ist nicht schwer, Stiefmutti bleiben dagegen sehr« oder: »Wie Sie ihre neue Familie lieben lernen oder Stark sein – positiv als Stiefmutter.« Haben Sie Ihren Vertrag fürs Fitnessstudio gekündigt, Ihren Französischkurs abgesagt und Ihren Job reduziert? So dämlich waren Sie nicht, oder? Doch? Das ist in Ordnung.

Es ist nie zu spät. Neuer Tag, neues Egomanen-Glück. Ich weiß, es ist schwer, auf einen neuen Modus Vivendi umzuschalten, wenn man wie Sie jahrelang nur für andere gelebt hat. Das Aufopfern ist Ihnen längst ins Blut übergegangen. Aus jeder Pore Ihrer Haut trieft das Helfersyndrom. Es wird Zeit, mal wieder richtig auf dem Laufband zu schwitzen und anschließend bei einem Gläschen edlen Weißweins darüber zu sinnieren, wie Sie sich die nächsten fünf Jahre vorstellen. Nein, Sie wollen nicht noch ein Kind bekommen. Nein, Sie bleiben sitzen, daheim vermisst Sie niemand. Nein, das Essen brennt nicht an – und wenn schon? Sie essen es heute nicht.

Übrigens soll der Gazpacho hier ausgezeichnet schmecken. Zu teuer? Ich bitte Sie. Für Ihre Familie ist Ihnen auch nie etwas zu teuer. Gönnen Sie sich den Luxus, den Sie sonst anderen zuteilwerden lassen. Ich verstehe, dass Sie das Überwindung kostet. Aber Sie werden rasch merken, dass es nicht wehtut, sich etwas Gutes zu tun. Natürlich werden Ihre Lieben Ihre Wesensveränderung bemerken. Sie werden dagegen ankämpfen, glauben Sie mir.

Wieso gibt es nicht mehr jeden Tag ein warmes Abendessen? Warum sagen Sie, Ihnen ist das nach einem harten Arbeitstag zu viel? Sonst ging es doch auch! Weshalb fahren Sie am Wochenende mit Ihrer besten Freundin in den Harz zum Wandern? Sonst sind Sie immer mit zum Indoor-Spielplatz gefahren. Zugegeben, es gibt dort keinen Sauerstoff zum Atmen, aber es war immer schön, oder etwa nicht? Veränderungen in einer Familie werden von allen Mitgliedern stets mit dem größten Misstrauen verfolgt.

Kann Ihnen nun egal sein, denn das ist das Privileg der Egomanin: Sie kreist stets und ständig um sich selbst, ihre Bedürfnisse und ihre Befindlichkeiten. Deshalb können Sie neuerdings darauf bestehen, dass das Bad jeden Tag gesaugt wird (nicht von Ihnen!) und die Haare aus dem Abfluss der Dusche gezogen werden (selbstredend nicht mehr von Ihnen!). Ebenso konsequent gehen Sie bei der Kloreinigung und dem Nachfüllen von Klopapier vor. Vermutlich büßen Sie einige Sympathiepunkte ein – die Egomanin merkt das gar nicht.

Sie merkt nur, dass der Lärm aus dem Kinderzimmer beim Lesen stört. Darum sorgt sie mit einem entschiedenen Auftritt für nachhaltige Ruhe. Wunderbar, so ein Leben als egomanische Stiefmutter. Während andere Frauen weinend in der Ecke liegen, weil es Zänkereien gab, können Sie jede Stunde genießen: Weil Sie dafür sorgen, dass es *Ihnen* gut geht. Die anderen können schließlich selbst für sich sorgen, denn das ist, was die übrigen Familienmitglieder bisher auch getan haben. Das Zusammenleben mit einer Horde Egomanen – und nichts anderes ist eine Familie – funktioniert für Sie am besten, wenn Sie sich anpassen.

Werden Sie wie Ihre Familie! Die Kinder wollen in den Ferien nach Mallorca fliegen? All inclusive im langweiligsten Hotel am vollsten Strand der Insel? Sollen sie doch. Fragt sich nur, wer das bezahlt. Sie sicher nicht, denn Ihr Flug geht nach Kuba – wo Sie schon seit Jahren hinwollten, es sich jedoch nicht leisten konnten.

Die Kinder wollen die teuersten Smartphones, weil die jetzt jeder hat? Kein Problem, mit ein bisschen Jobben nebenher kann man sich das bestimmt zusammensparen. Sie haben längst das beste Gerät, und es macht einen Riesenspaß ganz ohne schlechtes Gewissen, coole Apps zu laden, Snapchats an die Kinder zu verschicken und den nächsten Yogatermin zu buchen.

Und was sagt der Mann zu Ihrer Verwandlung? Ich schätze, er ist ein harter Brocken. Wenn aus einer Frau und Stiefmutter über Nacht eine Egomanin wird, gerät ein Mann an seine Grenzen. Er ist der Experte im Egomanen-Dasein von frühester Kindheit an und plötzlich seiner Vormachtstellung beraubt. Er wirft Ihnen vor, eine Egomanin zu sein? Was für eine Gemeinheit!

Fallen Sie bloß nicht in alte Verhaltensmuster zurück. Ziehen Sie Ihr Ding durch. Auch Ihr Partner wird Ihnen am Ende seine Anerkennung zollen, wenn Sie Ihr Egomanen-Projekt mit fundamentalistischer Gelassenheit durchziehen. Kein Mensch, und erst recht kein Mann, kann sich Ihrer Entschlossenheit entziehen. Viel Glück!

3.

Wie Sie die Familie über Ihre eigentlichen Absichten hinwegtäuschen

Zunächst: Definieren Sie für sich allein oder mithilfe Ihrer besten Freundin, was Sie von Ihrer neuen Familie wollen. Anerkennung? Liebe? Ein sicheres Zuhause? Ein gutes Auskommen? Was auch immer Sie sich von Ihrer Familie wünschen – vergessen Sie es! Denn genau das werden Sie niemals bekommen. Sie befinden sich in einem Haifischbecken und nicht in einem Aquarium mit bunten Zierfischen. Zeigen Sie einen Moment Schwäche, und Sie sind für die kommenden 20 Jahre erledigt.

Sollten Sie eine dieser weich gespülten Stiefmuttis sein, die an das Gute in den Kindern glaubt und an die Fleischwerdung ihrer heilen Familienträume, Doppelhaushälfte und Eckcouch inklusive – dann kann ich Ihnen nicht helfen. Mich wundert nur, dass Sie dieses Buch bis hierher gelesen haben. Wenn Sie Anerkennung brauchen, suchen Sie sich einen spannenden Job. Wenn Sie Liebe wollen, holen Sie sich einen Hund aus dem Tierheim, er wird es Ihnen lebenslang danken. Wenn Sie ein sicheres Zuhause brauchen, erledigen Sie eins und zwei und legen Sie sich eine hübsche Eigentumswohnung zu. Es geht nichts über selbst verdientes Geld und einen bissigen Wachhund.

Eines können Sie sich in Ihrer Bonusfamilie nicht leisten, und das ist Bedürftigkeit. Sie haben sich vielleicht den neuen Mann an Ihrer Seite ausgesucht und seine Kinder billigend in Kauf genommen, aber umgekehrt gilt nicht dasselbe. Die lieben Kleinen hatten keine Wahl, weder beim Vater, noch bei der Mutter und bei Ihnen auch nicht. Insofern ist ihr Überlebenskampf von herzlicher Abneigung Ihnen gegenüber geprägt. Kommen Sie nun mit betulicher

Freundlichkeit und beherzter Liebe an, werden Sie den Tag nicht ohne bitterliches Weinen überstehen.

Deshalb hilft nur eins: Vergessen Sie Ihre eigentlichen Absichten so gründlich, dass Sie Ihnen nicht mal nach einer Flasche Prosecco wieder einfallen. Sie als Stiefmutter bleiben trotzdem da. Es gibt Dinge in der Familie zu tun, die Sie am besten delegieren. Sie sorgen dafür, dass das tägliche Miteinander zwar ein Desaster ist, aber keine Toten fordert.

Wenn Sie für sich selbst bestimmte Parameter festlegen, wird keiner jemals Ihre Weicheier-Bedürfnisse wie Habt-mich-bitte-bitte-bitte-lieb durchschauen. Beißen Sie sich lieber an den kleinen Nickligkeiten des Alltags fest: Sie legen Wert darauf, dass die Kinder »Guten Tag« sagen, wenn Sie von der Schule nach Hause kommen? Dann bauen Sie sich am Nachmittag an der Wohnungstür auf und fordern Sie konsequent ein, was Ihnen gebührt. Dahinter steckt Ihr Bedürfnis nach Respekt. Anstrengend, vor allem für Sie. Weil die Kinder sich weder etwas Böses dabei denken, noch lernfähig sind, wie Sie morgen Nachmittag feststellen werden. Gehen Sie lieber mit Ihrem Hund eine Runde spazieren.

Sie wollen, dass alle Familienmitglieder nach dem Duschen ihre Handtücher im Bad ordnungsgemäß aufhängen und nicht in die Wanne oder auf den Boden schmeißen, wo sie vor sich hin modern? Dann kontrollieren Sie pedantisch nach jedem Duschvorgang, wer – schon wieder!!! – gegen die Regel verstoßen hat, und keifen Sie so lange herum, bis es Ihnen besser geht. Dahinter steckt Ihr Bedürfnis nach einem geordneten Familienleben. Gehen Sie lieber noch eine Hunderunde und überlassen Sie Ihrem Mann das Feld. Er geht morgens nämlich immer als Letzter ins Bad, da kann er gleich aufräumen. So erledigt sich einiges von selbst.

Gehen Sie immer davon aus, dass Ihr Leben allein ruhiger, unkomplizierter und deutlich entspannter verlaufen wäre. Gehen Sie nicht davon aus, dass Sie irgendetwas dadurch gewinnen oder bekommen, dass Sie in die Rolle der Stiefmutter geschlüpft sind und seit Jahren schlaflose Nächte haben. Egal, welche Absichten Sie hatten: Es ist besser, Ihre Familie damit nicht zu behelligen.

Sollte doch einmal eines Ihrer bestgehüteten geheimen Bedürfnisse erfüllt worden sein, dann sind Sie die Meisterin unter den Stiefmüttern. Bitte schreiben Sie mir, wie Ihnen das gelungen ist. Ich gehe jetzt in mich und grübele darüber nach, was eigentlich meine Absichten waren, als ich mir meine Familie ausgesucht habe.

Wie Sie die teuersten Geschenke bekommen

Mal ehrlich: Sie haben nicht gedacht, nur weil Sie jetzt eine Familie haben, werden Sie reich beschenkt? Umgekehrt wird ein Päckchen daraus! Ständig hat jemand in Ihrer neuen Familie Geburtstag, und Sie machen sich wochenlang vorher Gedanken, wie Sie ihm eine Freude machen können. Sie recherchieren im Internet, rennen durch die Geschäfte, geben Bestellungen auf, die Sie wieder zurückschicken, weil es nicht das Richtige war? Sie sind toll! Nur schade, dass der Gabentisch an Ihrem Ehrentag leer bleibt. Okay, da sind die aus Nachbars Garten rasch geklaute Rose und das zerfledderte Buch aus dem Antiquariat – immerhin! Man hat Sie nicht vergessen.

Das kann auch passieren, also mir jedenfalls ist es schon passiert. An diesem Morgen habe ich jämmerlich geheult. Ich hatte Geburtstag und keiner hat mir gratuliert, von Geschenken in egal welcher Preisklasse konnte ich nur träumen. Es war der bescheidenste Tag meiner Stiefmutter-Karriere und Anlass dafür, dass alle Illusionen wie eine Sandburg am Strand über Nacht in sich zusammensanken. Fast wäre ich in meinem Meer aus Tränen ertrunken.

Wäre ich nicht aufgestanden, von einem plötzlichen Wutschub getrieben.

Es war nämlich auch der Tag, an dem ich nachmittags losgezogen bin und mir die Kamera gekauft habe, die ich mir schon immer gewünscht habe. Mit externem Blitz und einem genialen Objektiv, das die Kinder noch auf 300 Meter scharf stellen kann. Das war das teuerste Geschenk, das ich mir jemals selbst gemacht habe. Es fühlte sich großartig an. Zu Hause habe ich gleich noch einen Fotokurs obendrauf gebucht und die erstaunte Bagage allein gelassen, um die ersten Schnappschüsse zu machen.

Es war einer dieser lauen Sommerabende, an denen alles möglich zu sein scheint: Auch, dass eine am Geburtstag vergessene Stiefmutter eine neue Karriere als Fotografin startet. Ich sah mich bereits in einer Reihe mit Annie Leibovitz und Helmut Newton. Zugegeben, meine Foto-Ausbeute an diesem Abend war gleich null. Es gab kein Foto, das nur annähernd scharf war. Dennoch würde ich es wieder so machen. Eine Stiefmutter darf sich selbst beschenken, wenn ihr danach ist, und sie darf ruhig was springen lassen.

Wenn Sie auf teure Geschenke von Ihrer Familie warten, tun Sie das ruhig! Im Warten kann auch eine Kraft liegen. Ich laufe lieber selbst los und kaufe mich glücklich. Das bewahrt mich zudem vor Schock-Geschenken wie einem kratzigen Secondhand-Bademantel (oh wie toll, in Pink, vielen, vielen Dank!), selbst gebastelten Stiftehaltern aus Klopapierrollen (so etwas müssen Sie behalten, bis die Kinder ausgezogen sind) oder süßlich riechenden Lavendel-Seifen.

Selbst ist die Stiefmutter, auch bei Geschenken, und vor allem bei den teuren. Na, nun schauen Sie nicht so. Legen Sie das Buch beiseite und gehen Sie los, Sie haben es sich verdient!

Wie Sie Ihre Stiefkinder davon überzeugen, dass Sie die fürchterlichste Stiefmutter aller Zeiten sind

Was ist das Schlimmste, was einem Stiefkind passieren kann? Eine Stiefmutter, die cool ist, die lieb ist, die super kochen kann, mit der man total toll reden kann, die lustig ist, die ehrlich ist, die sagt, wenn es reicht. Kurz: eine Frau, die ist wie Sie! Ich verleihe Ihnen hiermit feierlich den Titel »Fürchterlichste Stiefmutter aller Zeiten«. Sie zwingen Ihr Stiefkind, Sie zu mögen. Das ist echt grausam. Warum können Sie nicht ein bisschen doof sein? Arrogant oder zickig oder pedantisch oder fies. Nur ein ganz klein wenig. Dann könnte Ihr Stiefkind sich besser mit Ihnen arrangieren. Aber so?

Wenn Sie so gar nicht Ihrer vorgegebenen Rolle entsprechen, haben Sie sich Ihren neuen Ehrentitel selbst zuzuschreiben. Ich habe kein Mitleid mit Ihnen. Schließlich habe ich Ihnen in diesem Ratgeber genug Rüstzeug mitgegeben, damit Sie eine gute Stiefmutter werden. Sie können nicht behaupten, dass ich mir keine redliche Mühe mit Ihrer Entwicklung gegeben habe. Dann seien Sie halt weiter diese grässliche Stiefmutter, die sich freut, wenn ihr Stiefkind nach Hause kommt. Die mit dem Jungen beim Mittagessen rumalbert. Die ihn anmotzt, weil er seinen Turnbeutel wie üblich in die Ecke gefeuert hat, ohne das dreckige T-Shirt in die Wäsche zu tun. Die mit ihm Serien guckt, einfach nur, weil es ihr Spaß macht. Verdammt, Sie sind in Ihrer Lockerheit so dermaßen scheußlich und unerträglich – ich ziehe mich zurück. Viel Spaß weiterhin!

Wie Sie das kranke Kind in null Komma nix gesund pflegen

Denis schnieft und trieft, die Stirn glüht vor Fieber – all das seit bereits drei Tagen. Da ist nichts zu machen: Ihre stiefmütterliche Pflege ist gefragt. Je gründlicher Sie dabei vorgehen, desto schneller will Denis wieder zur Schule. Es soll Stiefmütter geben, die ihr Kind in so einem Zustand mit Liebe überschütten, sich sogar ins Bett dazulegen, bis das Kind sich wieder wehren kann. Die es täglich zu diversen Fachärzten schleppen. Es könnte auch die Vogelgrippe sein oder eine Lungenentzündung oder ein asiatischer Virus, dessen Namen Sie nicht aussprechen können. Alles ist möglich, und alles sollte untersucht werden.

Wenn ich Ihnen einen Rat geben darf: Bei einer schnöden Erkältung reichen in den ersten zwei Tagen die üblichen Hausmittelchen. Je energischer Sie diese anwenden, desto flottere Heilungserfolge erzielen Sie. Gehen Sie in Ihren Garten und pflücken Sie Brennnesseln, aus deren Sud Sie einen herrlich widerlichen Erkältungstee gewinnen. Diesen flößen Sie Ihrem Stiefkind erbarmungslos und literweise ein, denn nur die Menge macht es hier. Viel hilft viel.

Vor lauter Schreck vergisst Denis zu husten und zu niesen. Nutzen Sie die Gelegenheit und verfrachten ihn in die Küche. Dort kann er unter einem Handtuch eine halbe Stunde inhalieren. Den Topf füllen Sie mit heißem Wasser, Wildkräutern aus dem Garten und ordentlich Salz, das bläst die Atemwege frei. Sollte Denis jammern, ihm ist zu heiß oder er kann nicht mehr – ermuntern Sie ihn weiterzumachen, und versprechen Sie ihm nach der Inhalationskur ein leckeres Essen.

Was er nicht weiß: Es gibt Hühnersuppe. Lecker und dank einer roten Chilischote so scharf, dass Denis ein letztes Mal röchelt, bevor er sich gar nicht mehr erinnern kann, warum er heute Morgen nicht zur Schule gegangen ist. Da es ihm nun deutlich besser geht, schicken Sie ihn zum Lüften in den Garten. So ein kleiner Spaziergang draußen wirkt Wunder. Während Denis missmutig in die Rabatten schaut, reißen Sie im Krankenzimmer das Fenster auf und drehen der Spielekonsole den Saft ab.

Elektronische Geräte jedweder Art sollten bei Erkrankungen jedweder Art ausgeschaltet bleiben. Der Rekonvaleszent sollte sich hundertprozentig auf seine Genesung konzentrieren. Beziehen Sie auch das vollgeschwitzte Bett neu und legen Sie Denis ein paar total interessante Bücher zum Lesen hin. Damit es ihm nicht so langweilig wird in den nächsten Stunden. Immer wieder gern gelesen: Theodor Fontane oder Bücher der Brontë-Schwestern, genau das Richtige für den kranken Denis. Darum schaut er auch so richtig begeistert, als er die Schinken auf seinem Nachttisch entdeckt.

Ignorieren Sie seine Protest-Schnute, nötigen Sie ihn lieber dazu, den nächsten Liter Brennnesseltee in sich hineinzuschütten. Das löscht auch den Durst nach der extra-scharfen Hühnersuppe etwas. Nein, Cola sollten Sie Denis keinesfalls erlauben. Das könnte den Heilungserfolg gefährden. Erklären Sie ihm das in aller Ausführlichkeit, genauso die Sache mit dem Konsolen-, Fernseh- und Handyverbot. Er will schließlich gesund werden, nicht wahr?

Da Denis im Moment nicht lesen will, ziehen Sie die Vorhänge zu und verordnen Sie ihm eine Runde Schlaf. Ach, er kann nicht schlafen? Das ist gut, dann ist er bereits auf dem Weg der Besserung. Empfehlen Sie ihm zu ruhen, mindestens eine Stunde lang. Danach darf er wieder aufstehen, um erneut zu inhalieren. So vergeht der Tag wie im Flug, und Denis wünscht sich nichts sehnlicher, als morgen wieder in die Schule zu gehen. Dank Ihrer intensiven Pflege ist er schneller wieder fit als gedacht. Gut gemacht, Frau Krankenschwester, liebevolle Konsequenz schlägt fiese Grippe – in null Komma nichts!

Wie Sie ein richtig schönes Leben als Stiefmutter führen

Fassen wir noch einmal zusammen, was wir auf den vergangenen 200 Seiten gelernt haben. Übrigens danke, dass Sie bis hierhin mitgelesen haben. Ich hoffe, Sie konnten bereits einige meiner Tipps in Ihrem Alltag als Stiefmutter erfolgreich ausprobieren und Ihre harte Realität etwas weicher gestalten. Hier sind die ultimativen sieben Tipps für ein glückliches Dasein als Stiefmutter:

1. **Befreien Sie sich endlich**: Sie befinden sich in der Ich-bin-die-arme-böse-Stiefmutter-Opferrolle? Damit ist ab heute Schluss. Nehmen Sie Ihre Aufgabe ernst und gestalten Sie diese aktiv. Seien Sie endlich kein ängstliches Häschen mehr, werden Sie zur mutig voranschreitenden Leitwölfin. Glauben Sie mir, Ihr Familienrudel wird Ihnen dankbar folgen und noch heute freiwillig die Wohnung durchsaugen, Staub wischen und Nahrungsmittel beschaffen. Auf geht's!

2. Versuchen Sie niemals, jemand zu sein, der Sie nicht sind – aber **seien Sie zur Abwechslung mal jemand, der Sie noch nie waren**: Beispiel: Sie wollen stets Harmonie und sind bereit, dafür fast alles zu geben. Dann suchen Sie ausnahmsweise die Auseinandersetzung, und beobachten Sie, was passiert.

3. **Führen Sie ein nervenbefreites Leben**: Ihre Nerven sind längst gerissen, weil es so viele Dinge gibt, über die Sie sich aufregen müssen? Angefangen bei Respektlosigkeit der Kinder, über ihre

aufdringlichen Mütter und endend beim waschlappenartigen Auftreten Ihres Partners? Das ist großartig, so können Sie ganz von vorn beginnen. Buchen Sie noch heute einen Yoga-Kurs, und legen Sie sich eine nervenlose Gelassenheit zu, die jedem buddhistischen Mönch Respekt abverlangt – und erst recht Ihrer Familie.

4. **Lassen Sie los**: Sie waten jeden Tag in Ihrer Wohnung durch Schmutz und Dreck, als sei eine Tsunamiwelle durchgezogen? Machen Sie sich nichts daraus, das geht in fast allen Familien so. Es sei denn, Sie verfügen entweder über eine dieser vorbildlichen Hausfrauen, zu denen Sie nicht gehören (wollen), oder Sie haben eine professionelle Haushaltshilfe engagiert (durchaus überdenkenswert).

Sie sollten jetzt Ihre Stiefel anziehen und nach draußen gehen. Dort warten die Sonne, der Park und ein wunderbarer Latte macchiato auf Sie: Alles Weitere ergibt sich. Sie müssen nicht immer alle Probleme lösen und jeden Tag den Putzfeudel schwingen. Es gab da noch diesen Mann an Ihrer Seite, richtig? Genießen Sie diesen Tag und kommen sie spät, sehr spät nach Hause.

5. **Seien Sie humorlos**, denn Humor wird überbewertet: Klar, können Sie die ganze Zeit mit einem vorgetäuschten Lächeln durch die Wohnung schweben und über die neuen Tomatenflecken an der Wand, den Sand in Ihrem Bett und den dauerleeren Kühlschrank lächeln und lachen und kichern, als gäbe es nichts Lustigeres auf der Welt. Es steht Ihnen allerdings auch frei, Ihren Unmut zu äußern und auf einer konstruktiven Lösung der bestehenden Problematiken zu bestehen.

Bevor Sie dies tun, sollten Sie auf jeden Fall etwas gegessen haben. Mit leerem Magen wirken Ihre vorgetragenen Argumente sonst zu verzweifelt. Achten Sie darauf, dass die anderen Familienmitglieder hungrig sind. Das erhöht Ihre persönliche Durchsetzungsfähigkeit um 100 Prozent.

6. **Seien Sie ehrlich** zu sich selbst, aber niemals zu Ihrer Familie. Es ist wichtig, dass Sie wissen, warum Sie Stiefmutter geworden sind. Es ist nicht wichtig, dass andere das wissen. Was haben Ihre Stiefkinder davon, wenn sie wissen, dass Sie sich nichts sehnlicher als eine Familie gewünscht haben? Nachher werden die lieben Kleinen noch übermütig, fühlen sich von Ihnen geliebt und denken, sie können machen, was sie wollen. Das geht natürlich gar nicht.

7. **Seien Sie kompromisslos**: Hören Sie nicht mehr auf die endlosen Predigten, im Zusammenleben müsse jeder Kompromisse eingehen. Denn das meint stets: Sie gehen auf die Bedürfnisse der anderen ein und kriegen dafür was zurück? Nichts. Wenn Sie finden: Auf einem Küchenboden sollten sich dauerhaft keine Soßenspritzer, Butterflecken, Kekskrümel und Pizzareste zu einem nicht mehr zu entfernenden Stillleben vereinigen - dann kann es keinen Kompromiss geben. Wie sollte der aussehen? Würgen Sie jede Diskussion ab, und sorgen Sie dafür, dass der Küchenboden wieder als solcher zu erkennen ist.

Glauben Sie mir, ich wäre gern dabei, wenn Sie Ihr Stiefmutter-Leben in die Hand nehmen. Ich wünsche Ihnen eine prall gefüllte Zeit mit Ihren Bonuskindern, einen stets gefüllten Kühlschrank und einen entschlossen auftretenden Partner und Vater an Ihrer Seite. Dann kann nichts mehr schiefgehen. Es sei denn, Sie werden früher, als Ihnen lieb ist, zur Stiefomi gemacht.

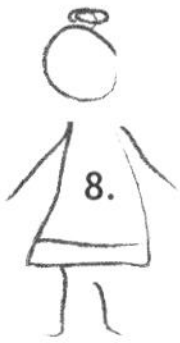

Wie Ihre Stiefkinder Sie garantiert zur Stiefoma machen

Sie haben es geschafft. Ihre geliebten Stiefkinder sind aus dem Haus. Die lieben Kleinen sind groß und selbstständig geworden, gehen arbeiten, haben Partner und leben ein schönes Leben. Dank Ihrer gnadenlosen Miterziehung sind sie dazu in der Lage, mehrjährige Beziehungen ohne größere Katastrophen zu führen. Keines der Kinder ist wieder bei Ihnen eingezogen, bis jetzt jedenfalls.

Endlich können Sie aus Ihrer elenden Stiefmutter-Rolle herausschlüpfen und wieder ganz Sie selbst sein: einen Töpferkurs besuchen, nach Thailand fahren und buddhistische Tempel besichtigen oder wieder anfangen zu rauchen. Kein Kind redet Ihnen mehr rein oder lässt sich alle naselang bei Ihnen zu Hause blicken. Sie haben alles richtig gemacht, herzlichen Glückwunsch! Und jetzt das: Unerwartet kommt Jakob zu Besuch, im Schlepptau hat er seine neue Freundin Maja, die – erlauben Sie mir ausnahmsweise diese Anmerkung – ein bisschen moppelig ist, aber sonst recht nett zu sein scheint. In jedem Fall ist sie sehr hungrig. Beim gemütlichen Kaffeetrinken lobt Jakob erst Ihre selbst gebackene Schwarzwälder Kirschtorte und erklärt Ihnen dann, warum Maja Ihr großartiges Backwerk mit einem deftigen Schinkenbrot kombiniert.

Da hätten Sie wirklich selbst drauf kommen können. Maja hat keine Figurprobleme, sondern ist im siebten Monat schwanger. Wollen Sie nicht sofort den runden Kugelbauch glückselig streicheln und Freudenjuchzer ausstoßen? Sie werden Stiefomi, ist das nicht toll? Tusch! Während Sie nach Luft ringen, weil Ihnen Tortenkrümel in die Luftröhre gerutscht sind, klärt Jakob Sie darüber auf, dass Sie sich den Schlamassel selbst zu verdanken haben. »Du warst so eine tolle Stiefmutti. Du hast mir gezeigt, dass Kinder nicht unbedingt bei Mama und Papa aufwachsen müssen, um glücklich zu sein. Darum wollte ich unbedingt schnell eigene Kinder bekommen. Auch wenn Maja und ich gar kein richtiges Paar sind. Das macht nichts, das habe ich von dir gelernt. Wir können auf dich zählen bei der Kinderbetreuung, oder?«

Tschüss, Töpferkurs, tschüss, Tempel. Hallo Baby, hier ist deine Stiefomi! Gönnen Sie sich ruhig, was immer Sie sich jetzt gönnen wollen. Nur das mit der Zigarette ist keine gute Idee, das Rauchen ist ab sofort (wieder) eingestellt. Sorry! Denken Sie in Ihrer neuen Lebenslage an den Erhalt Ihrer Gesundheit. Denn auf Sie warten harte und entbehrungsreiche Jahre. So ein Stiefenkelkind wird schließlich nicht von alleine groß.

Genießen Sie Ihre Zeit, sie kommt nie wieder – Ihre Stiefkinder schon, ob Sie es wollen oder nicht!

UTE KISSLING (geb. 1970) wollte keine Kinder, bekommen hat sie vier: eine selbst gemachte Tochter und drei Beutekinder. Bevor sie sich in ihrer jetzigen Familie als Stiefmutter etablierte, probierte sie unterschiedliche Konstellationen aus. Dabei lernte sie, dass eine Bonusmutter neben Nerven aus Stahlrohren jede Menge kreatives Potenzial benötigt, um den Alltagswahnsinn zu überleben.

Ute Kissling
HOW TO SURVIVE ALS STIEFMUTTER
Vom glücklichen Leben mit Beutekindern und Bonusfamilie

ISBN 978-3-86265-642-4

KATALOG
Wir senden Ihnen gern kostenlos unseren Katalog.
Schwarzkopf & Schwarzkopf Verlag GmbH
Kastanienallee 32, 10435 Berlin
Telefon: 030 – 44 33 63 00
Fax: 030 – 44 33 63 044

INTERNET | E-MAIL
www.schwarzkopf-schwarzkopf.de
www.facebook.com/schwarzkopfverlag
info@schwarzkopf-schwarzkopf.de